✶   Dark Sky – ha salido la luna

Tecnología «Dark Sky» significa para ERCO: dirigir la luz con una luminotecnia innovadora justo hacia el lugar en el que se necesita – en caminos, plazas, fachadas, objetos. Luminarias para exteriores de ERCO – por ejemplo las nuevas balizas Panorama – cumplen con las mismas elevadas exigencias en lo referente a la dirección de luz y confort visual como nuestras eficaces luminarias para interiores. Sin deslumbramiento ni luz dispersa derrochadora por encima del plano del horizonte. El cielo nocturno permanece oscuro y la luna y las estrellas pueden brillar.

La luz es la cuarta dimensión de la arquitectura: www.erco.com

ERCO

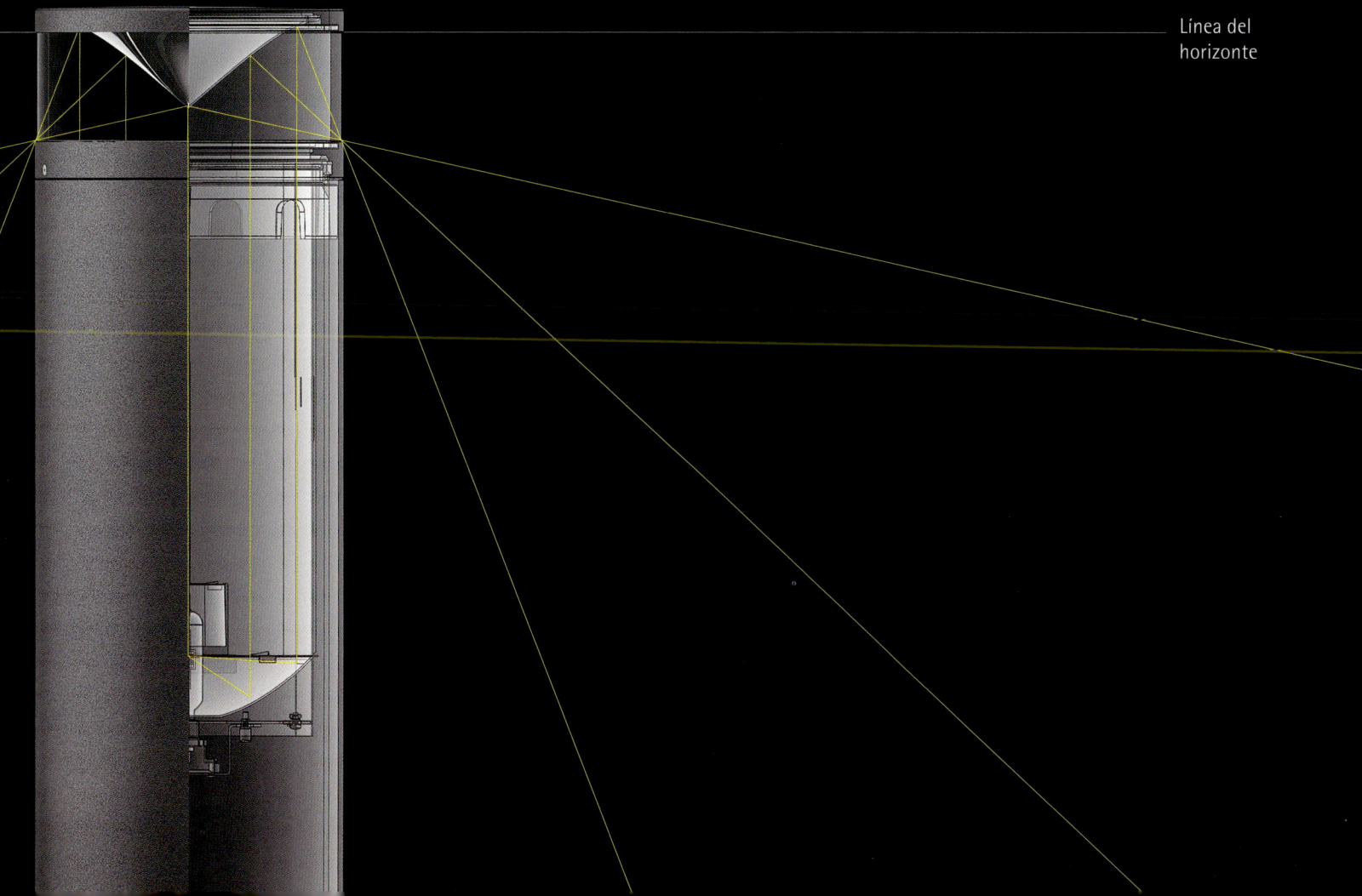

Línea del horizonte

Narváez, s/n - Pol. Ind.
"Can Jardí" - 08191 Rubí
Barcelona - España
Tel +34 93 588 25 68
Fax +34 93 588 03 45
oken @ oken.es

www.oken.es

DELICIAS CARLOS FERRATER, ELENA MATEU E INÉS ARQUER

**Feria Monográfica Internacional
Técnica de Edificios y Energía
El mundo de vivencias del baño
Climatización y ventilación**

→ **ish.messefrankfurt.com**

Vivir con agua, calor, aire

ISH 2005: El futuro está presente en la planificación

Asegure ahora su ventaja en conocimientos para la planificación de soluciones de sistemas energéticamente eficaces. Infórmese sobre las consecuencias de Energy Performance of Buildings y conozca las técnicas y estrategias de última generación para la aplicación de las energías renovables y combustibles biogénicos.

Además, le espera un atractivo programa marco:

- Forum "Renewable Energies in Systems for Houses"
- Klima-Forum
- Exposición monográfica "Ventilación de la vivienda"
- Exposición monográfica "Higiene del agua potable en la técnica de edificios"
- Outlook – Shaping Water
- Exposición Design Plus
- Premio a la innovación en Arquitectura y Técnica
- "Lifetime Kongress"

Aproveche esta feria de las novedades única en el mundo. Para asegurar su ventaja frente a la competencia. Para su futuro. Esperamos con agrado su visita.

Para más información diríjase a: Messe Frankfurt, Delegación Oficial para España y Andorra, teléfono 91 533 76 45, telefax 91 553 83 93, info@spain.messefrankfurt.com

**Frankfurt am Main
15 a 19-3-2005**

build for life

LA ALAMBRA : EL PATIO DE LOS LEONES

"REYNOBOND®55 : ¡Espléndido!"

FORUM 2004 : BARCELONA

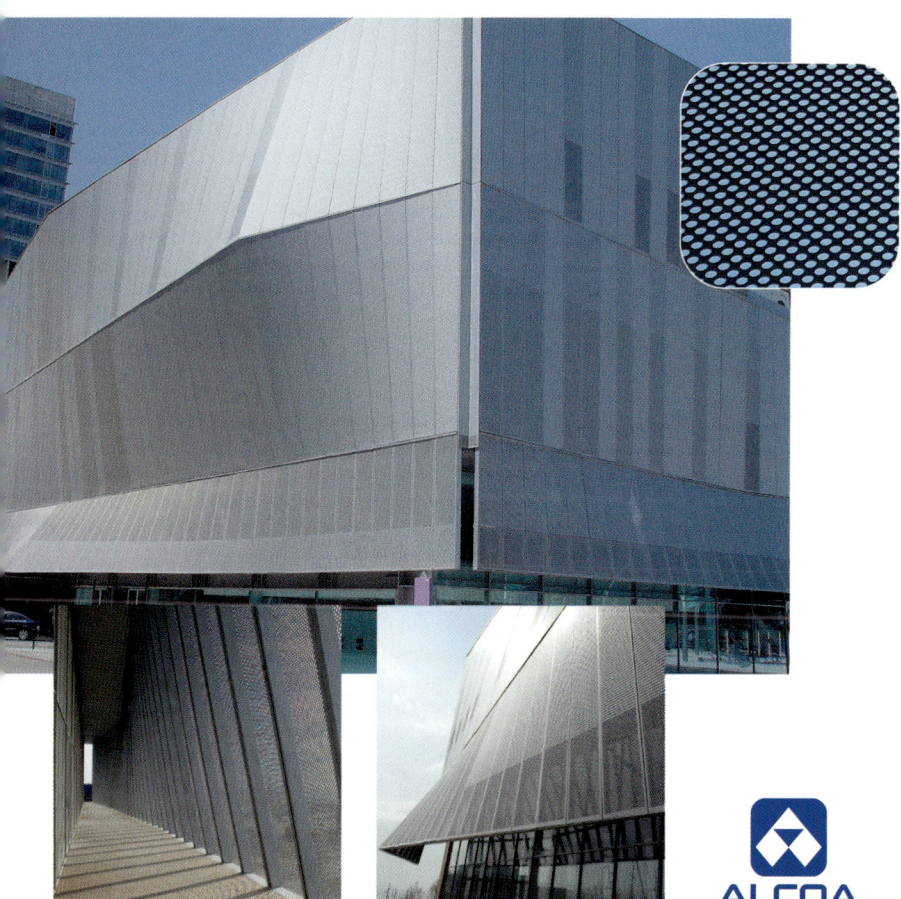

Arquitecto : Josep Lluis Mateo - MAP Arquitectos

Protegidos tras las murallas, los palacios y jardines de la Alhambra, obras maestras de genio civil, militar y artístico, siguen fascinando todavía hoy a poetas y viajeros. El Forum 2004, de arquitectura contemporánea y original, deslumbra también a los visitantes por sus formas y su fachada sinuosa.

Con REYNOBOND®, el Forum de Barcelona se ha vestido con sus mejores galas. Material composite ligero, REYNOBOND® ha sido capaz de recuperar las formas curvas que recuerdan el horizonte marino. Su fiabilidad, su comportamiento y su elegancia única han constituido la mejor respuesta a las exigencias arquitectónicas.

El acabado DURAGLOSS®, con su brillo excepcional y su longevidad reforzada frente a las condiciones hostiles del aire salino, ha constituido una baza determinante para la realización de elementos de grandes formatos y rompesoles. Para ello se han empleado 16.000 m² de REYNOBOND® de DURAGLOSS®: ¡espléndido!

Con REYNOBOND® y su acabado DURAGLOSS®, el Forum se ha construido para maravillar durante mucho tiempo a los visitantes de Barcelona.

ALCOA ARCHITECTURAL PRODUCTS
e-mail : info@alcoa-arquitectura.es

Apellido _____ Nombre _____

Empresa _____

Dirección _____

Código Postal _____ Ciudad _____

E-mail _____ Tel. _____

☐ **Solicitud de contacto**

☐ **Solicitud de documentación**

Puede remitirnos este cupón por correo o por fax al número **948 507175**

 **Andreu World**

Internet: http://www.andreuworld.com
E-mail: aworld@andreuworld.com

Ronda ■ Lievore, Altherr, Molina

Real Club de Golf El Prat

Auditorio y Palacio de Congresos de Castellón

Estación Intermodal de Zaragoza-Delicias

Palacio de Congresos de Cataluña

CONSTRUCCIONES EN MADERA

www.frapont.es

Ciutat d'Asunción, 32 • 08030 Barcelona • Tel. 93 274 54 55 • Fax 93 346 76 07 • frapont@frapont.es

www.ggili.com

2G Números publicados / Issues published

Nº 1. David Chipperfield. Obra reciente (agotado) | Nº 2. Toyo Ito. Sección 1997 (agotado) | Nº 3. Landscape. Estrategias para la construcción del paisaje (agotado) | Nº 4. Arne Jacobsen. Edificios públicos (agotado) | Nº 5. Eduardo Souto de Moura. Obra reciente | Nº 6. Ushida Findlay | Nº 7. R.M. Schindler. 10 Casas | Nº 8. Arquitectura latinoamericana. Una nueva generación (agotado) | Nº 9. Williams Tsien. Obras (agotado) | Nº 10. Instant China | Nº 11. Baumschlager & Eberle (agotado) | Nº 12. Craig Ellwood. 15 Casas (agotado) | Nº 13. Carlos Jiménez | Nº 14. Construir en las montañas. Arquitectura reciente en los Grisones | Nº 15. Arquitectura italiana de la posguerra 1944-1960 | Nº 16. Foreign Office Architects | Nº 17. Marcel Breuer. Casas americanas | Nº 18. Arquitectura y energía | Nº 19. Waro Kishi. Obra reciente (agotado) | Nº 20. Arquitectura portuguesa. Una nueva generación | Nº 21. Lacaton & Vassal (agotado) | Nº 22. Ábalos&Herreros | Nº 23-24. Lina Bo Bardi | Nº 25. Josep Lluís Mateo. Obra reciente | Nº 26. Mathias Klotz | Nº 27. Mansilla + Tuñón. Obra reciente | Nº 28. Aires Mateus | Nº 29-30. Max Bill. Arquitecto | Nº 31. Riegler Riewe

No. 1 David Chipperfield. Recent work (out of print) | No. 2 Toyo Ito. Section 1997 (out of print) | No. 3 Landscape. Strategies for the construction of landscape (out of print) | No. 4 Arne Jacobsen. Public buildings (out of print) | No. 5 Eduardo Souto de Moura. Recent work | No. 6 Ushida Findlay | No. 7 R.M. Schindler. 10 Houses | No. 8 Latin American architecture. A new generation (out of print) | No. 9 Williams Tsien. Works (out of print) | No. 10 Instant China | No. 11 Baumschlager & Eberle (out of print) | No. 12 Craig Ellwood. 15 Houses (out of print) | No. 13 Carlos Jiménez | No. 14 Building in the Mountains. Recent Architecture in Graubünden | No. 15 Postwar Italian Architecture 1944-1960 | No. 16 Foreign Office Architects | No. 17 Marcel Breuer. American Houses | No. 18 Architecture and energy | No. 19 Waro Kishi. Recent Works (out of print) | No. 20 Portuguese architecture. A new generation | No. 21 Lacaton & Vassal (out of print) | No. 22 Ábalos&Herreros | No. 23-24 Lina Bo Bardi | No. 25 Josep Lluís Mateo. Recent Works | No. 26 Mathias Klotz | No. 27 Mansilla + Tuñón. Recent work | No. 28 Aires Mateus | No. 29-30 Max Bill. Architect | No. 31 Riegler Riewe

2G n.32

Carlos Ferrater

GG

Directora Editor-in-chief **Mónica Gili** | Editores Editors **Moisés Puente, Anna Puyuelo** | Coordinación editorial Editorial staff **Mar Coromina** | Diseño Gráfico Graphic design **PFP, Quim Pintó, Montse Fabregat** | Traducción Translation **Paul Hammond** | Corrección de estilo Text revision **Carme Muntané, Paul Hammond** | Suscripciones Subscriptions **Editorial Gustavo Gili, SA** Tel. 93 322 81 61 / Fax 93 322 92 05 | Publicidad Advertising **Pilar Tendero García** | Tel. 93 580 39 33 / Fax 93 691 84 47 Rosselló 87-89. 08029 Barcelona | Producción Production **Andreas Schweiger** | Fotomecánica Color separations **Rovira digital, SL** | Impresión Printing **Ingoprint** | Encuadernación Binding **Arte, SA** | Printed in Spain. Revista trimestral. Depósito legal: B. 42.926-1996. ISBN: 84-252-1959-0. | Precio en España Price in Spain **27,50 € IVA incluido** | ISSN: 1136-9647. © Editorial Gustavo Gili, SA, 2002 | Editor Publisher **Editorial Gustavo Gili, SA 08029 Barcelona** Rosselló 87-89. Tel. 93 322 81 61 / Fax 93 322 92 05. e-mail: info@ggili.com - http://www.ggili.com **Portugal, 2700-606 Amadora** Praceta Notícias da Amadora Nº 4-B. Tel. 214 91 09 36

Queda prohibida, salvo excepción prevista en la ley, la reproducción (electrónica, química, mecánica, óptica, de grabación o de fotocopia), distribución, comunicación pública y transformación de cualquier parte de esta publicación —incluido el diseño de la cubierta— sin la previa autorización escrita de los titulares de la propiedad intelectual y de la Editorial. La infracción de los derechos mencionados puede ser constitutiva de delito contra la propiedad intelectual (arts. 270 y siguientes del Código Penal). El Centro Español de Derechos Reprográficos (CEDRO) vela por el respeto de los citados derechos. La Editorial no se pronuncia, ni expresa ni implícitamente, respecto a la exactitud de la información contenida en esta publicación, razón por la cual no puede asumir ningún tipo de responsabilidad en caso de error u omisión. All rights reserved. No part of this work covered by the copyright hereon may be reproduced or used in any form or by any means –graphic, electronic, or mechanical, including photocopying, recording, taping, or information storage and retrieval systems– without written permission of the publisher. The publisher makes no representation, express or implied, with regard to the accuracy of the information contained in this publication and cannot accept any legal responsibility or liability for any errors or omissions that may be made.

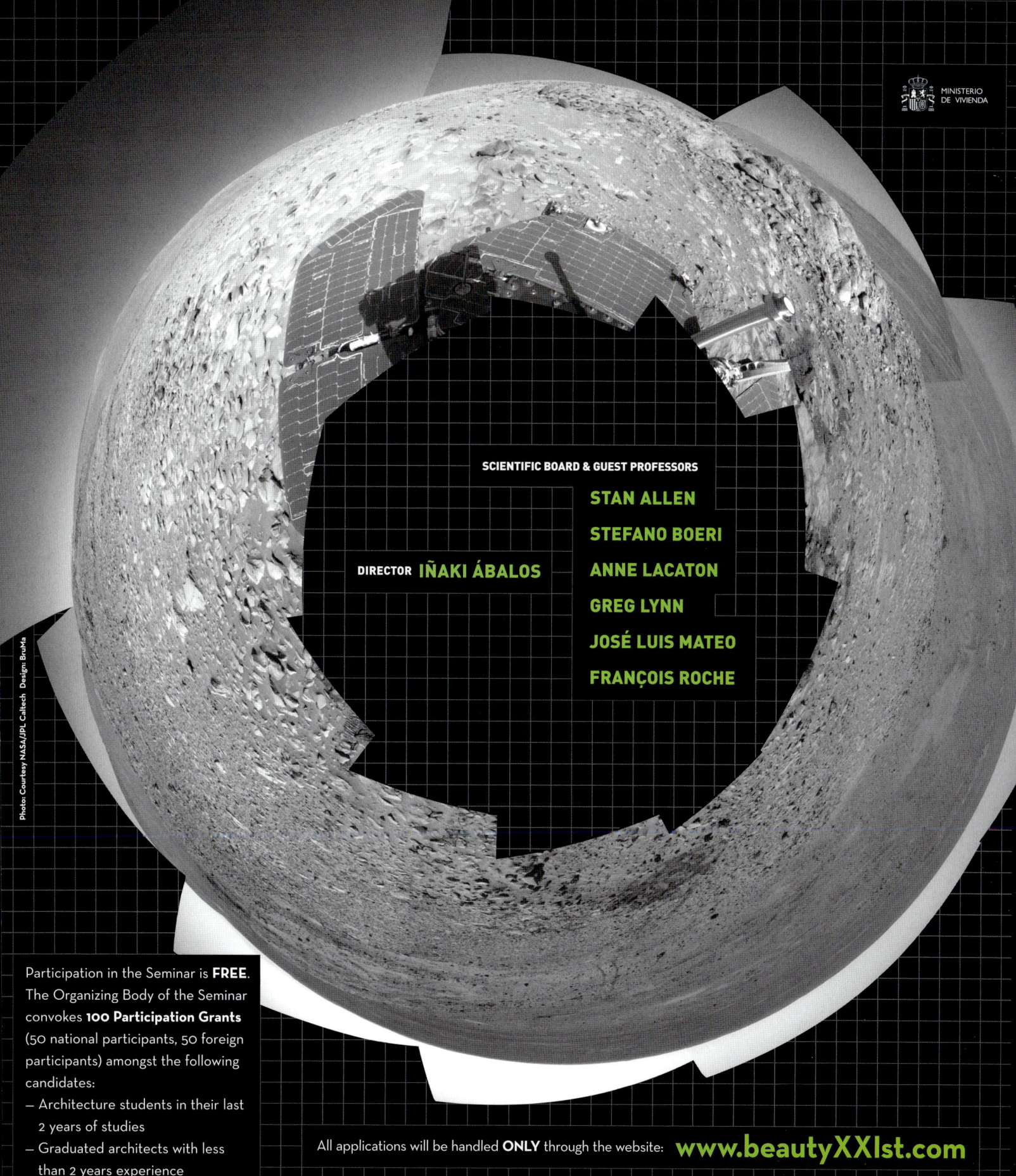

Bebe con moderación. Es tu responsabilidad. 47º.

IV | CONVOCATORIA DEL CONCURSO DE DISEÑO
"COPA DE COCKTAIL BOMBAY SAPPHIRE".

Infórmate en la web www.bombaysapphire.com o www.adired.net

 THE BOMBAY SAPPHIRE FOUNDATION

2G n.32

Technal con Carlos Ferrater

El arquitecto integra entre medianeras del modernista ensanche barcelonés, este edificio de gusto exquisitamente contemporáneo. La composición de la fachada se realiza mediante paneles correderos que alternan cuarcita y madera tropical.

La carpintería de aluminio va de forjado a forjado, cerrando la totalidad de la fachada. Se emplean ventanas de hoja oculta Unicity de Technal, realizando fijos y balconeras practicables con unos perfiles que logran el mismo resultado estético de esbeltez que una carpintería de acero, con prestaciones térmicas y acústicas incomparablemente superiores.

La ingeniería especializada en acústica encargada de ensayar los cerramientos en obra, certifica un índice de reducción sonora de 40 decibelios, un valor muy poco usual en edificios residenciales.

Proyecto: edificio de oficinas y viviendas en Barcelona

Arquitecto: Carlos Ferrater

Promotor y constructor: Metro 3

Carpintería de aluminio: Technal
Tel. 902 22 23 23 www.technal.es
technal@technal.hydro.com

Soluciones utilizadas: ventanas balconeras Unicity

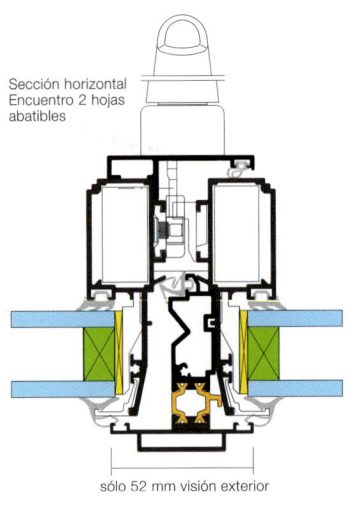

Sección horizontal
Encuentro 2 hojas abatibles

sólo 52 mm visión exterior

Creatividad: B&E   Fotos: Alejo Bagué

Technal es socio protector del FAD
TECHNAL® es una marca de Hydro Building Systems

Pasión por la arquitectura TECHNAL

2G n.32

Carlos Ferrater

Josep Maria Montaner	Taxonomía de sistemas formales en la obra de Carlos Ferrater	A Taxonomy of Formal Systems in the Work of Carlos Ferrater	4
	Sede del Instituto Botánico de Barcelona y Jardín Botánico revisitado, Barcelona Texto de **Emilio Tuñón**	Barcelona Botanical Institute headquarters and the Botanical Garden revisited, Barcelona Text by **Emilio Tuñón**	20
	Auditorio, palacio de congresos y Parque de los Naranjos, Castellón Texto de **Francisco Mangado**	Convention Centre Auditorium and Parque de los Naranjos, Castellón Text by **Francisco Mangado**	34
	Centro de servicios sociales y jardín interior de manzana, Barcelona Texto de **Lucía Ferrater Arquer**	Social Services Centre and city block interior garden, Barcelona Text by **Lucía Ferrater Arquer**	48
	Estación intermodal Zaragoza-Delicias, Zaragoza Texto de **Aranguren&Gallegos**	Zaragoza-Delicias Intermodal Station, Zaragoza Text by **Aranguren&Gallegos**	54
	Jardines del Cuarto Real de Santo Domingo, Granada Texto de **Ángela García de Paredes**	Cuarto Real de Santo Domingo Gardens, Granada Text by **Ángela García de Paredes**	70
	Real Club de Golf El Prat, Terrassa, Barcelona Texto de **RCR Aranda Pigem Vilalta arquitectes**	El Prat Royal Golf Club, Terrassa, Barcelona Text by **RCR Aranda Pigem Vilalta arquitectes**	74
	Edificio de viviendas y estudio de arquitectura, Barcelona Texto de **Manuel Aires Mateus**	Apartment building and architecture studio, Barcelona Text by **Manuel Aires Mateus**	90
	Casa 2 para un fotógrafo, Delta del Ebro, Tarragona	House 2 for a photographer, Ebro Delta, Tarragona	100
	Edificios en altura: Torre World Trade Center, Cornellà, Barcelona Torre Aquileia, Lido, Venecia Edificio de oficinas del Campus Audiovisual en la Diagonal, Barcelona	High-rise buildings: World Trade Centre Tower, Cornellà, Barcelona Aquileia Tower, The Lido, Venice Audiovisual Campus office building on the Diagonal, Barcelona	104
	Nuevo frente y paseo marítimo, Benidorm, Alicante	New seafront and promenade, Benidorm, Alicante	110
	Edificio en el paseo de Gràcia, Barcelona	Building on the Paseo de Gràcia, Barcelona	118
	Centro Nacional de Referencia de atención a enfermos de Parkinson, Cartegena, Murcia	National Guidance Centre for Parkinson's Sufferers, Cartagena, Murcia	124
	Vivienda unifamiliar, Sant Cugat del Vallès, Barcelona	Single-family house, Sant Cugat del Vallès, Barcelona	126
	Biografía	Biography	128
	nexus Ornamento y transversalidad Retazos **Carlos Ferrater**	**nexus** Ornament and Transversality Snippets **Carlos Ferrater**	129

Cubierta: Edificio de viviendas y estudio de arquitectura, Barcelona **Cover:** Apartment building and architecture studio, Barcelona Fotografía Photography: **Alejo Bagué**

# Taxonomía de sistemas formales en la obra de Carlos Ferrater
A Taxonomy of Formal Systems in the Work of Carlos Ferrater

A lo largo de su obra, Carlos Ferrater ha sabido desarrollar una serie de formas específicas para resolver una gran diversidad de programas arquitectónicos y de situaciones urbanas. Podríamos hablar de la paulatina invención de unos mecanismos formales propios que arrancan de las premisas de la abstracción, el racionalismo y el funcionalismo en la arquitectura moderna, y que han ido alcanzando una mayor complejidad. De hecho, podríamos considerar que una buena parte de la obra de Carlos Ferrater y su equipo puede agruparse en un repertorio de cinco sistemas formales distintos que, laboriosamente, se han ido experimentando en la realidad: los contenedores, las morfologías residenciales urbanas, las series de volúmenes conectados por calles, los paisajes de volúmenes fragmentados y las formas fractales o geometrías de la complejidad.

Por ejemplo, en un mismo conjunto unitario formado por tres obras distintas junto a la avenida Diagonal de Barcelona, conviven y se concentran tres de sus mecanismos formales. El hotel Juan Carlos I (1988-1992, con Jose María Cartañá) se sitúa en la tradición de los grandes contenedores macizos y verticales. En total contraste con esta obra, que destaca por su volumen elevado y sus dimensiones colosales, se sitúa el Fitness Center (1993-1996), semienterrado, que remite a las formas fractales, estratificadas y telúricas de la naturaleza. Junto a estos dos contrapuntos —vertical y horizontal, emergente y subterráneo, presencia máxima y disolución de la forma—, el Palacio de Congresos de Cataluña (1996-2000) continúa otra de las tradiciones formales: la yuxtaposición de volúmenes prismáticos.

1. Contenedores y pabellones

Ferrater ha continuado en una parte de su obra la nueva tradición de la modernidad pura y dura de los contenedores, los edificios masa basados en la contundencia volumétrica, la flexibilidad del espacio y la fuerte implementación tecnológica. Estos contenedores

During the course of his career Carlos Ferrater has managed to develop a series of specific forms for resolving a wide variety of architectonic programmes and urban situations. We could speak of the gradual invention of a series of individual formal devices, devices that spring from the premises of abstraction, rationalism or functionalism within modern architecture and which have gradually acquired greater complexity. In fact we could consider that a large part of the oeuvre of Carlos Ferrater and his team may be grouped in a repertoire of five different formal systems, all of which have been laboriously tried out in reality: containers; urban residential morphologies; the series of volumes connected by streets; landscapes of fragmented volumes; and fractal forms or geometries of complexity.

For example, three of his formal devices are concentrated and coexist in a single unitary complex consisting of three distinct buildings next to the Avenida Diagonal in Barcelona. The Hotel Juan Carlos I (1988-1992, with José María Cartañá) is located within the tradition of massive vertical containers. In total contrast to this building, which stands out on account of its lofty volume and colossal size, there is the semi-buried Fitness Centre (1993-1996), which refers to the stratified and telluric fractal forms of nature. Alongside these two counterpoints—vertical and horizontal; protuberant and subterranean; optimum presence and dissolution of the form—the Catalonia Convention Centre (1996-2000) continues another of the formal traditions: the juxtaposition of prismatic volumes.

1. Containers and pavilions

In a part of his work Ferrater has continued the new tradition of the wholesale modernity of the container, mass-buildings founded on volumetric impact, the flexibility of space and strong technological implementation. Such containers may be horizontal blocks or huge vertical volumes.

JOSEP MARIA MONTANER (Barcelona, 1954). Doctor arquitecto, catedrático de Composición Arquitectónica y subdirector de Cultura de la Escola Tècnica Superior d'Arquitectura (ETSAB). Autor, entre otros, de los libros *Después del Movimiento Moderno. Arquitectura de la segunda mitad del siglo xx* (2002⁵); *La modernidad superada. Arquitectura, arte y pensamiento del siglo xx*, (2002⁴); *Arquitectura y crítica* (2004⁴); *Las formas del siglo xx* (2002); y *Museos para el siglo xxi* (2003), todos ellos publicados por la Editorial Gustavo Gili. Colabora asiduamente en el periódico *El País* y en diversas revistas internacionales. Ha impartido cursos y conferencias en diversas universidades e instituciones de Europa, América y Asia. Ha realizado obras como el Museo Industrial del Ter en Manlleu, en colaboración con Carlos Ferrater (1997-2003), y exposiciones como *Less is more* en el Colegio de Arquitectos de Catalunya, con Vittorio Savi (1996).

JOSEP MARÍA MONTANER (Barcelona, 1954) did his doctorate in architecture and is Professor of Architectural Composition and Subdirector of Culture at the Barcelona School of Architecture (ETSAB). He is the author of such books as *Después del Movimiento Moderno. Arquitectura de la segunda mitad del siglo xx* (2002⁵); *La modernidad superada. Arquitectura, arte y pensamiento del siglo xx* (2002⁴); *Arquitectura y crítica* (2004); *Las formas del siglo xx* (2002); and *Museums for the 21st Century* (2003), all of them published by Editorial Gustavo Gili. He writes regularly for the newspaper *El País* and for various international magazines, and has given courses and lectures at different universities and institutions in Europe, America and Asia. He has created buildings like the River Ter Industrial Museum in Manlleu, in collaboration with Carlos Ferrater (1997-2003), and exhibitions like *Less Is More* at the Catalonia College of Architects, with Vittorio Savi (1996).

Estudios de cine Arruga Studio, Sant Just Desvern, Barcelona, 1997-1998.
Arruga Studio film studios, Sant Just Desvern, Barcelona, 1997-1998.

© Lluís Casals

pueden ser pabellones horizontales o grandes volúmenes verticales. En los primeros casos ha recurrido a la liviandad de los pabellones en los que la masa se desmaterializa, inspirándose en las arquitecturas de Mies van der Rohe: el polideportivo en L'Ametlla del Vallés (1984-1988), el mercado en Vilaseca-Salou (1986-1987), ambos proyectos con José Luis Canosa, la nave industrial para los estudios de cine Arruga Studio en Sant Just Desvern (1997-1998), y otros muchos ejemplos resueltos con formas predominantemente horizontales y ligeras, que en el proyecto del club náutico de L'Estartit (1988-1991) alcanzaron su momento cumbre de armonía, belleza, pulcritud y transparencia.

Este énfasis en la autonomía del objeto, del contenedor o caja, que lleva a la opción por los pabellones —en realidad espacios *sandwich*—, también conduce a la opción por los grandes edificios verticales, es decir lo que el crítico y ensayista Colin Rowe denominó espacios

In the first few instances, inspired by the architectures of Mies van der Rohe, he has relied on the lightness of pavilions in which mass dematerialises: the sports centre in L'Ametlla del Vallés (1984-1988), the market in Vilaseca-Salou (1986-1987), both projects with José Luis Canosa; the industrial hangar for the Arruga Film Studios in Sant Just Desvern (1997-1998); and many other examples resolved with predominately lightweight horizontal forms, forms which in the design for the L'Estartit Sailing Club (1988-1991) reached their prime moment of harmony, beauty, delicacy and transparency.

This emphasis on the autonomy of the object, container or box, which results in the choice of pavilions—sandwich spaces, really— also leads to the opting for huge vertical volumes; that's to say, what the critic and essayist Colin Rowe called *megaron* spaces. Just like the market and parking lot in Sitges (1984-1986), the Hotel Juan Carlos I consists of an architecture which is more wall than roof; an emblem-

Club náutico, L'Estartit, Girona, 1988-1991.
Sailing Club, L'Estartit, Girona, 1988-1991.

© Lluís Casals

Hotel Juan Carlos I, Barcelona, 1988-1992.
Hotel Juan Carlos I, Barcelona, 1988-1992.

© Lluís Casals

Edificio de viviendas en la calle Bertran, 67, Barcelona, 1981-1982.
Apartment building at Calle Bertran, 67, Barcelona, 1981-1982.

© Ferran Freixa

© Jordi Todó

megaron. El hotel Juan Carlos I, al igual que el mercado y aparcamiento en Sitges (1984-1986), consiste en una arquitectura que es más de paredes que de techos; un ejemplo emblemático de edificio *megaron*, definido espacialmente por la percepción vertical de interiores conformados por los muros, una visión que se expresó de modo incipiente en los dobles espacios de Le Corbusier y en los patios de Mies van der Rohe. En este caso, dentro del gran volumen del hotel se inscribe un patio como gran espacio interior, con unas directrices poligonales y dinámicas que pertenecen a otro de los sistemas de Ferrater: las geometrías de la complejidad.

Y este énfasis en los edificios masa conduce a contenedores desmesurados, como la estación intermodal de Zaragoza-Delicias (1999-2003), en la que a unos espacios desproporcionados para la escala humana se les superpone una bella y gigantesca estructura compleja, en la línea de sus más recientes investigaciones formales.

2. Morfologías residenciales urbanas

Como contrapunto a estos contenedores aislados, Ferrater ha sabido desarrollar otras morfologías en las que predomina una vocación urbana, experimentando tipologías y adaptándolas a las estructuras internas de la ciudad. Frente al hermetismo y la autonomía de algunos de sus proyectos, Ferrater ha recreado esta otra línea eminentemente tipológica y urbana. Se trata de una cultura urbana que asumió al principio de su actividad, de manera pionera, como arquitecto y profesor en la Escuela de Arquitectura de Barcelona, a mediados de la década de 1970, tras asumir las teorías de Aldo Rossi y la crítica tipológica europea. Ferrater ha planteado proyectos y obras para la ciudad de Barcelona que se han convertido en especialmente emblemáticos.

Los dos edificios de viviendas de la calle Bertran en Barcelona (1981-1982 y 1983-1985) y el edificio Garbí, en este caso en L'Estartit (1987-

Viviendas en la Villa Olímpica, Barcelona, 1988-1992.
Apartments in the Olympic Village, Barcelona, 1988-1992.

© Lluís Casals

Taxonomía de sistemas formales en la obra de Carlos Ferrater

A Taxonomy of Formal Systems in the Work of Carlos Ferrater

Josep Maria Montaner

1988), son demostraciones de su capacidad para avanzar en la crítica y la invención tipológica, y para el desarrollo de un lenguaje atractivo y elegante. Sus dos grandes realizaciones urbanas en la Barcelona olímpica —las tres manzanas en la Villa Olímpica (1988-1992) y el complejo residencial en el Valle de Hebrón (1989-1992, con José María Cartañá y Roberto Suso)— destacan por la manera como se sitúan en relación con el entorno, dotándolos de un nuevo orden, morfológicamente unitario en su conjunto, en el que domina la fuerza y la claridad, la precisión y la transparencia de las formas. La contundencia volumétrica permite crear espacios abiertos, casi íntimos, en los interiores de manzana, y aportar una nueva dimensión y carácter al espacio público.

Sus proyectos más urbanos han conformado una serie coherente en la parte este de Barcelona: la citada intervención en la Villa Olímpica, la propuesta para la ordenación de la nueva Diagonal (ganadora del concurso de 1989) y la propuesta para el frente marítimo de Barcelona (ganadora del concurso de 1995). Los tres revelan el deseo de sintetizar las mejores cualidades de la ciudad tradicional (la manzana de Cerdà, la morfología de la calle-corredor, los grandes patios de manzana, la unidad y articulación de la ciudad), con las aportaciones de la ciudad moderna (orden y sistematicidad, autonomía de la arquitectura moderna como forma pura y abstracta, ensayo de nuevas materialidades basadas en la precisión técnica, ligereza y transparencia).

Propuesta para el frente marítimo de Barcelona (concurso, primer premio), 1995.
Scheme for the Barcelona seafront (competition, first prize), 1995.

Las tres manzanas de la Villa Olímpica reflejan la habilidad para crear ciudad mediante la repetición de la calidad media de la arquitectura, de manera parecida a como lo hicieron los *crescent* y terrazas de John Nash en Bath, o las viviendas en la Rue de Rivoli de Charles Percier y Pierre Fontaine en París. Sobre la morfología tradicional de la manzana de Cerdà surge el lenguaje de la arquitectura moderna —especialmente de Le Corbusier—, los bloques abstractos, las transparencias, los elementos constructivistas y simbólicos en las cubiertas, y la expresividad de las esquinas.

La propuesta para la apertura de la nueva Diagonal se basaba en el proyecto de ordenación de una manzana trapezoidal tipo, que se ajusta a la singularidad de la traza y que recurre a una morfología casi cerrada, con un jardín en el interior. En este caso se ponía énfasis en la singularidad de la esquina hacia suroeste, con una altísima torre que va pautando el ritmo de la trama urbana. A pesar de los numerosos cambios en el planeamiento de los últimos años, dicha propuesta sobrevive en algunos de los proyectos en la nueva Diagonal.

En la propuesta de cinco manzanas para el nuevo frente marítimo de Barcelona, la síntesis es todavía más completa: sobre la base de la

atic example of a *megaron* building, defined spatially by the vertical perception of interiors shaped by walls, a vision which was expressed in an immanent manner in the double spaces of Le Corbusier and in the patios of Mies van der Rohe. In this instance, a patio is inscribed within the huge volume of the hotel as a great interior space with a number of dynamic, polygonal parameters pertaining to another of Ferrater's systems: geometries of complexity.

And this emphasis on mass-buildings leads to enormous containers like the Zaragoza-Delicias Intermodal Station (1999-2003), in which a beautiful and gigantic complex structure, in keeping with the architect's most recent formal investigations, is superimposed on a series of disproportionate spaces which have nothing of the human scale about them.

2. Urban residential morphologies

As a counterpoint to these free-standing containers, Ferrater has managed to develop other morphologies in which an urban vocation predominates by experimenting with typologies and adapting them to the city's internal structures. In contrast to the hermeticism and autonomy of some his designs, Ferrater has recreated this other eminently typological and urban line. This urban culture is something he pioneered at the start of his career as an architect and teacher at the Barcelona School of Architecture in the mid-1970s after taking on board the theories of Aldo Rossi and the European typological critique. Ferrater has created projects and buildings for the city of Barcelona that have become especially emblematic.

The two apartment buildings in Barcelona's Calle Bertran (1981-1982 and 1983-1985) and the Garbí building, in this case in L'Estartit (1987-1988), are demonstrations of his capacity for moving forward in typological critique and invention and for the development of an attractive and elegant language. His two great creations in the Barcelona of the Olympic Games—the three city blocks in the Olympic Village (1988-1992, con José María Cartañá y Roberto Suso) and the housing complex in Valle de Hebrón (1989-1999)—are important for the way in which they are sited in terms of their surroundings, being endowed with a new order, morphologically all of a piece, in which the strength and clarity, precision and transparency of their forms predominates. A volumetric severity allows for the creation of open, almost intimate, spaces in the interiors of the city blocks and for the furnishing of a new dimension and character to public space.

His more urban projects have defined a coherent series in the eastern part of Barcelona: the aforementioned intervention in the

Parque tecnológico IMPIVA, Castellón, 1993-1995.
IMPIVA Technopark, Castellón, 1993-1995.

© Lluís Casals

morfología cerrada de cada una de las cinco manzanas de Cerdà emerge una torre doble en uno de los extremos de la fachada marítima, en cada una de las cinco manzanas. Expresión moderna y estructura tradicional coinciden en la mejor franja de la ciudad. Como en la Biblioteca Nacional de Francia de Dominique Perrault en París, la base es la ciudad tradicional de manzana cerrada con un gran patio interior, y por encima emerge la figura de las formas autónomas de la ciudad moderna. La imagen del boceto de la Cité des Affaires para Buenos Aires (1929) de Le Corbusier, con los cinco rascacielos dentro del Río de la Plata, está muy presente; también lo están las propuestas racionalistas para Barcelona del GATCPAC; o el plan para el barrio de la Ribera de Antoni Bonet Castellana en los años sesenta.

En esta línea, Ferrater ha realizado intervenciones urbanas modélicas, como el edificio de viviendas y oficinas en la avenida Foix (1991-1996) que, con una gran variedad de tipologías, configura volumetrías curvas, escalonadas y de casas unifamiliares entre medianeras, en función de las diversas tramas urbanas junto a las que el proyecto interviene.

Los proyectos más recientes en esta lógica de interpretación de las morfologías urbanas son las viviendas en la manzana del Ensanche comprendida entre las calles Roger de Flor, Alí Bei, Ausiàs March y Nàpols, con el centro de servicios sociales y el jardín en el interior de manzana (2001-2003); y el edificio de viviendas con su estudio de arquitectura de la calle Balmes de Barcelona (2000-2002), una valiosa aportación a la tradición de las mejores fachadas del ensanche barcelonés, en la que saca el máximo provecho de las cualidades conceptuales, compositivas y técnicas de su obra.

3. Yuxtaposición de volúmenes y calles

En los últimos años, Ferrater ha puesto a punto un nuevo mecanismo compositivo —la secuencia de volúmenes—, cuya última gran realización, que combina yuxtaposición y articulación, es el edificio social del Real Club de Golf El Prat (1998-2004).

Este mecanismo se había consolidado en el complejo para el parque tecnológico del IMPIVA en Castellón, realizado con Jaime Sanahuja, Carlos Martín y Carlos Escura (1993-1995), y había sido tanteado en otras obras no realizadas, como el proyecto para el concurso de la Biblioteca de la Universitat Autònoma de Barcelona en Bellaterra (1995), y en proyectos realizados como la escuela pública en Lloret de Mar, Girona (1993-1996).

Es una modernidad reelaborada a partir de un recurso eminentemente funcionalista —otorgar un volumen muy definido para cada actividad— y en sintonía con una nueva concepción estética, el minimalismo que persigue la abstracción y la atemporalidad, y que en el IMPIVA tiene mucho que ver con el neoplasticismo de Piet Mondrian, el suprematismo de Kazimir Malévich y la sistematicidad de Donald Judd. Con ello se consigue una percepción totalmente nueva de los

Olympic Village; the scheme for the organising of the new Diagonal (a 1989 prizewinner); and the proposal for the Barcelona seafront (a prizewinner in 1995). The three reveal the desire to synthesise the finest qualities of the traditional city (the Cerdà city block; the morphology of the street corridor; large city block courtyards; the unity and articulation of the city) with the input of the modern city (order and systematicness; the autonomy of modern architecture as pure, abstract form; a testing of new materialities based on technical precision, lightness and transparency).

The three city blocks in the Olympic Village reflect an ability to create city fabric by means of the repetition of the average quality of the architecture, in a way similar to John Nash creating his crescents and terraces in Bath, and Charles Percier and Pierre Fontaine their apartment houses in the Rue de Rivoli in Paris. Upon the morphology of the Cerdà city block there arises the language of modern architecture, especially Le Corbusier's: abstract blocks, transparencies, constructional and symbolic elements on the roofs, and the expressiveness of the corners.

The scheme for the opening up of the new Diagonal was based on the development project for a standard trapezoidal city block which adjusts to the singularity of the layout and has recourse to an almost closed morphology with a garden on the inside. In this instance emphasis was placed on the uniqueness of the southwest-facing corner, with a very high tower which regularly punctuates the rhythm of the urban weave. Despite the many planning changes of recent years this proposal survives in some of the projects on the new Diagonal.

In the scheme for five city blocks for the new Barcelona seafront, the synthesis is yet more complete: based upon the closed morphology of each of the five Cerdà city blocks, a twin tower emerges at one end of the seaward-facing facade of each block. Modern expression and traditional structure coincide in the city's finest strip of land. As in Dominique Perrault's Bibliothèque Nationale de France in Paris, the basis is the traditional closed city block with a large inner courtyard, with the figure of the autonomous forms of the modern city rising from and above it. The image of Le Corbusier's sketch of the Cité des Affaires for Buenos Aires (1929), with five skyscrapers within the River Plate, is very present; likewise the GATCPAC's rationalist schemes for Barcelona and Antoni Bonet Castellana's 1960s plan for the Ribera barrio.

Along these lines, Ferrater has made such model urban interventions as the apartment and office building in the Avenida Foix (1991-1996), which, with a great variety of typologies, configures volumetries of the curved, staggered, and terraced, single-family-house type, as per the different urban weaves next to which the project intervenes.

The most recent designs in this logic of interpretation of urban morphologies are the dwellings on the Ensanche city block bordered by

Roger de Flor, Alí Bei, Ausiàs March and Nàpols streets, with the social services centre and garden on the inside (2001-2003); and the apartment building with his architecture studio in the Calle Balmes in Barcelona (2000-2002), a valuable addition to the tradition of the Ensanche's finest facades, in which he makes the most of the conceptual, compositional and technical qualities of his work.

3. The juxtaposition of volumes and streets

In recent years Ferrater has established a new compositional device—the sequencing of volumes—whose latest major creation, combining juxtaposition and articulation, is the clubhouse of the El Prat Royal Golf Club (1998-2004).

This device had been consolidated in the complex for the IMPIVA Technopark in Castellón, undertaken with Jaime Sanahuja, Carlos Martín and Carlos Escura (1993-1995), and been tried out in other

Palacio de Congresos de Cataluña, Barcelona, 1996-2000.
Catalonia Convention Centre, Barcelona, 1996-2000.

© Alejo Bagué

espacios arquitectónicos, en la que el sistema lineal de volúmenes es percibido como un recorrido dinámico a través de vacíos y llenos, luz natural y artificial, vistas al exterior y al interior, volúmenes funcionales y espacios de conexión llenos de luz.
El citado Palacio de Congresos de Cataluña se sitúa en esta tradición de yuxtaposición de volúmenes articulados por áreas de conexión, aunque en este caso la gran masa de cada una de las tres partes, especialmente la dedicada a auditorio y la de la sala de exposiciones, lo aproxima a la volumetría del hotel Juan Carlos I. Realizado en colaboración con José María Cartañá, Rafael Alabernia y Alberto Peñín, el Palacio de Congresos se divide en tres cuerpos: el palacio de congresos con la pieza más importante, el auditorio, además del *hall* y el *foyer*; la sala de exposiciones, que puede subdividirse y está pensada para un destino multifuncional; y el edificio dedicado a oficinas y café-restaurante, con una forma orgánica y singular que lo emparenta con obras de Alvar Aalto y José Antonio Coderch, dos de sus máximos referentes. Entre las tres partes, unos ejes perpendiculares a la Diagonal, que se conforman a la manera de calles interiores, estructuran y articulan el conjunto y lo relacionan con el exterior urbano de la Diagonal y con los jardines de la Torre Melina.
Este proyecto es otro ejemplo de congruencia formal. Una arquitectura de volúmenes contundentes que desarrollan unos impresionantes espacios interiores. Un edificio cuya introversión se rompe en el magnífico *foyer* que se abre al jardín de la Torre Melina y que, en algunas partes, emerge hacia el exterior con grandes aberturas que disponen de parasoles y marquesinas y que acentúan tanto la horizontalidad como el juego de luces y sombras que crean los volúmenes en el exterior.
El espacio interior, en el que se van combinando espacios verticales y horizontales, queda perfectamente definido por los lucernarios, demostrando la importancia que Ferrater otorga la luz natural como el elemento clave de la arquitectura, y siguiendo la máxima de Louis Kahn de que el espacio arquitectónico existe cuando la luz natural lo caracteriza.
Al mismo tiempo, la específica materialidad, el cuidadoso tratamiento del hormigón visto, remite a la ingravidez y la textura de las obras de Tadao Ando, en las cuales algo tan pesado como el hormigón sugiere la fragilidad, traslucidez y suavidad de los materiales tradicionales japoneses, como la porcelana o el papel.

4. Paisajes con volúmenes fragmentados
En una condición incipiente se sitúa otra vía abierta por Ferrater: los conjuntos en los que una arquitectura fragmentada crea un paisaje, en los que la belleza se alcanza mediante el modelado del vacío externo, explorando las relaciones mágicas que los edificios establecen entre sí. En ellos predomina el espacio abierto de los diversos volúmenes. Esto lo ha practicado especialmente para un nuevo tipo de espacio doméstico hecho de pabellones aislados, organizados entorno a una especie de espacio comunitario primigenio. Es el caso de la casa de Llampaies (1992-1993) para un fotógrafo, de su propia casa de veraneo cerca de Ciutadella, Menorca (1995), y del proyecto de casa para un fotógrafo en Cases d'Alcanar, en el Delta del Ebro, Tarragona (2003-2005).
En la casa en Llampaies lo más importante es crear un paisaje propio con la casa, que se fragmenta en varios volúmenes, enfatizando el

unbuilt works like the competition project for the Library of the Universitat Autònoma de Barcelona in Bellaterra (1995), and in realised designs like the school in Lloret de Mar, Girona (1993-1996). This is a modernity re-elaborated from an eminently functionalist recourse—to provide a highly defined volume for each activity—in harmony with a new aesthetic conception, minimalism, that goes in search of abstraction and atemporality, and which in the IMPIVA has a lot to do with the Neoplasticism of Piet Mondrian, the Suprematism of Kasimir Malevich and the systematicity of Donald Judd. With it, a totally new perception is arrived at of architectural space, in which the linear system of volumes is perceived as a dynamic tour through solids and voids, natural and artificial light, outward and inward views, functional volumes and connecting spaces full of light.
The Catalonia Convention Centre, mentioned above, is situated in this tradition of juxtaposing volumes articulated by areas of connection, although in this instance the great mass of each of the three parts, especially the one devoted to the auditorium and that of the exhibition gallery, links it to the volumetry of the Hotel Juan Carlos I. Created in collaboration with José María Cartañá, Rafael Alabernia and Alberto Peñín, the Convention Centre is divided into three bodies: the convention centre proper with the most important entity, the auditorium, plus the hall and the foyer; the exhibition gallery, which may be subdivided and is intended to be multifunctional; and the building devoted to offices and a café/restaurant, with an unusual organic shape that allies it to buildings by Alvar Aalto and José Antonio Coderch, two of its main references. Between these three parts, a set of axes perpendicular to the Diagonal, which are laid out like indoor streets, structure and articulate the whole and relate it to the urban exterior of the Diagonal and to the gardens of the Torre Melina.
This project is another example of formal congruence. An architecture of bold volumes that describe a set of impressive interior spaces. A building whose introversion is shattered in the magnificent foyer which opens onto the Torre Melina garden and which, in some areas, emerges towards the outside with great apertures with sunshades and canopies which accentuate both the horizontality and the play of light and shadow that the external volumes create.
The interior space, in which vertical and horizontal spaces are continually combined, is perfectly defined by the skylights, thus demonstrating the importance that Ferrater gives to natural light as the key element of the architecture and keeping to the Louis I. Kahn maxim that architectonic space exists when natural light defines it.
At the same time the specific materiality and the careful handling of bare concrete refer to the weightlessness and texture of Tadao Ando's buildings, in which something as heavy as concrete suggests the fragility, translucence and smoothness of traditional Japanese materials like porcelain and paper.

4. Landscapes with fragmented volumes
Another system instaured by Ferrater has an immanent status: the complexes in which a fragmented architecture creates a landscape, complexes in which beauty is arrived at by modelling the exterior empty space, thus exploring the magical rapport the buildings establish with each other. In them the open space of the different volumes predominates. He has practised this in particular for a new type of

Casa para un fotógrafo,
Llampaies, Girona,
1992-1993.
**House for a photographer,
Llampaies, Girona,
1992-1993.**

© Lluís Casals

espacio abierto primitivo y festivo que queda completado con el pequeño pabellón de madera para invitados.

En el pabellón cerca de Ciutadella, en Menorca, lo más importante es el espacio natural y abierto que definen las dos alas del edificio antiguo, de arquitectura popular, y el nuevo pabellón de piedra de marés, en cuya forma y espacio laten la arquitectura de Mies Van der Rohe y Alvar Aalto.

En el proyecto en el delta del Ebro de nuevo predomina la naturaleza, que queda incluida en un paisaje enmarcado por las hileras de palmeras, las plataformas y los pabellones.

En todos estos ejemplos, más allá de la arquitectura, el escenario humano queda definido por el suelo natural y los árboles, por las nubes y el firmamento, por un sentimiento hedonista y panteísta de disfrute de la belleza esencial de la naturaleza.

Este mecanismo proviene de la cultura contemporánea de la fragmentación, tamizado a través de las formas populares de la arquitectura mediterránea. El sistema contemporáneo de la dispersión se utiliza para una cierta vuelta a la naturaleza: un vivir en sintonía con el medio natural, donde el techo es el firmamento, en un marco definido tanto por la arquitectura como por la vegetación.

El último proyecto de esta línea de morfologías creadas como paisajes ha sido la propuesta para el concurso de la manzana de la empresa Bayer en Barcelona (2003), conformada con el mecanismo de las

< >
Casa de veraneo,
Ciutadella, Menorca, 1995.
**Holiday home, Ciutadella,
Minorca, 1995.**

© Lluís Casals

| Taxonomía de sistemas formales en la obra de Carlos Ferrater | A Taxonomy of Formal Systems in the Work of Carlos Ferrater | Josep Maria Montaner |

© Hisao Suzuki © Lluís Casals

formas fractales que han ido definiendo el magnífico y complejo vacío del espacio público en el interior de manzana. La forma retranqueada de los volúmenes de oficinas y viviendas es el negativo que el espacio abierto ha modelado.

5. Formas del caos: fractales, pliegues, lianas, intersticios enterrados
El mecanismo creativo que Ferrater ha investigado y realizado más recientemente recurre a las emergentes geometrías fractales.
El Fitness Center, junto al hotel Juan Carlos I, fue una de las primeras realizaciones; una pieza que demostraba una posible arquitectura ecológica en la que todo el terreno ocupado es convertido en superficie verde. Los muros en diagonal conducen a un patio poliédrico central, por el que entra la luz y por donde respira el edificio; es el lugar hacia donde se dirigen todas las miradas. En cierta manera, la fractalidad del fitness ya estaba anunciada en las formas poligonales

domestic space consisting of free-standing blocks organised around a kind of primal community space. This is the case with the house in Llampaies (1992-1993) for a photographer, with his own holiday home near Ciutadella, Minorca (1995), and the project for a photographer's house in Cases d'Alcanar in the Ebro Delta, Tarragona (2003-2005).
In the house in Llampaies the most important thing is to create a characteristic landscape with the house, which is broken down into various volumes, thus emphasising the primitive and festive open space that is completed with a small wooden outhouse for guests.
The crucial thing in the residence near Ciutadella in Minorca is the natural open space which the two wings of the vernacular-style old building define, and the new sandstone block in whose form and space there resonates the architecture of Mies van der Rohe and Alvar Aalto.

Fitness Center, Barcelona, 1993-1996.
Fitness Centre, Barcelona, 1993-1996.

Museo de las Confluencias (concurso), Lyón, 2000.
Confluence Museum (competition), Lyons, 2000.

que definen la verticalidad dinámica del gran patio del hotel. Y este desarrollo de un nuevo tipo de geometría parte del interés por la naturaleza y el paisaje que Ferrater ya había demostrado en diversas obras, como el Parque Metropolitano en Torreblanca (1981-1982), proyectado con Norman Cinnamond.

Pero este recurso a las geometrías fractales tuvo el inicio y el resultado más espléndido en el Jardín Botánico de Barcelona (1989-1999), en esta ocasión con Josep Lluís Canosa y Bet Figueras. En este proyecto, la malla geométrica fractal posee un sentido múltiple: solución compositiva del proyecto que permite amoldarse a la topografía y crear los itinerarios; referencia metodológica para el trabajo multidisciplinar de los científicos y arquitectos; y estructura para el mantenimiento y cuidado de las especies vegetales. Una especie de plazas, islas o plataformas ponen énfasis en los árboles y arbustos más singulares y se convierten en la quintaesencia del jardín. Es el espacio en

Predominant in the Ebro Delta project is nature, which is included in a landscape framed by the rows of palm trees, the platforms and the pavilions.

Over and above the architecture, in all these examples the human setting is defined by the natural terrain and the trees, by the clouds and the firmament and by a hedonistic and pantheistic sense of pleasure in the essential beauty of the landscape.

This device stems from today's culture of fragmentation, as filtered through the popular forms of Mediterranean architecture. The contemporary system of dispersal is used to give a sort of twist to nature: a living in harmony with the natural environment, in which the ceiling is the firmament, in a frame defined by both architecture and vegetation.

The latest project in this line of morphologies created as landscapes has been the competition scheme for the Bayer Company city block in Barcelona (2003), created with the device of fractal forms that have defined the magnificent and complex empty public space in the interior of the block. The stepped form of the office and apartment volumes is the negative that the empty space has modelled.

5. Forms of chaos: fractals, pleats, lianas, buried interstices

The creative device that Ferrater has investigated and realised most recently has recourse to emerging fractal geometries.

The Fitness Centre next to the Hotel Juan Carlos I was one of the first creations; an entity which demonstrated a potential ecological architecture in which all the occupied terrain is turned into a green surface. The diagonal walls lead to a polyhedric central patio via which light enters and the building breathes; it's the spot all eyes turn towards. In a way, the fractality of the fitness centre was already announced in the polygonal forms that define the dynamic verticality of the hotel's great courtyard. And this development of a new type of geometry derives from the interest in nature and landscape that Ferrater had already demonstrated in works like the Metropolitan Park in Torreblanca (1981-1982), designed with Norman Cinnamond. This recourse to fractal geometries had, however, its most splendid beginning and end in the Barcelona Botanical Garden (1989-1999), on this occasion with Josep Lluís Canosa and Bet Figueras. In this project the fractal geometric grid has a multiple meaning: as a compositional solution which permits the project to be moulded to the topography and the itineraries to be created; as a methodological reference for the multidisciplinary work of the scientists and architects; and as a structure for the maintenance and care of the plant varieties. Piazzas, islands or platforms of a sort place the emphasis on the more unusual trees and bushes, becoming the quintessence of the garden. This is the space in which the fractal geometry stops and draws breath, enabling us to contemplate the landscape and to interiorise the process of visiting the botanical park. This is the point at which the botanical garden becomes an open-air museum and the didactic attention to detail of the entire operation is revealed. In these open-air polygonal chambers the Botanical Garden expresses its different kinds of identity. Some of the small piazzas are characterised by pergolas made from networks of cables, and the majority of the parterres adapt their chromatic characteristics and texture to the plant morphologies. And in these islands impressive specimens—the museum's true Picassos—can be contemplated, like an araucaria tree from Chile.

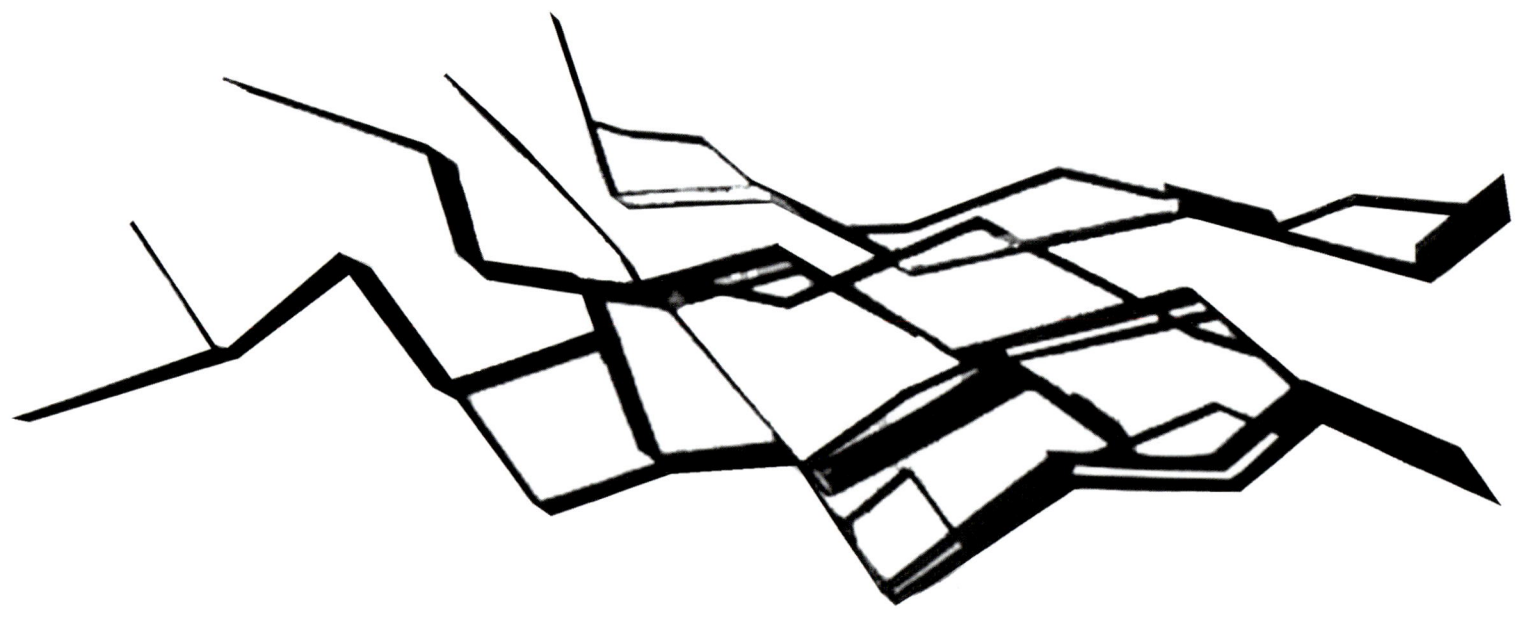

Museo de las
Confluencias (concurso),
Lyón, 2000.
Confluence Museum
(competition), Lyons,
2000.

Jardín Botánico
de Barcelona en
construcción.
The Botanical Garden
under construction.

© Alejo Bagué

Taxonomía de sistemas formales en la obra de Carlos Ferrater

A Taxonomy of Formal Systems in the Work of Carlos Ferrater

Josep Maria Montaner

Proyecto de remodelación de la cumbre de la montaña de Montjuïc (concurso), Barcelona, 2003.

Project for remodelling the summit of the Montjuïc mountain (competition), Barcelona, 2003.

el que la geometría fractal respira y se detiene, permitiendo contemplar el paisaje e interiorizar el proceso de visita al parque botánico. Es el punto en el que el jardín botánico deviene museo al aire libre y se desvela el cuidado didáctico de toda la operación. En estas salas poligonales al aire libre, el Jardín Botánico va expresando sus identidades. Algunas de las placitas están caracterizadas por pérgolas hechas con tramas de cables, y la mayoría de los parterres adaptan sus características cromáticas y de textura a las morfologías de las plantas. Y en estas islas se pueden contemplar piezas impresionantes —los auténticos *picassos* del museo—, como una araucaria procedente de Chile.

En este proyecto, una de las primeras realizaciones internacionales donde se ha recurrido a las prometedoras geometrías fractales, dicha recurrencia, lejos de ser forzada y frívola, no puede ser más lógica y adecuada, bella y sugerente, humana y natural. Partiendo de una mecanismo artificial en extremo se consigue sintetizar el equilibrio ecológico de las plantaciones y de la topografía con la radical artificialidad de la infraestructura construida. Este objetivo se alcanza al asumir en el proyecto la propia dimensión fractal de la naturaleza, que queda sintetizada en una trama triangular tridimensional que se adapta a la topografía. Como en el templo dórico, como en la ciudad americana precolonial, como en las arquitecturas de Frank Lloyd Wright, la belleza de lo artificial construido facilita el disfrute del paisaje. Y esta nueva acrópolis de trama triangular que es el jardín botánico se ha convertido en la mejor interpretación del Park Güell de Antoni Gaudí, que también preveía plataformas, itinerarios e, incluso, parcelas de forma triangular.

En el concurso para el Museo de las Confluencias en Lyón (2000), este uso de las formas fractales, que en el Jardín Botánico se había amoldado a la topografía, aquí se desarrolla en una tercera dimensión, inaugurando un espacio interior, convirtiendo el jardín en un

In this, one of the first international projects in which he has had recourse to the promise of fractal geometries, this recourse, far from being forced and frivolous, cannot be more logical and appropriate, beautiful and suggestive, human and natural. Proceeding from a device that is artificial in the extreme, he manages to synthesise the ecological balance of the plantings and the topography with the radical artificiality of the built infrastructure. This goal is reached by taking on board, in the design, the particular fractal dimension of nature, which is synthesised in a three-dimensional triangular grid that adapts to the topography. As in the Doric temple, the pre-colonial American town, the architectures of Frank Lloyd Wright, the beauty of the artificially built aids enjoyment of the landscape. And the new triangular-gridded acropolis that is the botanical garden has turned into the finest interpretation of Antoni Gaudí's Park Güell, which also foresaw platforms, itineraries and even triangular plots of land.

In the competition entry for the Confluence Museum in Lyons (2000), this use of fractal forms that had been moulded to the topography in the Botanical Garden is developed here in a third dimension, thus unveiling an interior space and converting the garden into a complex of fractal spaces, some semi-roofed and open, others converted into exhibition rooms, and blazing a new trail for the architecture of the 21st century.

These ideas are to be formulated afresh in the Benidorm promenade. Carlos Ferrater and Xavier Martí, winners of the competition convoked in 2002 with a bold project that is due to get under way at the end of 2004, intervene in this heterogeneous, dense and complex promenade with its versatile, mutating urban structure of height changes and wheeled traffic. In order to get around the obstacles, the new design adopts the shape of spindles or of tresses, of muscles or lianas enabling one to become constantly entangled in the reality of the place and to pass from the upper level of the promenade to the lower one of the beach, taking in all the special features: pedestrian crossings, streets, underpasses, changes of level. This is an organic shape, a set of stepped, sinuous curves that have been arrived at as a result of the artificial and systematic device of drawing by computer. The new promenade is based on maximising the public space of the pedestrian, and with its exuberant forms and its palm trees it expands and wins space back from the traffic. Dominant by day will be a range of warm colours extending from greens to browns, taking in yellow and the reddish tones of the tinted concrete of the flat surfaces, which will enable the various zones of the promenade to be differentiated. By day it will be like a system of dunes and by night turn into a gigantic snake lit from below.

The wisdom of the design is also discerned in what it harks back to. If Benidorm reminds us of Rio de Janeiro, the new layout has a lot to do with the parks, parades and pavements of the Brazilian artist and landscaper Roberto Burle Marx. And the dynamic and sinuous volumes, the holes and projections that the concave and convex sections of the promenade create, are similar to sculptural designs by Oscar Niemeyer and to the concrete shells of Félix Candela. While Benidorm has something of the massive tourism of Mar del Plata in Argentina, the versatile and sinuous organic shape of Ferrater and Martí's project makes us think of the promenade in Mar del Plata designed by Clorindo Testa. In that respect the shape of the promenade in Benidorm follows a strategy similar to the Botanical Garden's in Barcelona: the design is

complejo de espacios fractales, algunos semicubiertos y abiertos, otros convertidos en salas de exposición, señalando un nuevo camino para la arquitectura del siglo XXI.

Estas ideas se verán plasmadas de nuevo en el paseo marítimo de Benidorm. Carlos Ferrater y Xavier Martí, los ganadores del concurso convocado en el 2002 y que empezará a construirse a finales del 2004, intervienen en este paseo marítimo, heterogéneo, denso y complejo, con una estructura urbana versátil y mutante, con desniveles y con tráfico rodado, con un proyecto contundente. Para salvar los obstáculos, el nuevo proyecto adopta la forma de husos o de trenzas, de músculos o lianas que permiten continuamente trabarse a la realidad del lugar y pasar del nivel superior del paseo al nivel inferior de la playa, integrando todas las singularidades: pasos peatonales, calles, pasos inferiores, desniveles. Se trata de una forma orgánica, un juego de curvas de nivel escalonadas y sinuosas, a las que se ha llegado como resultado del mecanismo artificial y sistemático del dibujo por ordenador.

El nuevo paseo se basa en potenciar el espacio público del peatón, y con sus formas exuberantes y sus palmeras se expande y conquista espacio al tráfico rodado. De día dominará la variación cromática en una gama cálida que va del verde al terroso, pasando por el amarillo y los tonos rojizos del hormigón teñido de las superficies, lo cual va a permitir diferenciar las diversas zonas del paseo. De día será como un sistema de dunas y de noche se convertirá en una gigantesca serpiente iluminada por debajo.

La sabiduría del proyecto se comprueba también en lo que rememora. Si Benidorm nos recuerda a Río de Janeiro, el nuevo trazado tiene mucho que ver con los parques, paseos y pavimentos del artista y paisajista brasileño Roberto Burle Marx. Y los volúmenes dinámicos y sinuosos, los agujeros y voladizos que van creando las secciones cóncavas y convexas del paseo, se asemejan a los proyectos escultóricos de Oscar Niemeyer y a las cáscaras de hormigón de Félix Candela. Si Benidorm tiene algo del turismo masivo de Mar del Plata en Argentina, la forma orgánica, versátil y sinuosa del proyecto de Ferrater y Martí nos recuerda el paseo marítimo de Mar del Plata, proyectado por Clorindo Testa.

En este sentido, la forma del paseo marítimo de Benidorm sigue una estrategia similar a la del Jardín Botánico de Barcelona: el proyecto es, esencialmente, un proceso para ir resolviendo la complejidad del lugar y del programa a partir de una forma geométrica que procede de aquellos repertorios de la naturaleza que tan bien han estudiado científicos y morfólogos: desde D'Arcy Thompson hasta György Doczi o Jorge Wagensberg. Si en el Jardín Botánico la referencia era una triangulación procedente de las geometrías fractales, en Benidorm la referencia son los tejidos curvos que se van anudando y que se inspiran tanto en los tejidos musculares como en las formas de las dunas, las rocas y las olas.

Esta búsqueda experimental tiene otro hito, desgraciadamente no realizado: el proyecto para remodelar la cumbre de la montaña de Montjuïc de Barcelona (2003). Utilizando este nuevo mecanismo de deducir las formas inherentes a la naturaleza, el proyecto se basaba en detectar la fractalidad natural de los grandes intersticios no utilizados en la montaña, para reconvertirlos en los itinerarios y espacios abiertos estructuradores de toda la complejidad del entorno existente, tanto vegetal como construido. Una lección que queda para el futuro.

Por último, el proyecto de viviendas en el paseo de Gràcia de Barcelona,

essentially a process for gradually resolving the complexity of the location and of the programme on the basis of a geometrical form that proceeds from those repertoires of nature scientists and morphologists have studied so much: from D'Arcy Thompson to György Doczi or Jorge Wagensberg. If the reference in the Botanical Garden was a triangulation proceeding from fractal geometries, in Benidorm the reference is curved tissues that get into knots and that are inspired in muscular tissues as well as in the shapes of dunes, rocks and waves.

This experimental search possesses another landmark, unfortunately unbuilt: the project for remodelling the summit of the Montjuïc mountain in Barcelona (2003). Utilising this new device of deducing the shapes inherent in nature, the design is based upon detecting the natural fractality of the huge, non-utilised interstices on the mountain in order to reconvert them into the itineraries and open spaces structuring the whole complexity of the existing environment, both vegetal and built. An example that remains for the future.

Lastly, the project for apartments in Barcelona's Paseo de Gràcia, created with Xavier Martí and Juan Trias de Bes (2004), with a facade based on the interstices created by an exquisite vertical and reticular structure that turns into a sculpture and creates a liveable enclave in this mass of fractal walls. The human and inhabitable character of the cavity is thus enriched. It is hoped to convert the building into an interpretation of Antoni Gaudí's La Pedrera, constructed in the 21st century. As the diagrams show, the final complexity has been arrived at by proceeding from the systematic superimposition of all the different conditions and requirements that converge in the project.

Epilogue

Parallel to the development of these varying formal devices, Ferrater's entire oeuvre is impeccable in its technical perfection, its clarity and boldness of form, in the quality of the interior spaces, the appropriate situating of natural light, and in the studied openings onto the outside. An expert and rigorous site management by Carlos Ferrater and such collaborators as Joan Guibernau has enabled an extreme smartness to be attained, a maximum emphasis on the quality of the details. Each one of the formal devices has in fact been developed in unison with technical consideration of how it is to be built; what the structures, materials and details are going to be.

And this attention to the beauty and perfection of technical detail is also attributable to the rationalist position of Carlos Ferrater. It is what characterised iron architecture in the 19th century, as in the beautiful and exquisite anchoring systems of the structures in Henri Labrouste's Bibliothèque Sainte-Geneviève and Bibliothèque Nationale in Paris. It's what Mies van der Rohe did with his architecture resolved according to the perfection of technical details: his Brick House project (1923) was the first Neoplasticist experiment based on repetition of the basic detail of the brick bond in order to create independent walls. As far as building with industrial materials is concerned, Ferrater has invented a series of white concrete prefabricated blocks the size of a brick and handmade in texture which, combined, can form all kinds of walls. In this he continues the strict technical tradition of Carlo Lodoli, Gottfried Semper and Adolf Loos, according to which architecture is understand on the basis of the tectonic, of planning by attending to the essence of each of the materials that, assembled in a logical way, create complex structures.

con Xavier Martí y Juan Trias de Bes (2004), tiene una fachada realizada a partir de los intersticios creados por una preciosa estructura vertical y reticular que se convierte en una escultura y que crea un recinto vivible en este grueso de los muros fractales. Se enriquece, así, el carácter humano y habitable del hueco. Se aspira a convertir el edificio en una interpretación de La Pedrera de Antoni Gaudí construida en el siglo XXI. Tal como demuestran los diagramas, a la complejidad final se ha llegado partiendo de la superposición sistemática de todas las distintas condiciones y solicitaciones que confluyen en el proyecto.

Epílogo
Paralelamente al desarrollo de estos diversos mecanismos formales, toda la obra de Ferrater es impecable en su perfección técnica, en su claridad y contundencia de las formas, en la calidad de los espacios interiores, en la ajustada situación de la luz natural y en las estudiadas aberturas al exterior. Una experta y rigurosa dirección de obra de Carlos Ferrater y de colaboradores suyos como Joan Guibernau ha permitido alcanzar una extrema pulcritud, un énfasis máximo en la calidad de los detalles. De hecho, cada uno de los mecanismos formales se ha desarrollado al unísono con el pensamiento técnico de cómo se va a construir, cuáles van a ser las estructuras, los materiales y los detalles. Y también esta atención a la belleza y perfección del detalle técnico se adscribe a la posición racionalista de Carlos Ferrater. Es lo que caracterizó a la arquitectura del hierro en el siglo XIX, como los bellos y preciosos ensamblajes de las estructuras en las bibliotecas de Sainte Geneviève y Nacional de Henry Labrouste en París. Es lo que hizo Mies van der Rohe con su arquitectura resuelta desde la perfección de los detalles técnicos: su proyecto de Casa de Ladrillo (1923) fue el primer experimento neoplasticista basado en la repetición del detalle básico del aparejo del ladrillo para crear muros independientes. En esta dirección de construir con la industria, Ferrater ha inventado una serie de bloques prefabricados de hormigón blanco, del tamaño de un ladrillo y textura artesanal, que, combinados, pueden configurar todo tipo de muros. Con ello se continúa la tradición técnica y rigorista de Carlo Lodoli, Gottfried Semper y Adolf Loos según la cual la arquitectura se entiende a partir de la tectónica, de proyectar ateniéndose a la esencia de cada uno de los materiales que, ensamblados de manera lógica, crean estructuras complejas.

En resumen, se han desarrollado diversos mecanismos formales que tienen su base en diversas posiciones arquitectónicas: el racionalismo impositivo de los contenedores; la crítica tipológica de las morfologías urbanas; la yuxtaposición y articulación de prismas procedente del minimalismo, el neoplasticismo y la abstracción; la fragmentación que se ordena entorno a espacios libres y crea micropaisajes; y el universo del caos que aporta geometrías proteicas y complejas. El desarrollo y la combinación de cada uno de ellos se catapulta con el sustrato de la precisión técnica y material, de la estrecha relación entre forma y estructura, de nuevo en las raíces de la abstracción y del racionalismo. Una arquitectura que ya forma parte de la historia contemporánea y que plasma perfectamente la profundidad de la definición teórica del propio Ferrater: "El trabajo del arquitecto consiste en el trascurrir de las geometrías al espacio mediante la construcción".

To sum up, various formal devices have been developed that have their basis in different architectonic positions: the authoritative rationalism of containers; the typological critique of urban morphologies; the juxtaposition and articulation of prisms deriving from minimalism, Neoplasticism and abstraction; the fragmentation which is organised around open spaces and creates micro-landscapes; and the world of chaos that protean, complex geometries bring. The development and combination of each one of them is sent hurtling off with the substratum of technical and material precision, of the strict relation between form and structure, once more in the aftermath of abstraction and rationalism. An architecture that already forms part of contemporary history and which the profundity of the Ferrater's own theoretical definition perfectly represents: "The work of the architect consists in the passing of geometries to space via the building."

Sede del Instituto Botánico de Barcelona
1998-2003
y Jardín Botánico revisitado, Barcelona
1989-1999

Barcelona Botanical Institute
1998-2003
and the Botanical Garden revisited, Barcelona
1989-1999

Instituto Botánico
El edificio del Instituto Botánico, un centro dependiente del Consejo Superior de Investigaciones Científicas, se sitúa en la cota más alta del Jardín Botánico de Barcelona, en la ladera de la montaña de Montjuïc, junto al Anillo Olímpico.
El edificio se vuelca sobre el ala noroeste del jardín, la zona dedicada a los fitoepisodios del Mediterráneo occidental y el norte de África, con vistas sobre la ciudad de Barcelona. Se estructura según una línea horizontal que intersecciona el terreno natural en pendiente como una bisagra entre dos cotas topográficas; de este modo la sección permite organizar los distintos programas con accesos independientes desde la carretera posterior y desde la trama de caminos del jardín.

Jardín Botánico
Un antiguo vertedero se reconvierte en un jardín botánico.
El nuevo jardín se fundamenta en cuestiones botánicas y de ecosistemas mediterráneos. Las zonas homoclimáticas de los mediterráneos del mundo se organizan según criterios de convergencia morfológica. Suráfrica, Australia, Chile–California, mediterráneos occidental y oriental, África norte y Canarias.
La intervención aflora las condiciones topográficas y morfológicas del lugar.
Adaptando una malla triangular al terreno permite un orden geométrico irregular para disponer los mosaicos vegetales y los fitoepisodios. Con movimientos en altura, la malla y el territorio se facetan punteando los vértices de la malla, obteniéndose una estructura fractal.
El orden del jardín se establece interrelacionando mosaicos y transeptos.
La transversalidad aparece con la interrelación de las diferentes disciplinas que construyen un espacio natural desde el artificio.

The Botanical Institute
The Botanical Institute building, a centre dependent on the Higher Scientific Research Council, is situated at the highest point of the Barcelona Botanical Garden on the side of the Montjuïc mountain, alongside the Olympic Ring. The building leans over the northwest wing of the garden, the area devoted to phyto-episodes from the western Mediterranean and the north of Africa, with views of the city of Barcelona. It is structured as a horizontal line that crosses the sloping natural terrain like a hinge between two topographical datums. Given this, the section allows for the organisation of the different programmes with independent entrances from the roadway at the rear and the network of garden paths.

The Botanical Garden
A former rubbish tip is reconverted into a botanical garden.
The new garden is founded upon botanical issues and Mediterranean ecosystems. The homoclimactic zones of the Mediterraneans of the world are organised according to criteria of morphological convergence. South Africa, Australia, Chile—California, Occidental and Oriental Mediterraneans, North Africa and the Canary Islands.
The intervention sifts out the topographical and morphological conditions of the location. Adapting a triangular grid to the terrain leads to an irregular geometrical order for setting out the plant mosaics and phyto-episodes.

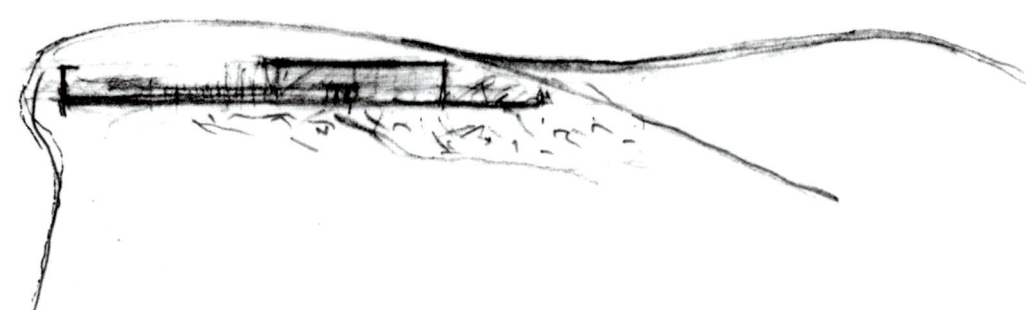

UNA CAJA NEGRA ABIERTA
Emilio Tuñón

Fruto de una tradición basada en el coleccionismo, y la curiosidad, los jardines botánicos son espacios donde los visitantes pueden aproximarse al conocimiento de la diversidad de las especies del mundo vegetal, agrupadas por diferentes áreas geográficas y microclimas, y disfrutar, al mismo tiempo, de sus olores, colores y texturas. Así, los jardines botánicos aúnan la búsqueda de conocimiento con el placer ambiental.

Enclavado sobre un antiguo vertedero de escombros, y presidido por la caja de acero y vidrio en voladizo del Instituto Botánico, el Jardín Botánico de Barcelona es uno de los espacios verdes de mayor tamaño, y más placentero, de la ciudad de Barcelona, donde conviven la posibilidad de conocer y observar lo próximo, con la visión del amplio paisaje circundante de la ciudad y su entorno.

En este privilegiado lugar, y como consecuencia de una cuidada resolución científica, técnica y artística, el discurso arquitectónico deja de constituirse como un monólogo para pasar a dialogar con la naturaleza y la vida, estableciendo un viaje al mundo a través de la representación de la vegetación en fitoepisodios del clima mediterráneo, organizado por medio de un conjunto de mosaicos que se articulan por afinidades ecológicas y microclimas, y se construyen en plataformas cuyos oxidados muros de contención adoptan angulosas formas cóncavas y convexas.

With movements in elevation the grid and the territory are faceted, thus dotting the vertices of the grid and obtaining a fractal structure.
The order of the garden is established by interrelating mosaics and transepts.
Tranversality appears with the interrelation of different disciplines, a natural space being constructed out of artifice.

Instituto Botánico The Botanical Institute
Concurso abierto. Primer premio Open competition. First Prize | Emplazamiento Location **Paseo del Migdia s/n / n/n, parque de Montjuïc/Montjuïc Park, Barcelona, España/Spain** | Arquitecto Architect **Carlos Ferrater** | Colaboradores Collaborators **Joan Guibernau, Elena Mateu** | Colaboradores en la dirección de obra Construction management collaborators **Joan Guibornau** | Concurso Competition **1998** | Proyecto Design years **1999** | Final de las obras Completion date **2003** | Estructuras Structural engineering **Bernuz-Fernández arquitectes SL** | Instalaciones Mechanical engineering **PGI Grup** | Aparejador Master builder **Roberto Ayala** | Cliente Client **Consejo Superior de Investigaciones Científicas (CSIC)** | Superficie construida Built surface **2.866 m²** | Empresa constructora Construction company **Contratas y Obras Empresa Constructora SA** | Fotografía Photography **Alejo Bagué**

Jardín Botánico The Botanical Garden
Concurso. Primer premio Competition. First Prize | Emplazamiento Location **Calle Font i Quer 2, parque de Montjuïc/Montjuïc Park, Barcelona, España/Spain** | Arquitectos Architects **Carlos Ferrater, Bet Figueras, José Luis Canosa** | Colaboradores Collaborators **Proyecto Urbanos del Ayuntamiento/City Council Urban Planning Department** | Concurso Competition **1989** | Proyecto Design years **1995** | Final de las obras Completion date **1999** | Ingeniería Engineering **Taller d'Enginyeries SA** | Asesores botánica Botanical consultants **Dr. Josep Montserrat y/and Joan Pedrola** | Cliente Client **Ayuntamiento de Barcelona** | Superficie construida Built surface **14 ha** | Empresa constructora Construction company **Stachys SA** | Fotografía Photography **Alejo Bagué**

AN OPEN BLACK BOX
Emilio Tuñón

The outcome of a tradition based on collecting, and curiosity, botanical gardens are spaces in which visitors can get to know the diverse varieties of the plant world, grouped in different geographical and microclimactic areas, and take pleasure, at the same time, in their smells, colours and textures. Botanical gardens, then, combine the seeking of knowledge and pleasure in the environment.

Sitting on top of a former rubbish dump, and presided over by the cantilevered steel and glass box of the Botanical Institute, the Barcelona Botanical Garden is one of the largest and most pleasant green spaces in the city of Barcelona, a space where the possibility of knowing and observing the close-at-hand coexists with the view of the ample surrounding landscape of the city and its environs.

In this privileged location, and as a consequence of a careful scientific, technical and artistic resolution, the architectonic discourse ceases constituting itself as a monologue and proceeds to dialogue with nature and life, instituting a trip to the world via the representation of vegetation in phyto-episodes of the Mediterranean climate organised by means of a set of mosaics articulated by ecological and microclimactic affinities, and constructed on platforms whose rusty retaining walls adopt concave and convex angular shapes.

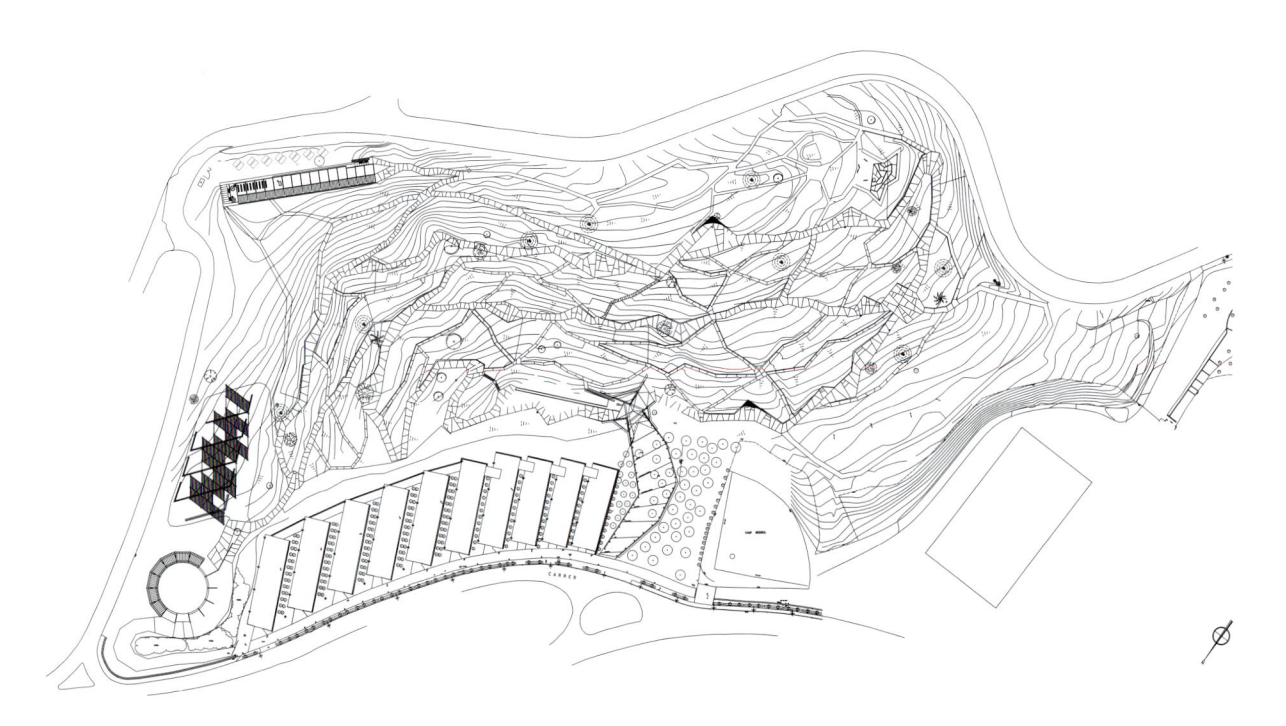

Pensado de modo virtual, a partir de una malla triangular deformada por la topografía las infraestructuras y los itinerarios, su construcción abandona las referencias abstractas para constituirse como un ambiente artificial, múltiple y abierto, que hace presente la alianza entre lo "humano" y lo "no-humano".

Como un gran anfiteatro abierto al valle de Llobregat, el Jardín Botánico constituye, utilizando la terminología de Bruno Latour, una dilatada "caja negra abierta", una máquina de conocimiento que explica a los usuarios su propio funcionamiento construyendo un gran espacio público que habla del devenir del tiempo, del crecimiento, y cuyas cualidades son una consecuencia, y no una causa, de la propia acción colectiva; conocimiento y placer ambiental unidos por una obra de arquitectura del paisaje generosa y vital.

Sede del Instituto
Botánico de Barcelona

Barcelona Botanical Institute

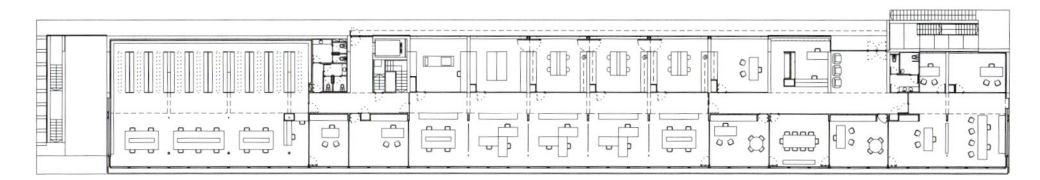

Planta primera.
First floor.

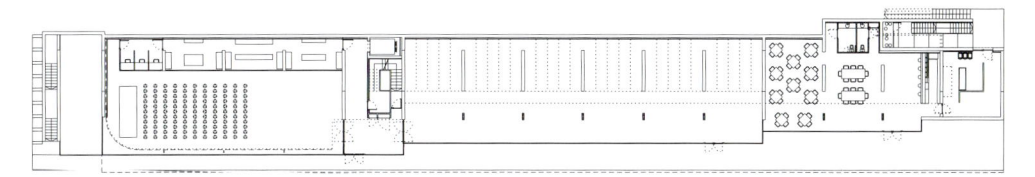

Planta baja.
Ground floor.

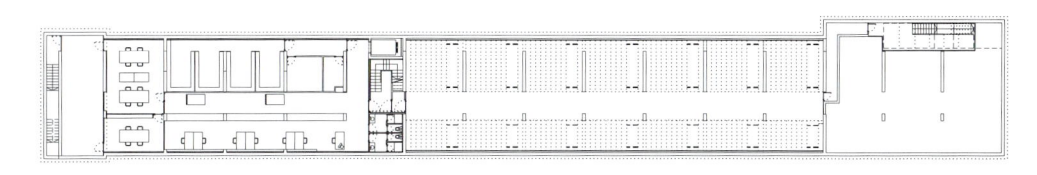

Planta sótano.
Basement.

Conceived in a virtual manner, and based on a triangular grid deformed by the topography, the construction of infrastructures and itineraries abandons abstract references in order to constitute itself as a multiple and open-ended artificial environment that renders the alliance between the "human" and "nonhuman" patent.

Like some great amphitheatre giving onto the valley of the River Llobregat, the Botanical Garden constitutes, as Bruno Latour would say, a vast "open black box," a knowledge machine that explains its own functioning to its users, thus constructing a great public space which speaks of the future of time, of growth, and whose qualities are a consequence, and not a cause, of collective action itself; knowledge and environmental pleasure united by a generous and vital work of landscape architecture.

Sección A-A.
Section A-A.

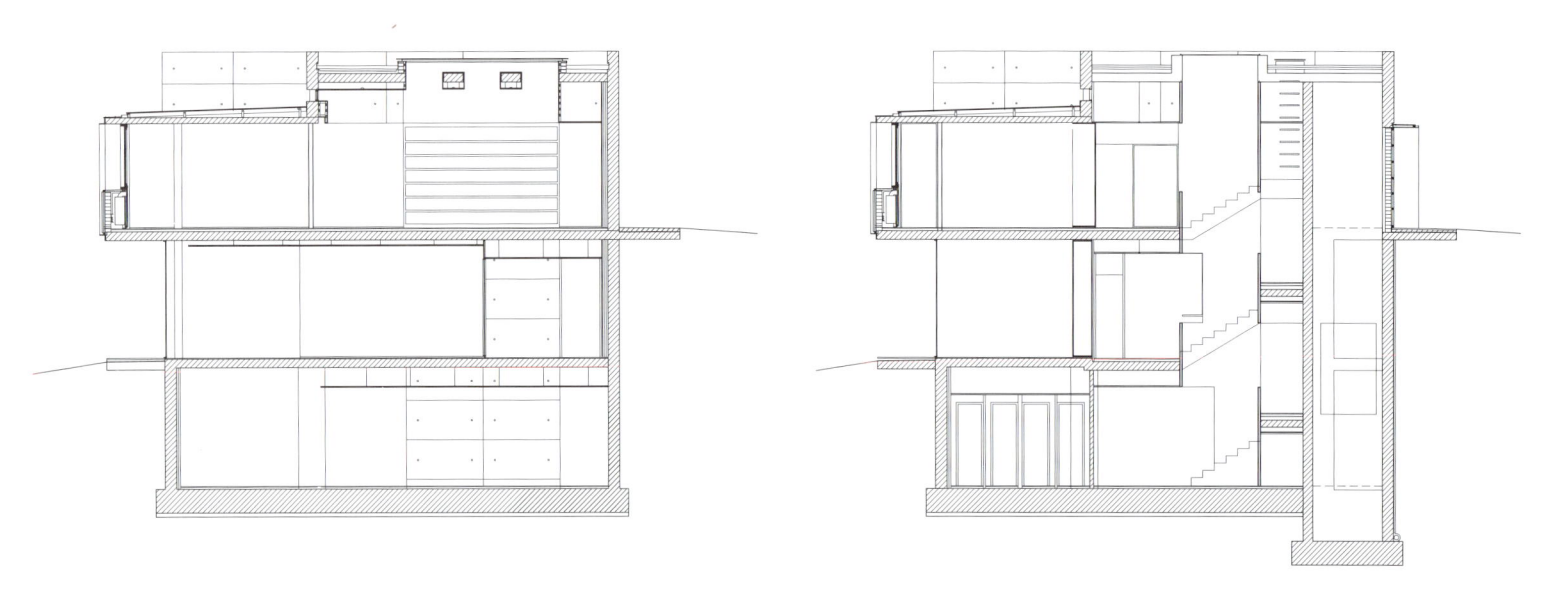

Sección B-B.
Section B-B.

Sede del Instituto
Botánico de Barcelona

Barcelona Botanical Institute

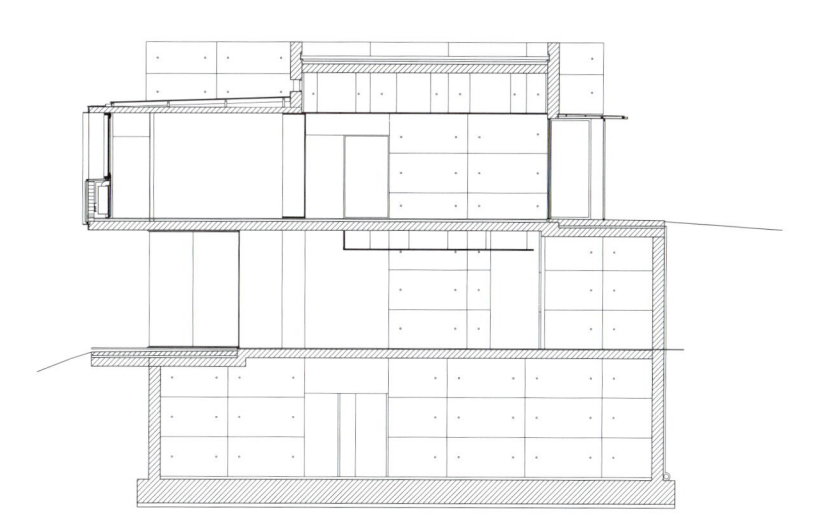

Sección C-C.
Section C-C.

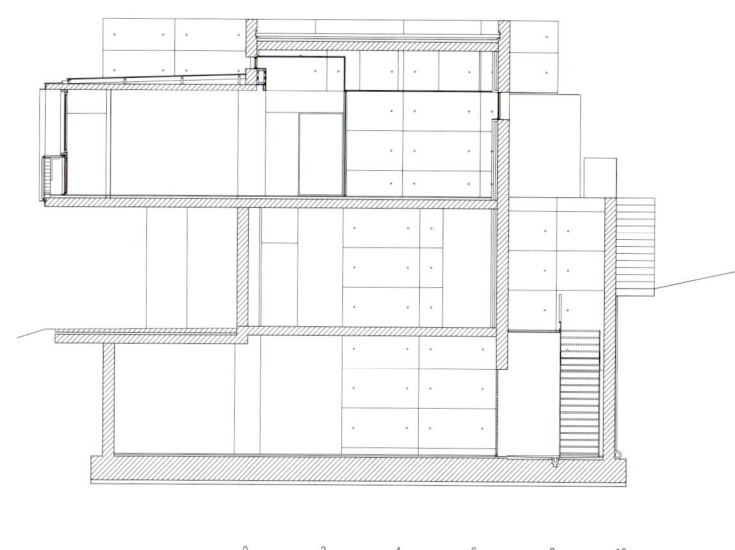

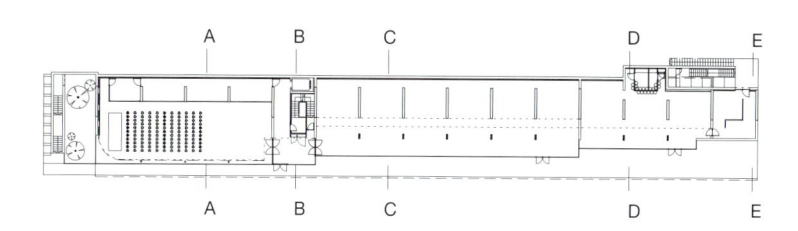

Sección D-D.
Section D-D.

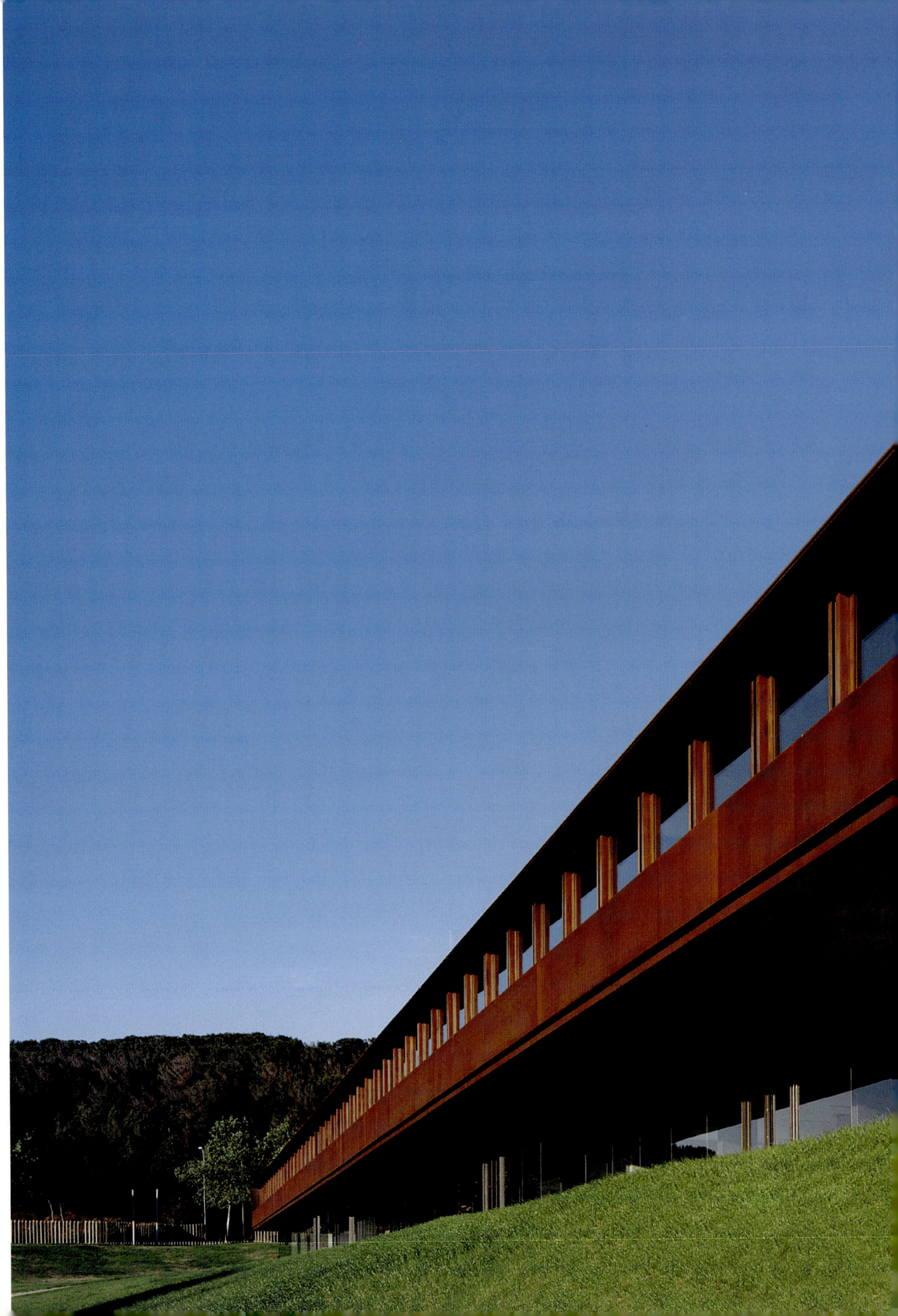

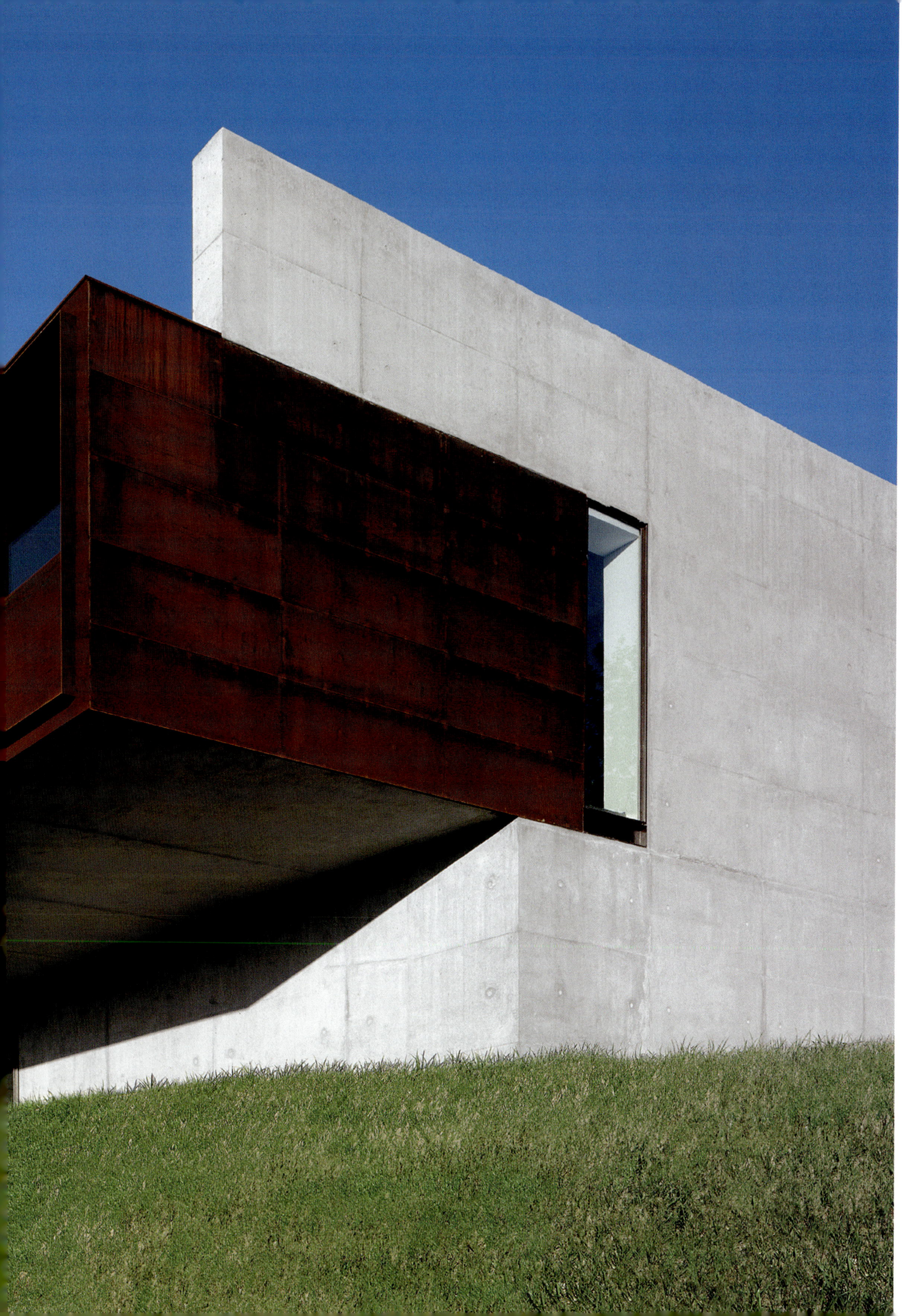

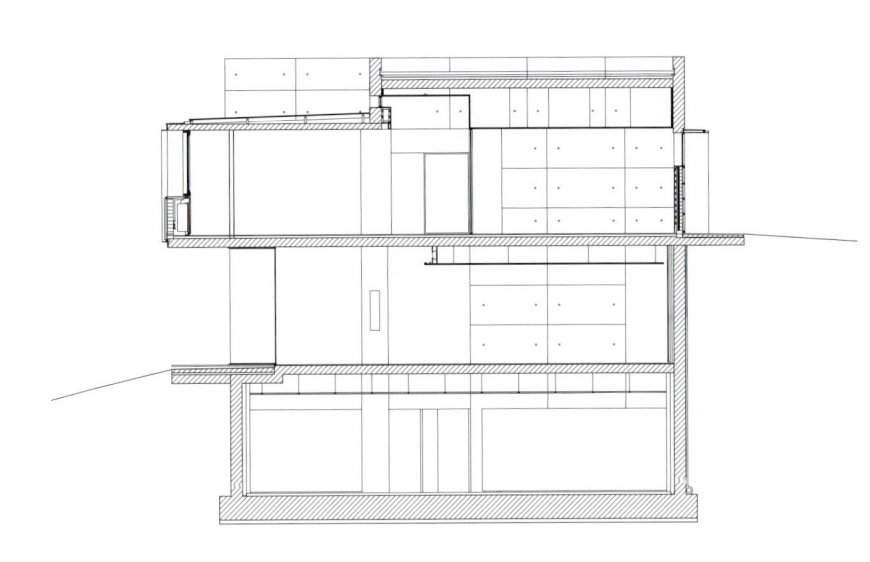

Sección E-E.
Section E-E.

Sede del Instituto
Botánico de Barcelona

Barcelona Botanical Institute

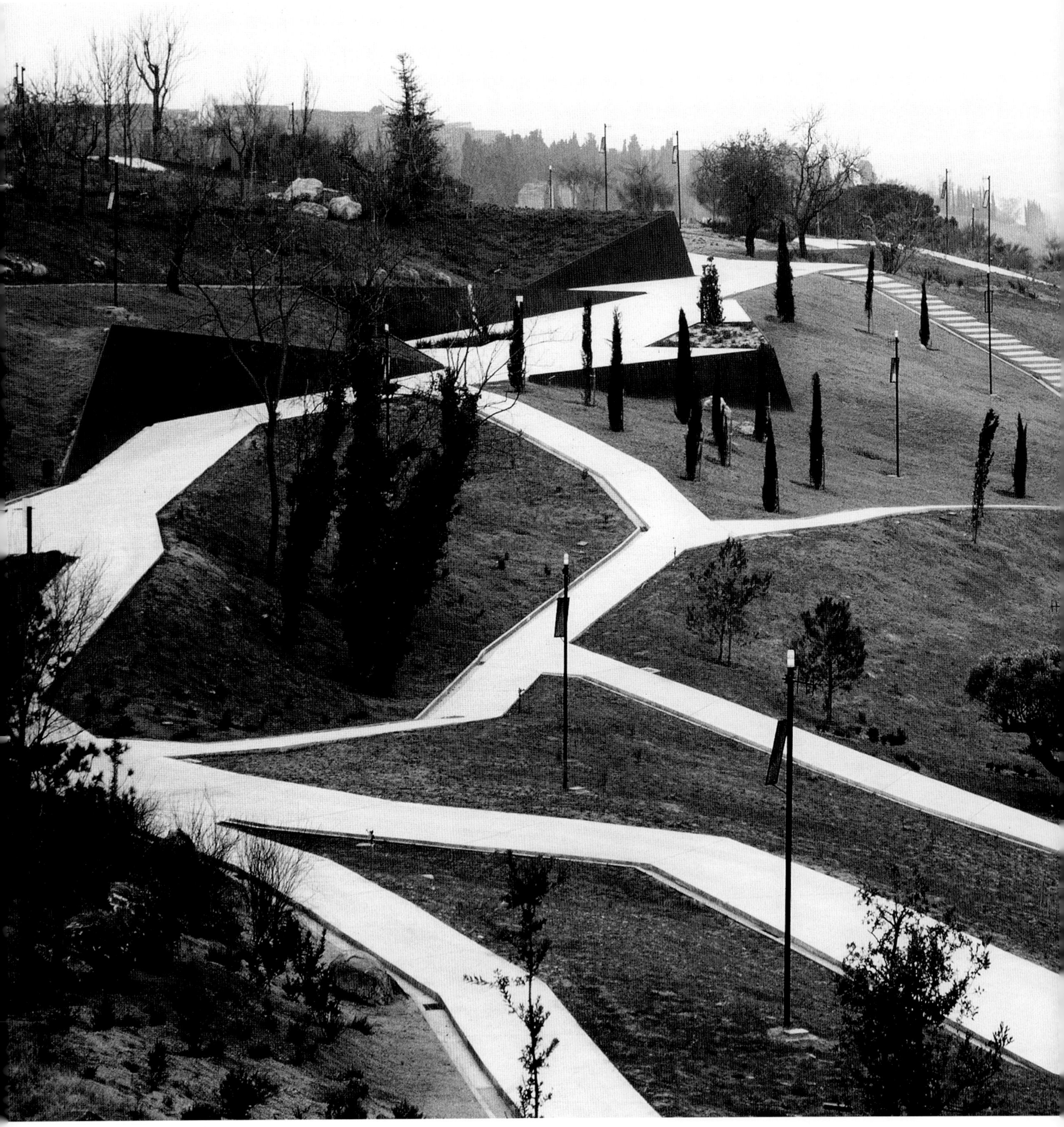

Jardín Botánico revisitado Botanical Garden revisited

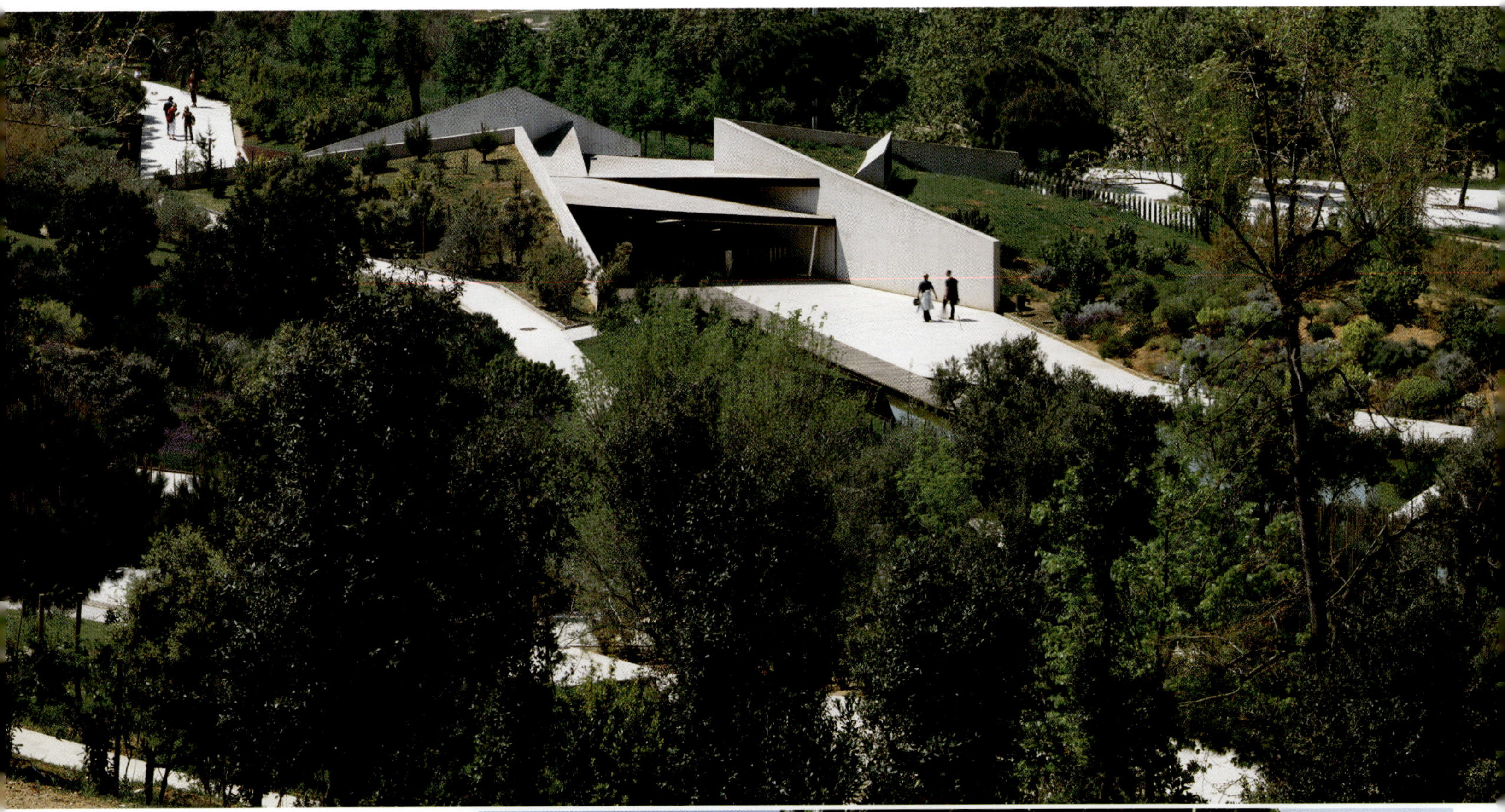

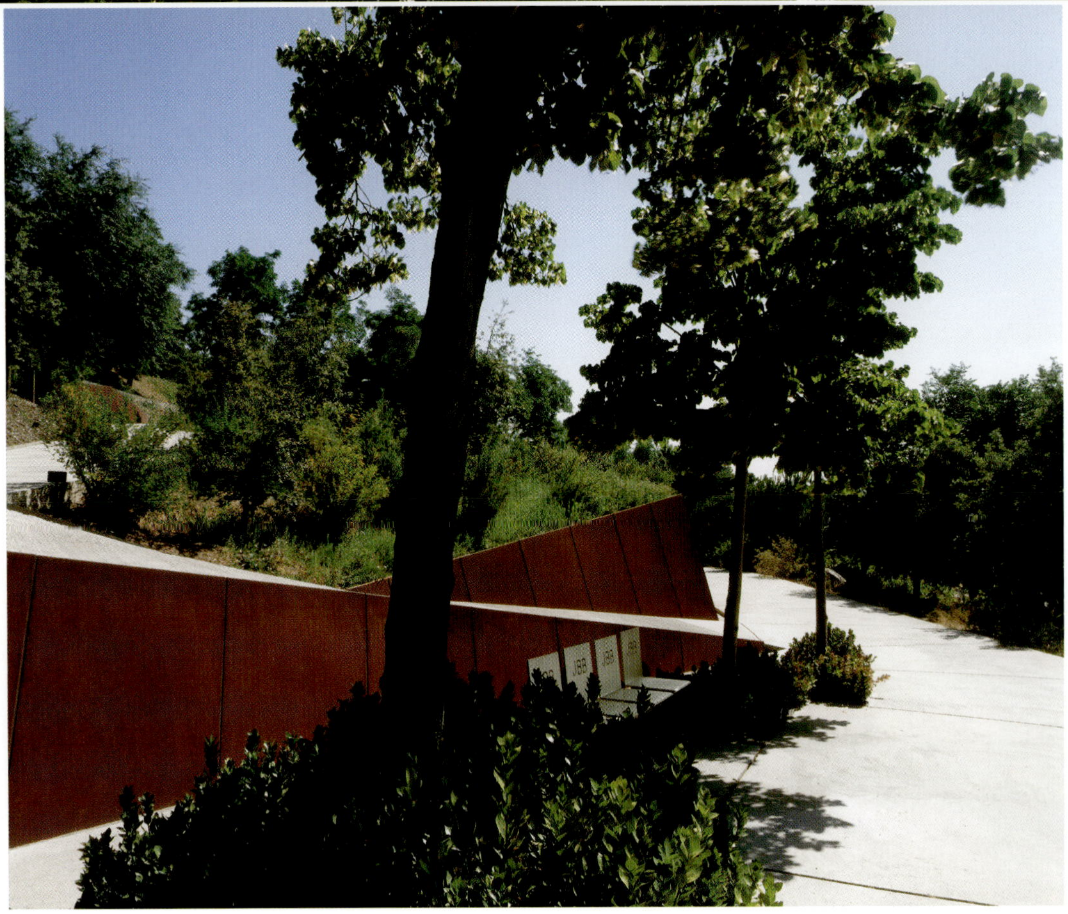

Jardín Botánico revisitado   Botanical Garden revisited

Auditorio, palacio de congresos y Parque de los Naranjos, Castellón
Convention Centre Auditorium and Parque de los Naranjos, Castellón

1997-2004

El proyecto del auditorio contempla un permanente diálogo entre el espacio exterior y el edificio. El pavimento de la plaza, en suave pendiente, invade el vestíbulo del auditorio a través de una secuencia de espacios que provocan una transición entre el exterior y el interior por debajo de las salas de audición, formando vestíbulos, *foyers* y espacios de relación.
El volumen general se descompone en cuatro piezas. En las primeras se encuentran las salas de audición. La mayor para música sinfónica, la menor para música de cámara. Bajo estas salas se ubican el vestíbulo, las zonas de espera y el bar. Arropando todos estos espacios se desarrollan cuerpos laterales de menores dimensiones. En uno de ellos se concentra todo el programa de soporte a las salas de audición: camerinos, vestuarios, salas de ensayo, biblioteca, almacenes, zona administrativa, etc., así como salas de prensa y de representación. Debido a la configuración asimétrica de la sala mayor, en el lateral opuesto se desarrolla un deambulatorio que va recogiendo las diferentes salidas y facilita la evacuación de los espacios destinados a audición de música. Junto a estas piezas o volúmenes, y formando un único conjunto con el auditorio, se sitúan las dependencias destinadas a congresos, acontecimientos sociales, salas de exposiciones y reuniones.

The auditorium project posits an uninterrupted dialogue between exterior space and building. The paving of the gently sloping piazza invades the auditorium concourse via a sequence of spaces bringing about a transition between outside and inside beneath the concert halls, forming vestibules, foyers and spaces for socialising in.
The overall volume is broken down into four units. In the first two are the concert halls—the larger for symphonic music, the smaller for chamber music. Beneath these the lobby, waiting areas and bar are housed. A number of smaller, lateral bodies swathe these spaces. In one of them the entire support programme for the concert halls is concentrated: dressing rooms, backstage area, rehearsal rooms, library, warehousing, office area, etc., as well as press and performance rooms. Due to the asymmetrical layout of the main concert hall, in the lateral body opposite it there is an ambulatory which accommodates the various exits and aids in emptying the spaces meant for listening to music in. Next to these units or volumes, and forming a single whole with the auditorium, are the facilities intended for conferences, social events, and exhibition and meeting rooms.

Concurso restringido. Primer premio Restricted competition. First Prize | Emplazamiento Location **Av. Lledó s/n, Castellón de la Plana, España/*Spain*** | Arquitectos Architects **Carlos Ferrater, Carlos Martín, Jaime Sanahuja, Carlos Escura** | Colaboradores Collaborators **Antonio Gómez, Ramón Pascual** | Concurso Competition **1991** | Proyecto Design year **1997** | Final de las obras Completion date **2004** | Instalaciones Mechanical engineering **TECMO** | Climatización Climate control **Crespo y Blasco** | Empresas consultoras Consultants **Juan Calvo (Pondio Ingenieros)** | Aparejadores Master builders **Guillermo Font, Benjamín Caballer, Fernando Santamaría** | Cliente Client **Castelló Cultural** | Superficie construida Built surface **17.412 m²** | Empresa constructora Construction company **OHL SA (Obrascón Huarte Laín SA)** | Fotografía Photography **Alejo Bagué**

Francisco Mangado

Siempre he pensado que la arquitectura debía tener algo de caja mágica, de sorpresa contenida, de esa intensidad que sólo se descubre en su totalidad, en su verdadera dimensión cualitativa, después de que el objeto es visto y recorrido. Si bien el trabajo de Carlos Ferrater tiene, en general, algo de este efecto sorpresa, creo que el auditorio de Castellón alcanza cotas destacables.
El exterior de este edificio no parece sorprender a pesar de su delicadeza. Contundente y claro, escultórico y sofisticado, no deja de pertenecer a ese mundo en el que el autor ha dado muestras más que sobradas de acierto.
Sistemáticamente van apareciendo elementos ya investigados que adquieren un alto grado de finura. Los tersos y limpios muros de hormigón blanco, uno de sus recursos construidos ya conocidos y que domina de manera magistral, son contrastados en este caso por chapas metálicas que perfilan la volumetría y diluyen el acceso en una geometría que ilustra toda la planta baja. La explanada de acceso y el entorno, alfombra gris y muda, define un contexto abstracto donde el objeto destaca como pieza de joyería, ensimismado y ajeno a cualquier otro entorno que no sea el del plano geométrico.
Pero nada de esto resulta fundamental, porque la realidad es que el edificio elige prescindir de las tentaciones de lo exterior, de caligrafías y epidermis, de superficies y superficialidades, y vuelca hacia el interior

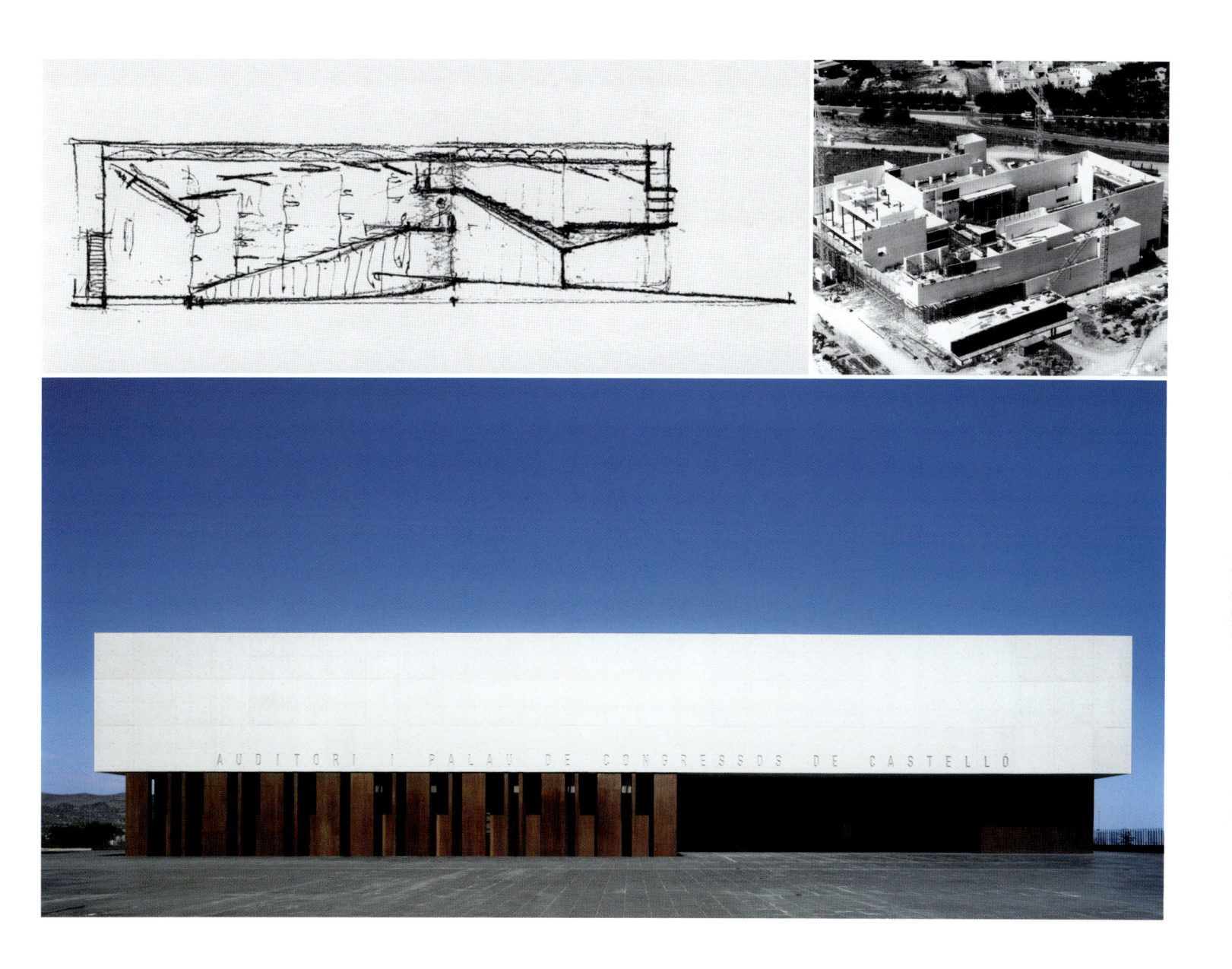

Francisco Mangado

I've always thought that architecture ought to possess something of the magic box, of controlled surprise, of that intensity which is only discovered in its totality, in its authentic dimension, once the object is seen and walked through. While Carlos Ferrater's work possesses something of this surprise effect in general, I believe that the auditorium in Castellón reaches new heights.
In spite of its refinement, the outside of this building seems not to surprise. Bold and clear, sculptural and sophisticated, it cannot help but belong to that world in which the author has given more than ample proof of his abilities. Previously investigated elements systematically appear, elements which acquire a great degree of finesse. The terse and neat walls of white concrete, an already known built resource of his which he magisterially dominates, are contrasted, in this instance, with metal panels which give character to the volumetry and break down the access area in a geometry elucidated by the ground floor as a whole. The entrance esplanade and the setting—a silent, grey carpet—define an abstract context in which the object is made to stand out like a piece of jewellery, self-contained and remote from any setting other than that of the geometrical plane.
But none of this turns out to be fundamental, because the fact is that the building elects to do without the temptations of the exterior, of calligraphies and epidermises, of superfices and superficialities, and

su esfuerzo arquitectónico por encontrar un resultado denso, que no lo cuente todo de manera inmediata, a la primera de cambio. Elige ser un edificio de interior, que asume claramente ir contra la corriente más común del tiempo en el que se ha hecho. El argumento, el sentido arquitectónico del proyecto, radica en el interior y, particularmente, en la sección en tanto que instrumento geométrico capaz de dimensionar un espacio que ha sido largamente forjado.

El encuentro que resulta de la contraposición de los graderíos, iluminado cenitalmente, aparece en toda su dimensión cualitativa tras cruzar la compresión del acceso. Esta secuencia no acaba aquí, no es un hecho aislado, sino que, una vez comenzado, continúa en el interior de las salas mismas, ilustrando y dominando el conjunto del proyecto. No se trata sólo de capacidad y recursos para manipular y dominar una sección, tampoco de un recurso ideológico, ni parece nacer de una planificación estipulada desde el origen. Desde mi punto de vista, lo más atractivo es que la lectura de la sección y la visión de los espacios resultantes nos hablan de un enorme disfrute en el hacer del proyecto, de un proceso largamente saboreado donde las distintas decisiones se han ido descubriendo poco a poco, completándose, mejorándose, haciéndose coherentes a partir de ellas mismas y de ese proceso que, casi siempre en la buena arquitectura, resulta ser rico y sugerente. De esta manera, la sorpresa que el visitante siente cuando "abre" la caja y recibe la luz resbalando entre los techos inclinados y las fuertes geometrías verticales y repetitivas que conducen a las salas, no es sino la narración, la puesta en escena de ese descubrimiento, de ese disfrute que Carlos fue seguramente recibiendo, en pequeñas

disburses its architectural energies towards the interior in order to come up with a dense result which doesn't tell all at first glance. It chooses to be an interior kind of building, which obviously means going against the grain of the time in which it's been made. The rationale, the architectonic meaning of the project, resides in the interior, and particularly in the section *qua* geometrical instrument capable of sizing a space that has been largely concocted.

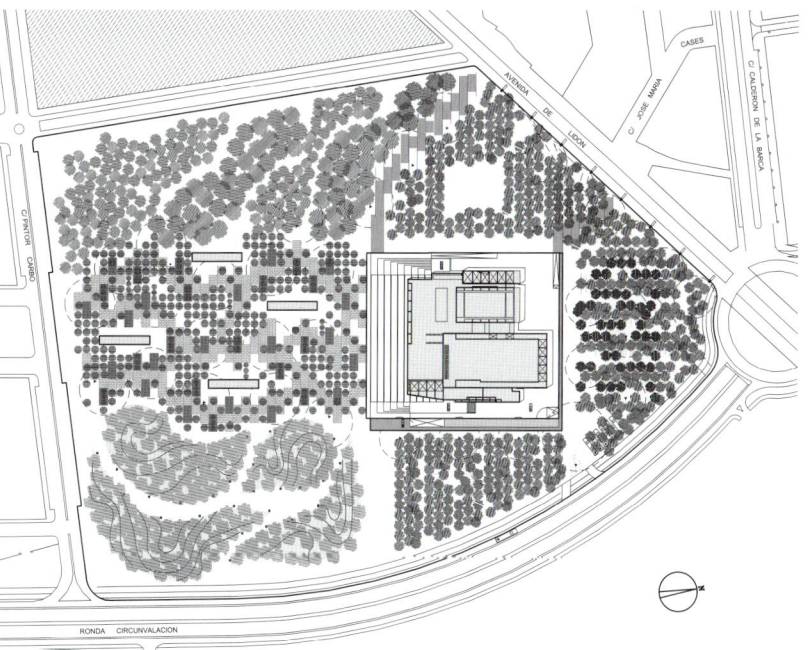

The encounter that results from the counterpositioning of the overhead-lit rows of seats appears in all its qualitative dimension after crossing the compression of the entrance area. This sequence doesn't end here, it isn't an isolated event, but rather, once begun, continues on the inside of the actual concert halls, illustrating and dominating the project as a whole. It isn't only a question of capacity and resources for manipulating and dominating a section, or of an ideological resource, nor does it seem to be born of a planning decision stipulated from the outset. As I see it, the most attractive thing is that the reading of the section and the view of the resulting spaces speak to us of an enormous enjoyment in the creating of the design, of a long-savoured process in which the different decisions have been discovered little by little, being completed, improved, rendered coherent from the decisions themselves and from that process which, as almost always in good architecture, turns out to be rich and suggestive. In this way, the surprise the visitor experiences when he or she "opens" the box and receives the light sliding between the sloping ceilings and the strong vertical and repetitive geometries which lead to the concert halls, is but the narration, the *mise en scène* of that discovery, of that enjoyment which

dosis, desde los primeros dibujos hasta la realidad final de la obra. Una obra que, a buen seguro, en este tipo de edificios intuitivos y sensoriales, le proporcionó muchas alegrías.

En el caso de las cajas de sorpresas, la abertura de las mismas nunca es igual ni se repite, pues depende de cómo se inicia y, sobre todo, del ánimo con que se hace. La sorpresa, por su propia condición, es mutable en carácter e intensidad. Y si aceptamos que las obras están vivas, aquéllas que hacen del interior el sustento de su intensidad lo están todavía más, pues se alejan de lo obvio y de lo ya conocido. Me gusta la arquitectura que piensa desde la sección.

Carlos certainly got, in small doses, from the first drawings to the final reality of the building. A work which, within this sort of intuitive and sensorial building, surely brought him much joy.

As far as boxes of surprises go, the opening of these is never identical nor is it repeated, since it depends on how you begin and above all on the spirit in which it's done. Surprise is, by its very nature, changeable in character and intensity. And if we accept that buildings are living things, those which turn the interior into the main support of their intensity are even more so, since they shun the obvious and the already-known. I like architecture that mentally starts out from the section.

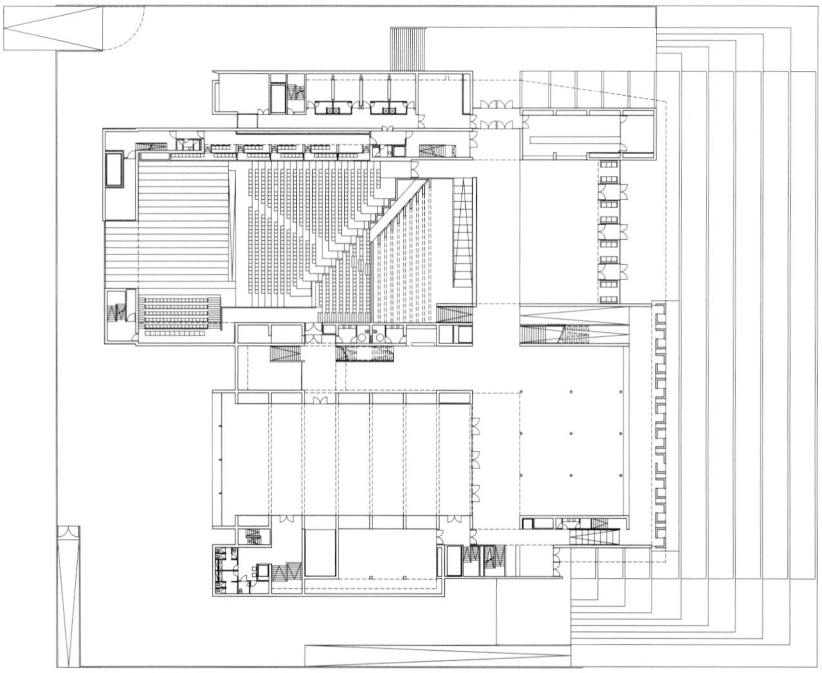

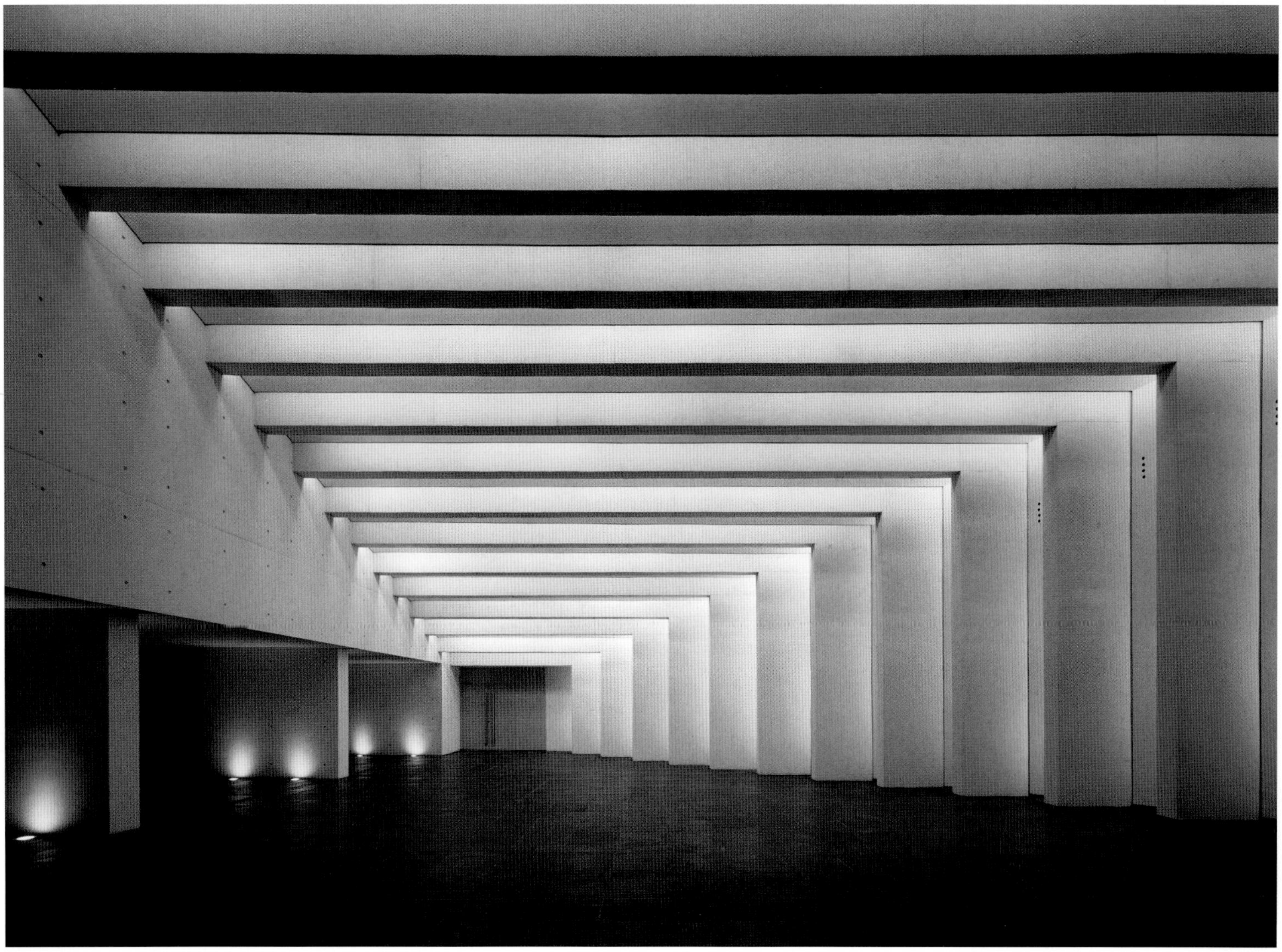

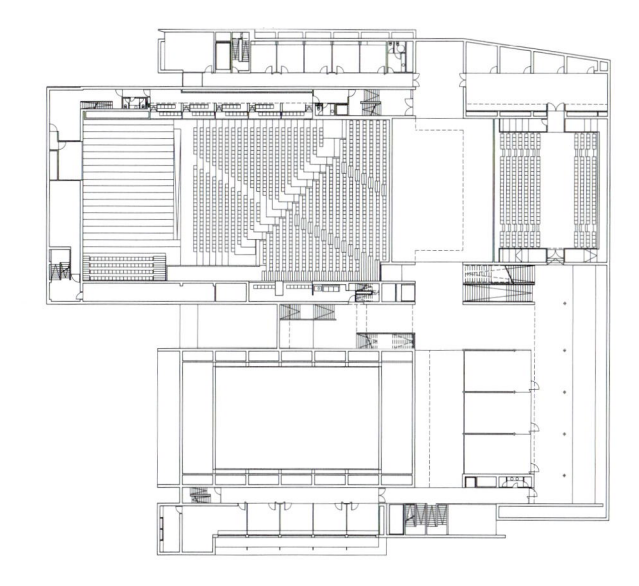

Auditorio, palacio de
congresos y Parque de
los Naranjos, Castellón

Convention Centre
Auditorium and Parque de
los Naranjos, Castellón

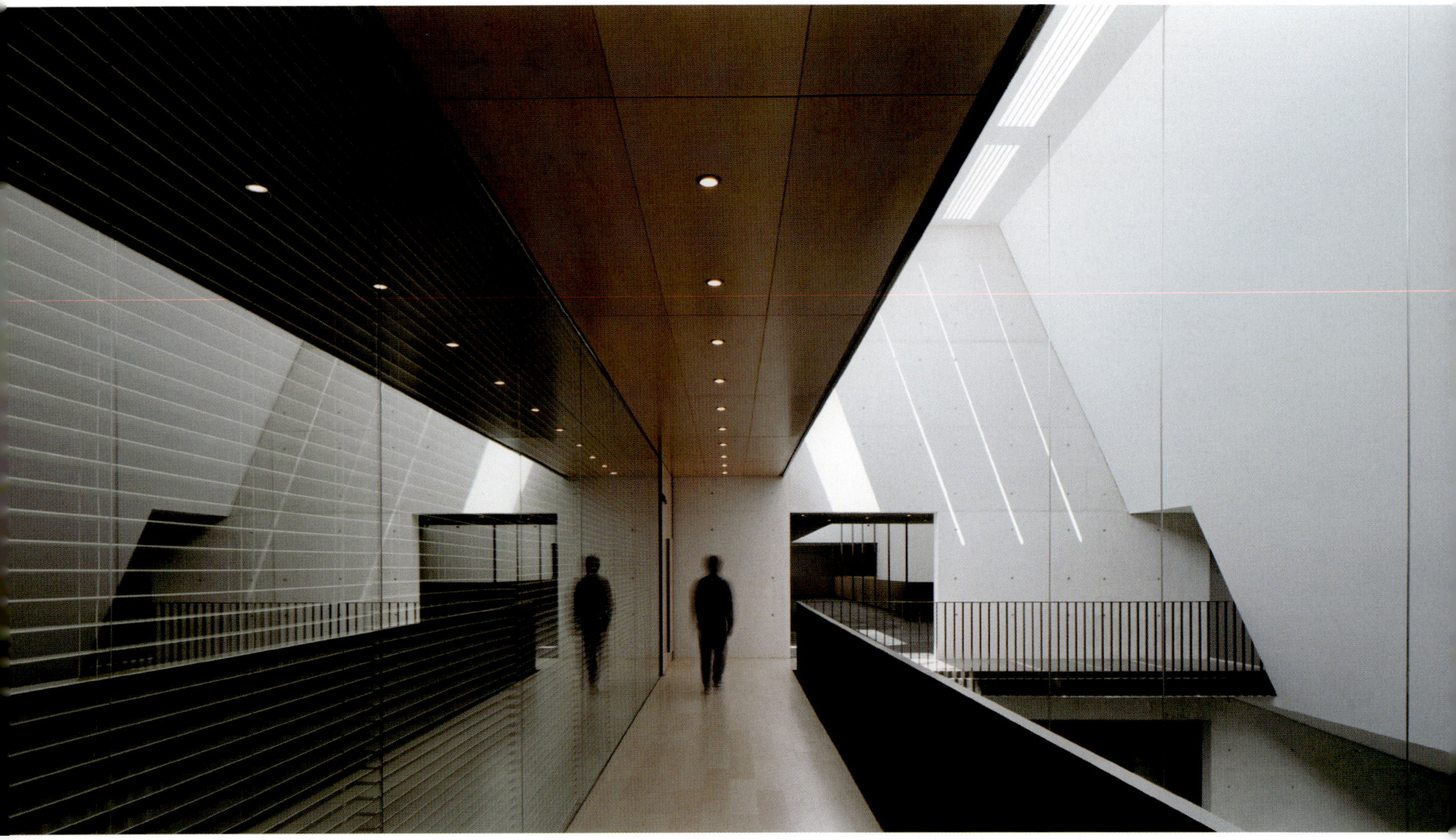

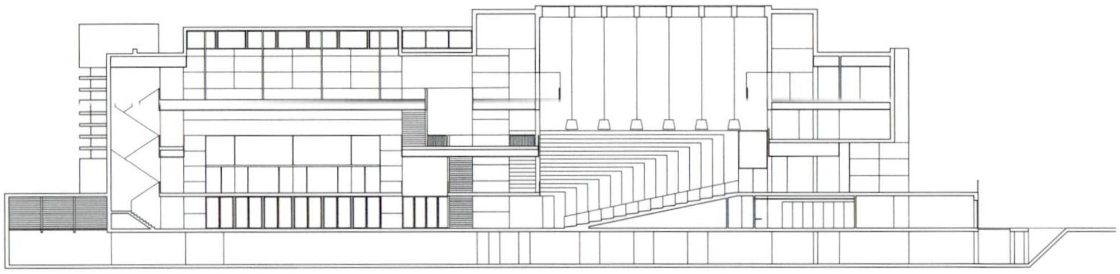

Auditorio, palacio de congresos y Parque de los Naranjos, Castellón

Convention Centre Auditorium and Parque de los Naranjos, Castellón

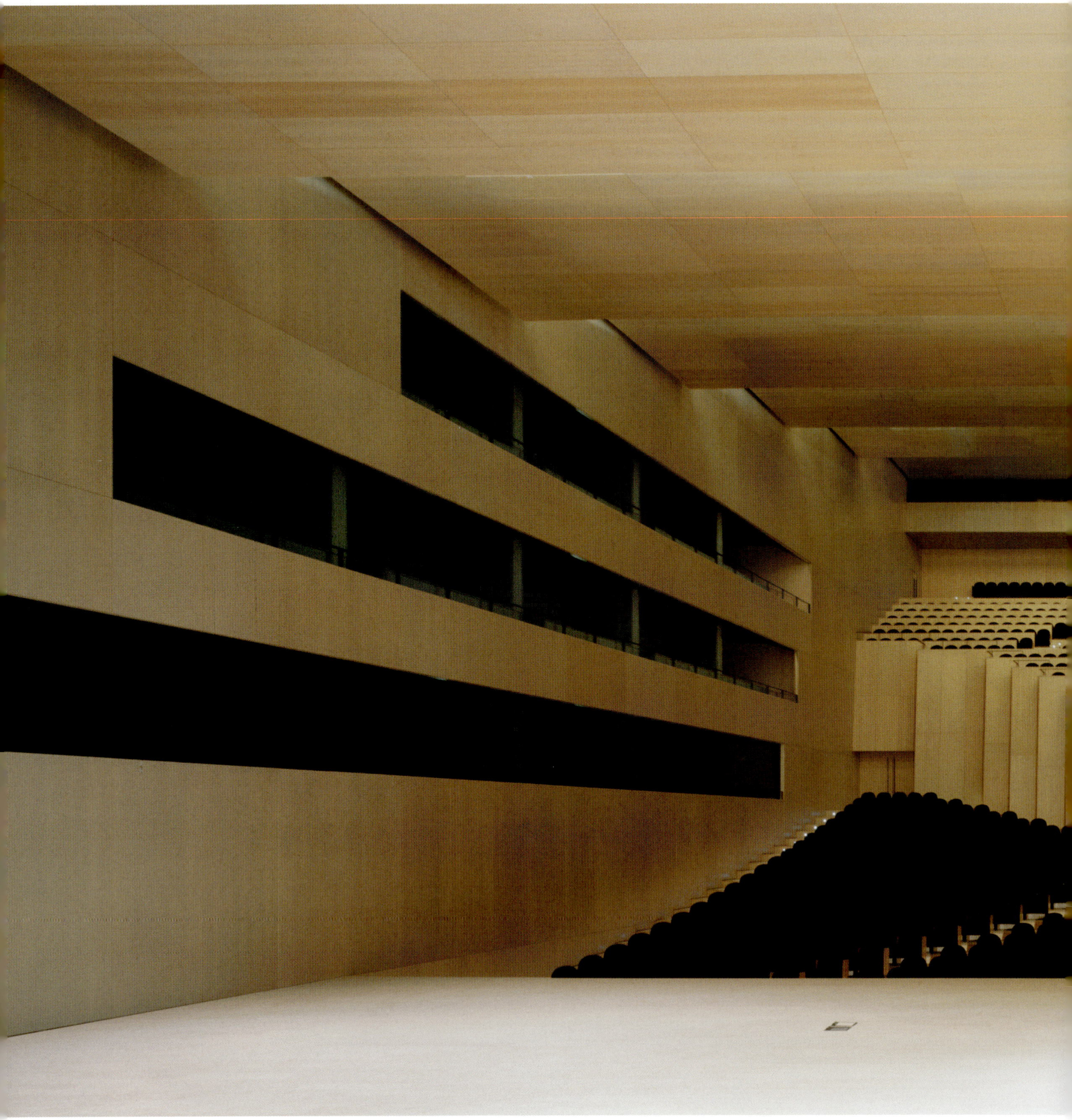

Auditorio, palacio de
congresos y Parque de
los Naranjos, Castellón

Convention Centre
Auditorium and Parque de
los Naranjos, Castellón

45

46

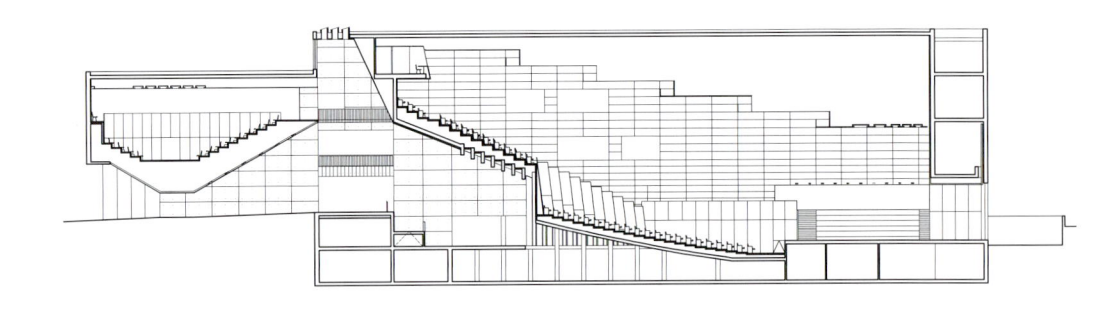

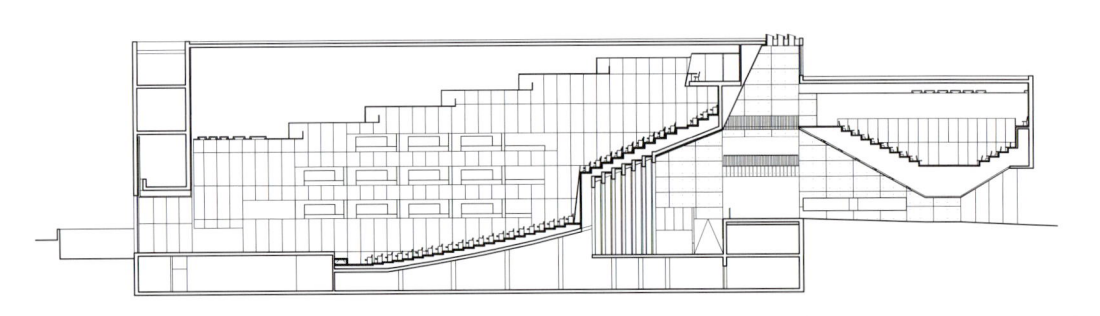

47

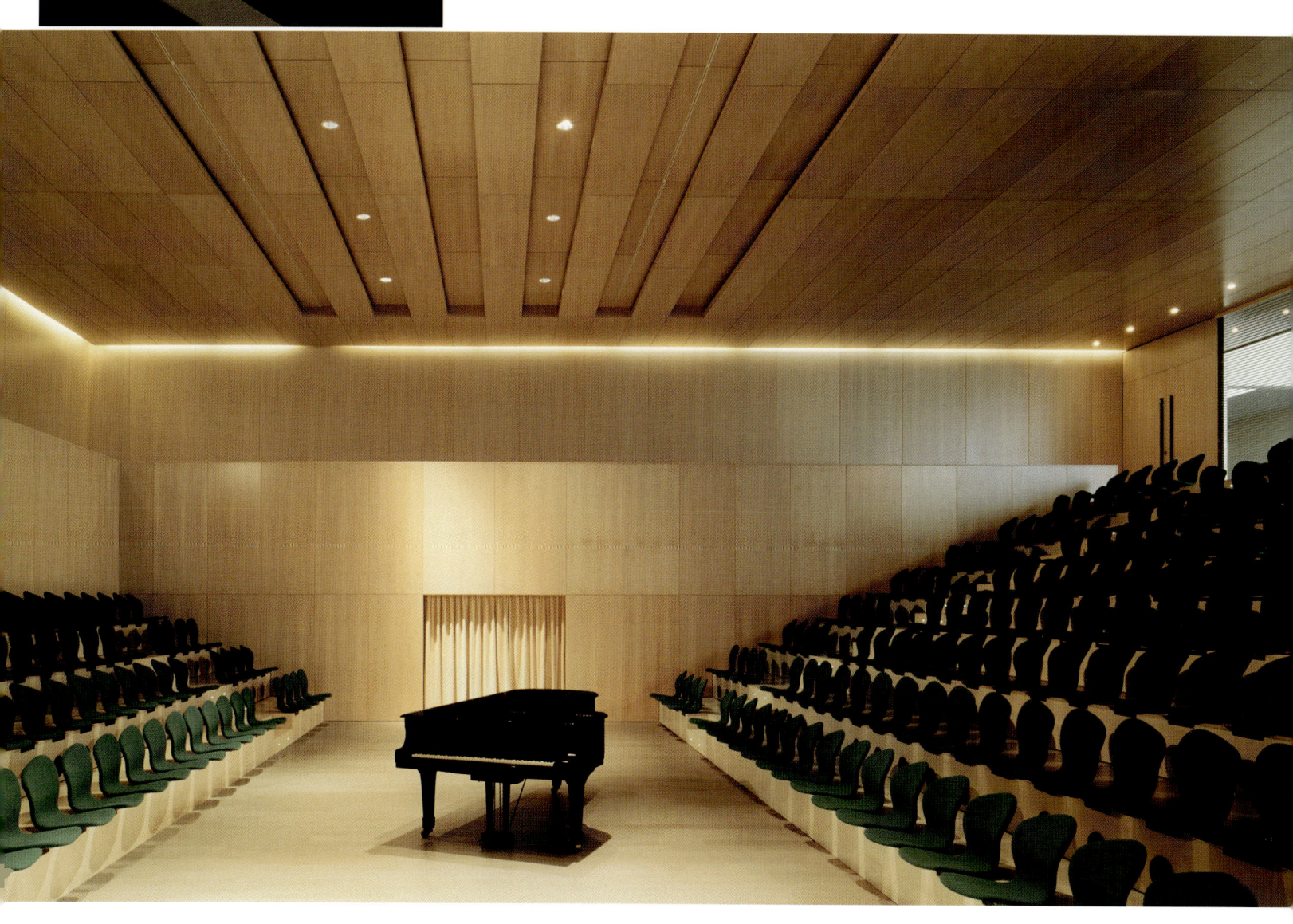

Centro de servicios sociales y jardín interior de manzana, Barcelona
Social Services Centre and city block interior garden, Barcelona

2001-2003

El centro de servicios sociales de los barrios Eixample Dreta y Fort Pienc se sitúa en un espacio público proyectado en un interior de manzana que recupera el trazado de la antigua carretera de Horta.
La fachada principal está orientada hacia el sureste permitiendo una visión clara desde la calle Alí Bei, en donde se sitúa el acceso sur del jardín. Éste se organiza en un conjunto de franjas que marcan las diferentes zonas de ocio con la utilización de diferentes pavimentos.
Las piezas que conforman el edificio crecen y decrecen en función de la luz que incide en los espacios interiores. Las diferentes longitudes de las distintas zonas permiten la aparición de dos patios en los extremos que proporcionan iluminación y ventilación al interior, y se manifiestan de una manera más hermética hacia el exterior. Esta idea queda reforzada por los elementos constructivos empleados: hormigón visto, vidrio en patios y lucernarios, aluminio perforado a modo de celosía y zinc en la cubierta, que adquiere el carácter de una quinta fachada.

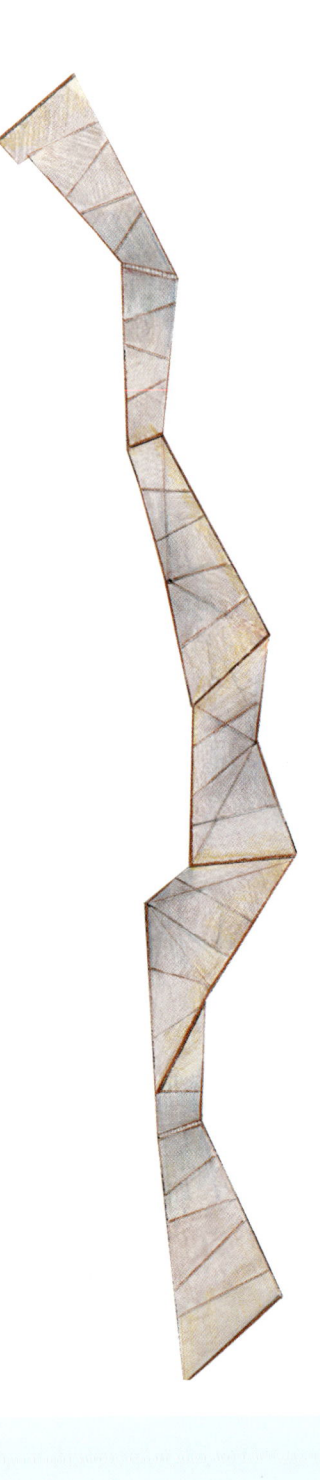

ANTIGUA CARRETERA DE HORTA
Lucía Ferrater Arquer

Con la recuperación de los interiores de manzana del ensanche Cerdà de Barcelona se han creado espacios públicos ajardinados que han sido revitalizados con pequeños equipamientos que proporcionan servicios a la ciudad.
Hasta hace unos años, muchos de los barrios de Barcelona mantenían una tradición de pequeña industria con naves y talleres que, poco a poco, han ido desapareciendo para dar lugar a viviendas de nueva planta, comercios y equipamientos.
Entre las calles de Alí Bei, Ausiàs March, Roger de Flor y Nàpols encontramos un ejemplo de todo ello. Este proyecto contempla no sólo la recuperación del espacio interior de manzana, sino también diferentes intervenciones arquitectónicas puntuales en la corona edificada, y donde una clara huella de la antigua carretera de Horta nos da la tercera dimensión: la diagonal.
Una manzana en cuyo interior ya no sólo nos sentimos observados, sino donde pasamos a ser también observadores.
Una intervención en la que han trabajado la administración pública y la propiedad privada sumando esfuerzos e intereses.
En el interior, el trazado de la antigua carretera de Horta se convierte en un paseo al que se accede por esquinas opuestas y que vertebra

THE OLD HORTA ROAD
Lucía Ferrater Arquer

With the rehabilitation of the city block interiors of the Cerdà Eixample in Barcelona, landscaped public spaces have been created which have been revitalised with modest facilities providing services for the city.

Up until a few years ago many of the barrios of Barcelona held to a tradition of small industry with factories and workshops that have gradually disappeared in order to make way for completely new dwellings, businesses and amenities.

We find an example of all this between Calles Alí Bei, Ausiàs March, Roger de Flor and Nàpols. This project contemplates not only the rehabilitation of the interior space of the city block but also various one-off architectural interventions in the built-up ring, and where an evident trace of the old Horta road gives us the third dimension: the diagonal.

A city block in whose interior we feel that not only are we being observed but that we proceed to become observers too.

An intervention in which public administration and private property have worked together, pooling their interests and energies.

Within, the route of the former Horta road is converted into a parade to which one accedes via opposite corners and which structures linear

Un conjunto de edificios residenciales en las calles de Alí Bei, Roger de Flor y Nàpols completa la intervención.

The social services centre for the Eixample Dreta and Fort Pienc neighbourhoods is situated in a public space planned within a city block that co-opts the route of the old Horta road. The main facade is oriented towards the southeast, providing an uninterrupted view from the Calle Alí Bei, where the southern access to the garden is. This is organised in a set of strips that define the various leisure areas by using different pavings.
The elements making up the building grow and shrink in size according to the light falling on the interior spaces. The different lengths of the various areas leads to the appearance of a courtyard at either end which provides light and air to the interior and is manifested in a more self-contained way towards the outside. This idea is reinforced by the building components employed: bare concrete, glass in the courtyards and skylights, lattice-style perforated aluminium and zinc on the roof, which takes on the character of a fifth facade.
A group of residential buildings on Calles Alí Bei, Roger de Flor and Nàpols completes the intervention.

Emplazamiento Location **Interior de manzana calles/ *City block interior of* Calles Nàpols, Roger de Flor, Alí Bei y/*and* Ausiàs March, Barcelona, España/*Spain*** | Arquitectos Architects **Lucía Ferrater, Carlos Ferrater** Edificio de viviendas y jardín con/*Apartment building and garden with* **Anna Vidal** | Colaboradores Collaborators **Angela Jöhr, Massimo Basile** | Proyecto Design year **2001** | Final de las obras Completion date **2003** | Estructuras Structural engineering **Juan Carlos Capilla** | Instalaciones Mechanical engineering **INDEX 3 SL** | Aparejadores Master builders **Adrià Guevara** | Cliente Client **ProEixample** | Superficie construida Built surface **400 m²** | Empresa constructora Construction company **METRO 3, SA** | Fotografía Photography **Alejo Bagué**

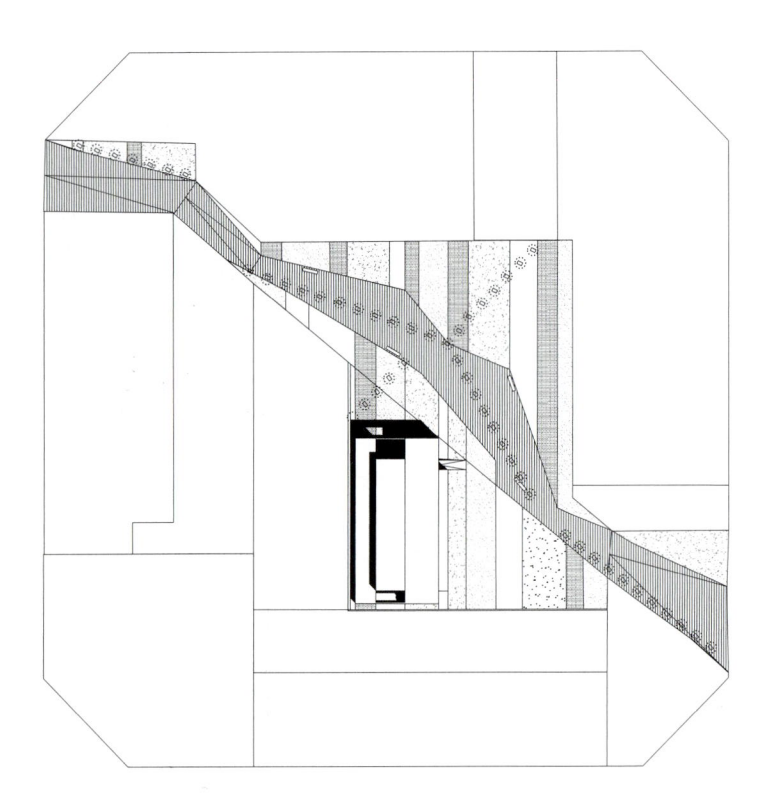

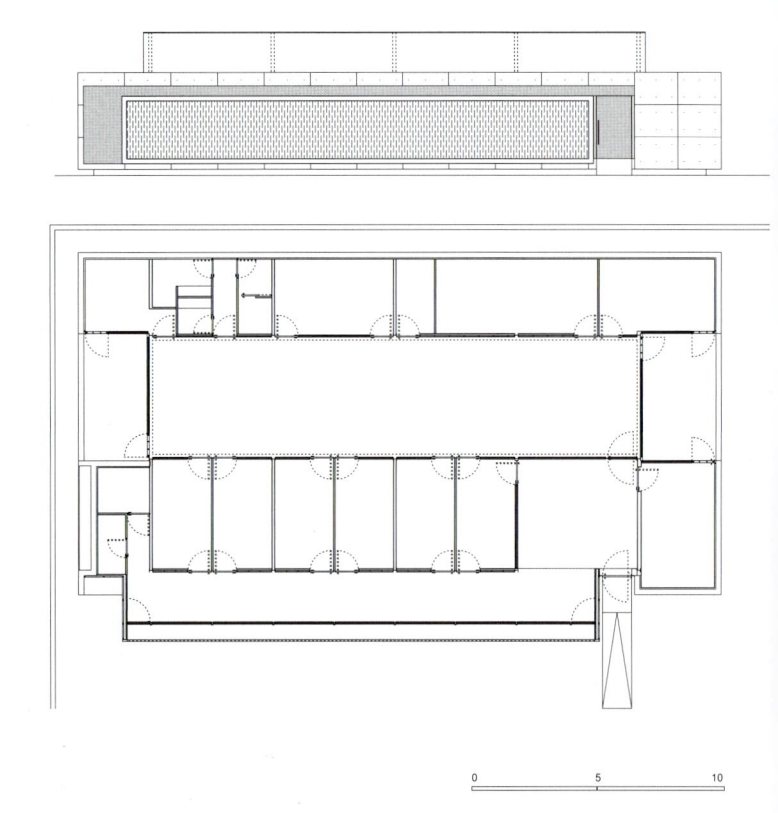

espacios lineales a ambos lados, tratados con diferentes pavimentos para adaptarlos a cada situación. Sobre una de estas franjas de vegetación, y siguiendo las mismas leyes que el jardín, se suspende un pequeño edificio hermético y transparente, construido en hormigón y vidrio, que alberga una sucesión de espacios continuos que dan respuesta al programa de necesidades del centro de servicios sociales del barrio.
En la calle Alí Bei, en una de las esquinas que proporcionan acceso a este jardín interior, aparece un primer edificio-testero que, a la vez que resuelve la medianera, alberga veinte pequeñas vivienda-estudio. Otros dos edificios, en las calles opuestas de Roger de Flor y Nàpols, completan la intervención. En ambos casos, y también en el edificio ya citado de la calle Alí Bei, unos paneles celosía recorren las fachadas manteniendo una idea de unidad. En sus dos fachadas más urbanas encontramos dos respuestas diferentes: en Roger de Flor las losas de hormigón se recortan y se pliegan permitiendo visiones oblicuas, mientras que en la calle Nàpols unos paneles estriados que actúan como una segunda piel minimizan esas visiones frontales de las fachadas enfrentadas.

spaces at both sides, spaces handled with differing pavements, in order to adapt them to each situation. Suspended over one of these strips of vegetation, and following the same laws as the garden, is a self-contained and transparent small building built of concrete and glass that houses a succession of continuous spaces which respond to the programmatic needs of the neighbourhood social services centre. In the Calle Alí Bei, on one of the corners providing access to this interior garden, a first end-terrace building appears that, at the same time as it resolves the party wall, houses twenty small studio-apartments.

Another two buildings in the opposite streets of Roger de Flor and Nàpols complete the intervention. In both instances, and also in the Calle Alí Bei building cited above, a set of slatted panels extends across the facades, maintaining the idea of unity. In their two more urban facades we find two different responses: in Roger de Flor the concrete slabs are cut back and folded, providing oblique views, while on Calle Nàpols grooved panels that act as a second skin minimise the head-on views of opposite facades.

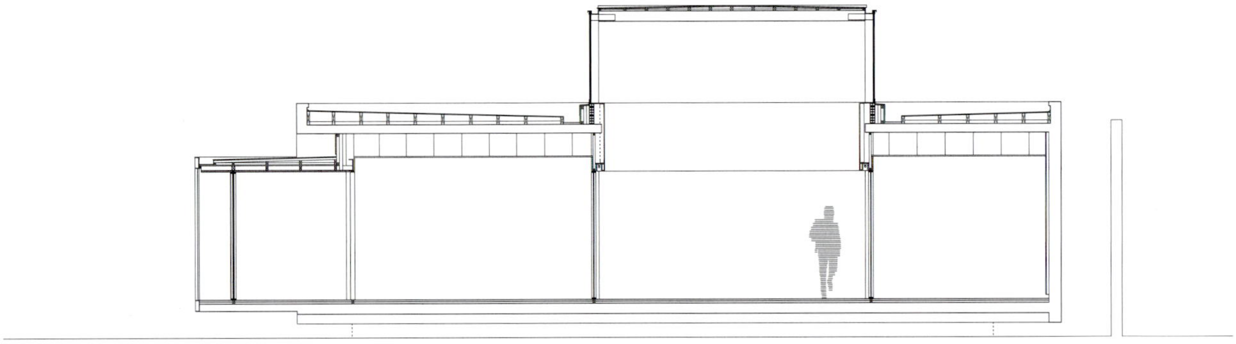

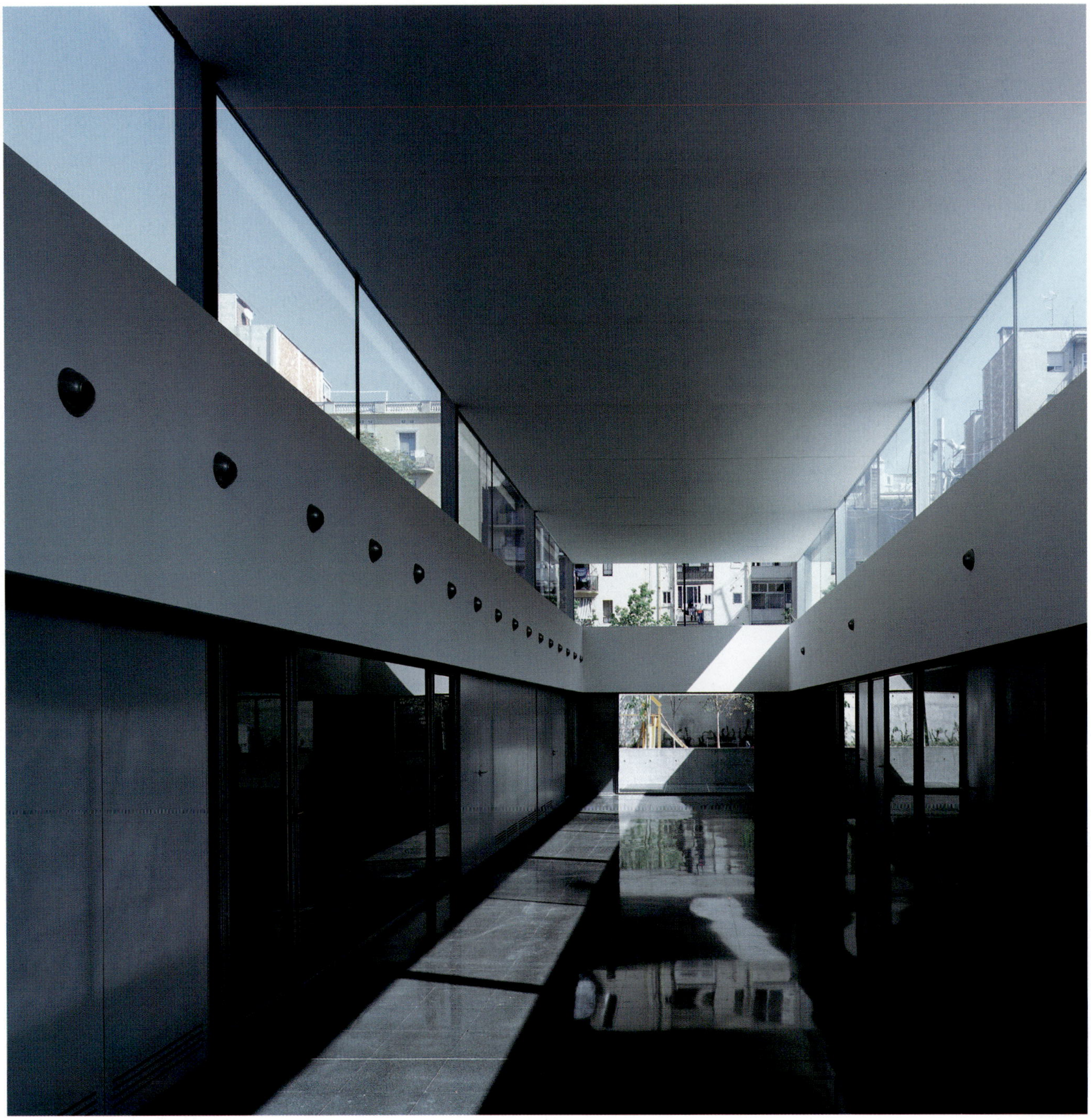

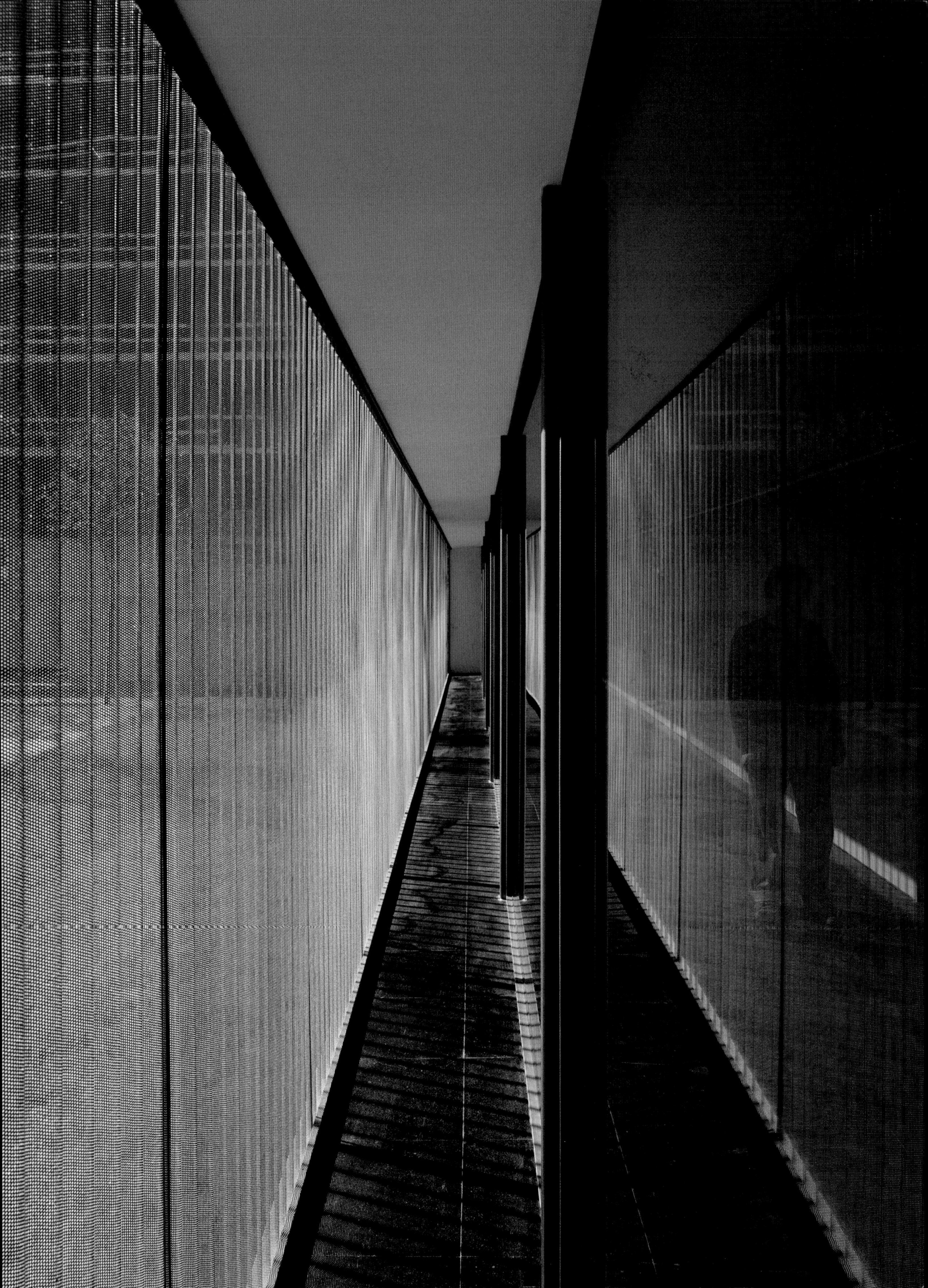

Estación intermodal Zaragoza-Delicias, Zaragoza
Zaragoza-Delicias Intermodal Station, Zaragoza

1999-2003

El proyecto ofrece un sistema urbano de edificios, infraestructura civil ferroviaria y paisaje. La estación se constituye mediante grandes elementos apuntalados de hormigón blanco que definen, —por medio del lenguaje de este sistema constructivo y las posibilidades de los voladizos de cuerpos y marquesinas de hormigón—, cada una de las situaciones relacionadas con el tránsito, el límite y la protección de los usuarios: accesos, espacios intermedios, vestíbulos y nave central. La cubierta, resuelta en materiales ligeros y suspendida mediante nueve arcos metálicos que descansan en los volúmenes principales de hormigón, planea sobre el interior disponiendo una composición triangulizada y flotante de luz, reflejos y geometría constructiva. En el exterior, y en condiciones nocturnas, los arcos aportan su iluminación como nueva iconografía de la Zaragoza del siglo XXI.

The project presents an urban system of buildings, civil railway infrastructure and landscape. The station is composed of great strutted elements of white concrete that define, by means of the language of this system of construction and the possibilities it offers for cantilevered volumes and concrete canopies, each one of the situations relating to the transit, limiting and protection of the users: access areas, intermediate spaces, concourses and the central hangar. The roof, resolved with lightweight materials and suspended with the help of nine metal arches that rest on the main concrete volumes, hovers above the interior, setting out a triangular floating composition of light, reflections and constructional geometry. On the outside, and at night, the arches contribute their illumination as a new iconographical element of 21st-century Zaragoza.

Concurso. Primer premio Competition. First Prize | Emplazamiento Location **Av. Navarra s/n, Zaragoza, España/Spain** | Arquitectos Architects **Carlos Ferrater, José Mª Valero, con/with Elena Mateu y Félix Arranz** | Colaboradores Collaborators **Manel Bermudo, Montse Abad, Gonzalo Urbizu, Jesús Marcuello** | Colaboradores en la dirección de obra Construction management collaborators **Amado Vila (GIF) jefe de unidad de asistencia técnica en obra/On-site technical assistance unit head** | Concurso Competition **1999** | Proyecto Design year **2000** | Final de las obras Completion date **2003** | Estructuras Structural engineering **Juan Calvo (Pondio Ingenieros), Juan Luis Bellod (CESMA)** | Instalaciones Mechanical engineering **P&T (Juan Broseta, Eduardo Bononad, Olga Guillén)** | Cliente Client **Gestor de Infraestructuras Ferroviarias, Ministerio de Fomento** | Superficie construida Built surface **300.000 m²** | Empresa constructora Construction company **UTE Fomento de Construcciones y Contratas y Ferrovial SA** | Fotografía Photography **Alejo Bagué**

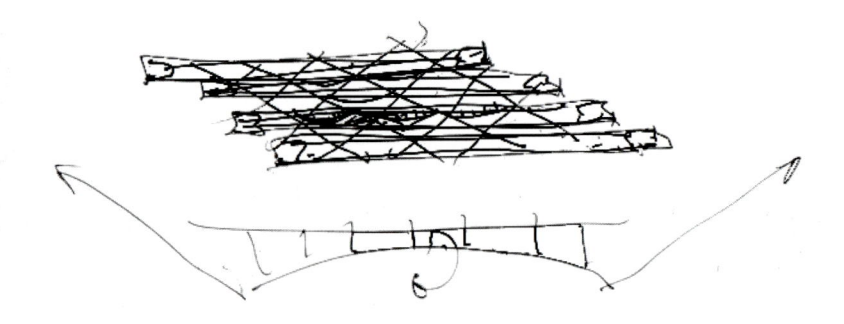

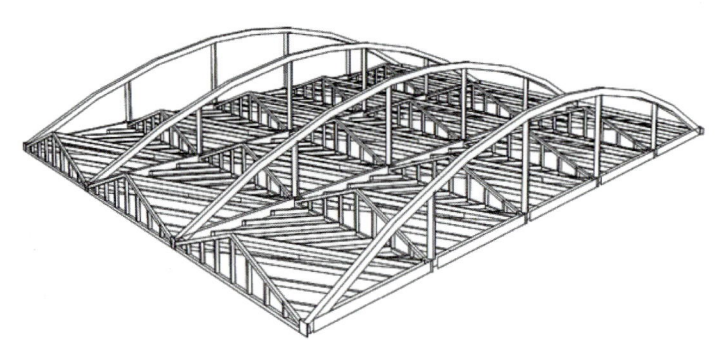

Aranguren&Gallegos

Sin lugar a duda, la estación del AVE de Zaragoza es, por ahora, la única pensada en clave AVE, con una propuesta espacial y sensorial que rompe definitivamente con los moldes de las estaciones ferroviarias de los siglos XIX y XX (incluidas las de Atocha y Santa Justa).
Es, a nuestra manera de ver, la primera vez que se analiza y se asume con todas sus consecuencias la nueva forma de viajar que impone el tren de alta velocidad, consiguiéndose un nuevo espacio que responde perfectamente a estas nuevas circunstancias.
Con el AVE, el viaje deja de ser algo excepcional, en la mayoría de los casos se convierte en una actividad cotidiana, en una prolongación del trabajo.

A su alrededor todo transmite sensación de velocidad. Entre el taxi y el tren no hay prácticamente tiempo de espera, el billete se compra por internet..., no hay necesidad de vestíbulo, en el sentido tradicional. No existe equipaje, sólo un móvil, un portátil, un libro.
No hay despedida, se puede ir y volver en unas horas. Desaparece el sentimiento de melancolía, surge una cierta euforia, un cierto optimismo.
El AVE es una máquina altamente tecnológica, precisa, perfecta, silenciosa,...un bello pájaro blanco que se merece una jaula a su altura.
El primer gran acierto del proyecto es unificar el vestíbulo y el hangar, construyéndose un espacio "XXI" que lo engloba todo.

Aranguren&Gallegos

Without a shadow of a doubt the High-Speed Train (HST) station in Zaragoza is, for now, the only one specifically designed for the HST, with a spatial and sensorial scheme that breaks once and for all with the railway station models of the 19th and 20th centuries (including those of Atocha and Santa Justa).
As we see it, this is the first time that all the consequences of the new form of travel that the high-speed train provides are analysed and taken on board, a new space being arrived at which responds perfectly to these new circumstances.
With the HST, travel ceases to be something exceptional, and in the majority of cases becomes an everyday activity, a prolongation of work.

Everything in the vicinity of it transmits a sensation of speed. Between taxi and train there is practically no waiting time; the ticket is bought by Internet; there's no need for a concourse in the traditional sense. Luggage doesn't exist; just a mobile phone, a portable computer, a book. There are no goodbyes; you can go and return in a few hours. The feeling of sadness disappears; a kind of euphoria, a certain optimism emerges.
The HST is a supremely technological machine, precise, perfect, silent: a beautiful white bird that merits a cage equal to it.
The first great success of the design is to unify the concourse and the hangar, an "XXL" space being built which embraces all.

Planta andenes.
Platform floor.

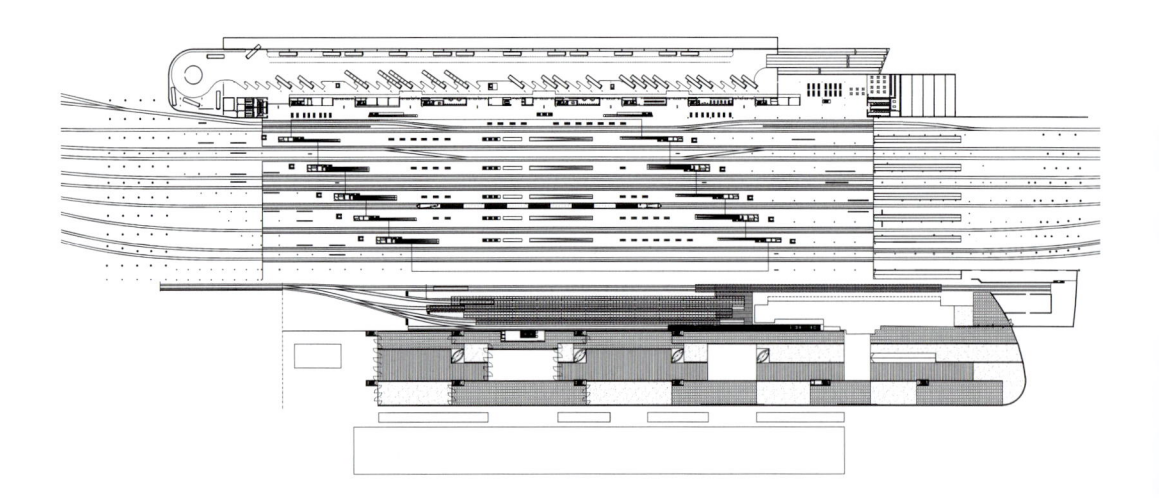

Planta aparcamiento.
Carpark floor.

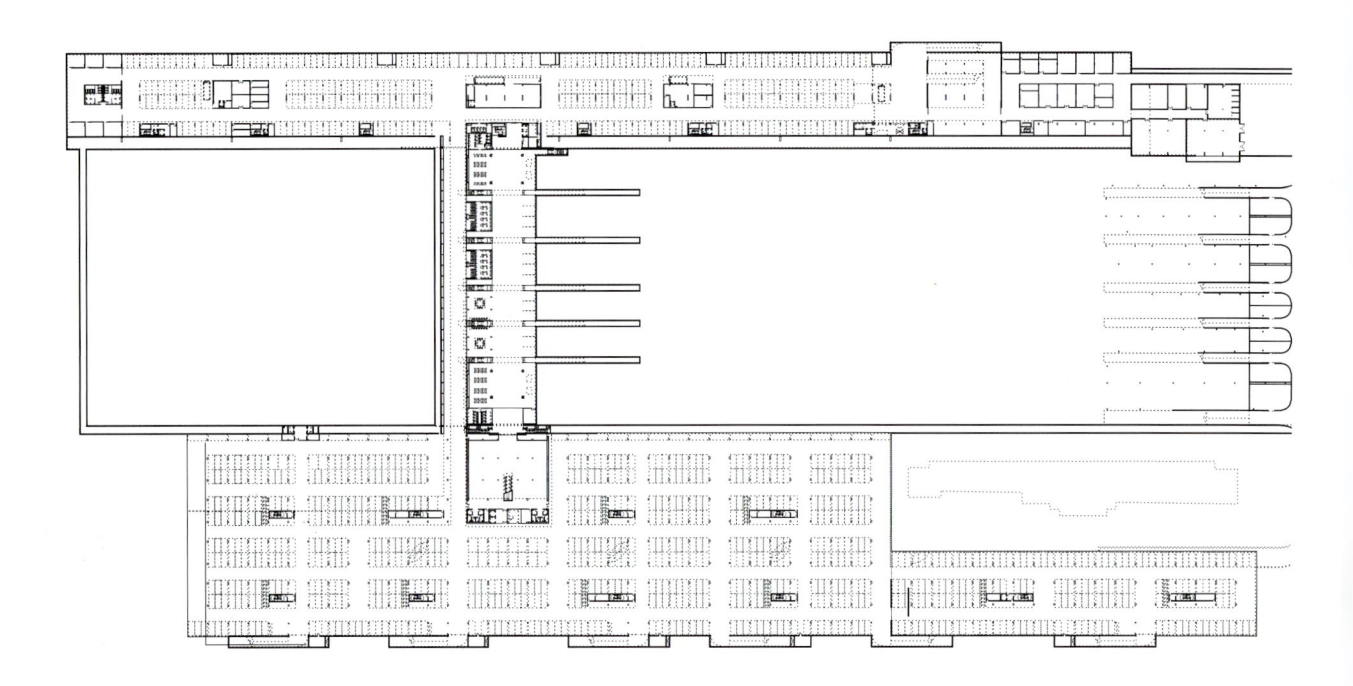

El segundo, el logro estructural de su espectacular cubierta. Sin apoyos intermedios en los andenes, se logra una independencia total entre el plano del suelo y el plano del techo. No hay ninguna referencia a la linealidad de las vías. El giro de 45° de la geometría de la estructura y de los enormes lucernarios que la conforman enfatiza esta idea, que es la que realmente establece la diferencia con el resto de las estaciones.

El tercero es la calidad que se imprime al plano de movimiento del hombre. Desde el taxi o el autobús, sin apenas filtros, nos deslizamos hacia el espacio interior, casi como patinando, sobre un gran plano terso y brillante que, en un momento dado, se recorta y se pliega para dejarnos caer, siempre en continuidad, sin brusquedad, sin cambiar de ambiente, suavemente hacia los andenes.

Este plano de acceso, vinculado en lo espacial, de forma absoluta, a la escala grande, está a su vez perfectamente adecuado a la escala humana. Nos movemos en un ámbito muy amplio, muy luminoso, muy vacío, muy blanco, entre un mobiliario moderno de calidad, extremadamente cómodo, con notas de color..., en un espacio muy "miesiano". Pero, sin duda, el mayor mérito de Carlos Ferrater es haber conseguido que, cuando entramos en la estación de Zaragoza, nos sintamos ya en el AVE.

The second, the structural achievement of its spectacular roof. With no intermediary supports on the platforms, total independence between the ground and roof plane is arrived at. There is no reference to the linearity of the tracks. The 45° turn of the geometry of the structure and of the enormous skylights that create it emphasises this idea, which is the one that really establishes the difference with all other stations.

The third is the quality that is imprinted on the plane of human movement. From the taxi or the bus, with scarcely a filter, we glide towards the interior space almost as if skating upon a great flat plane, terse and brilliant, which at a given moment is cut back and folded in order to let us gently fall, always in a continuum, without abruptness, with no change in atmosphere, towards the platforms.

This access plane, founded in an absolute way on the spatial on a grand scale, is in turn perfectly suited to the human scale. We move around in a very ample, very luminous, very empty, very white realm, amidst modern furniture of quality that is extremely comfortable, with touches of colour. In a very "Miesian" space.

Yet Carlos Ferrater's chief merit is, without a doubt, that of having made sure that when we enter the station in Zaragoza we feel we're already on the HST.

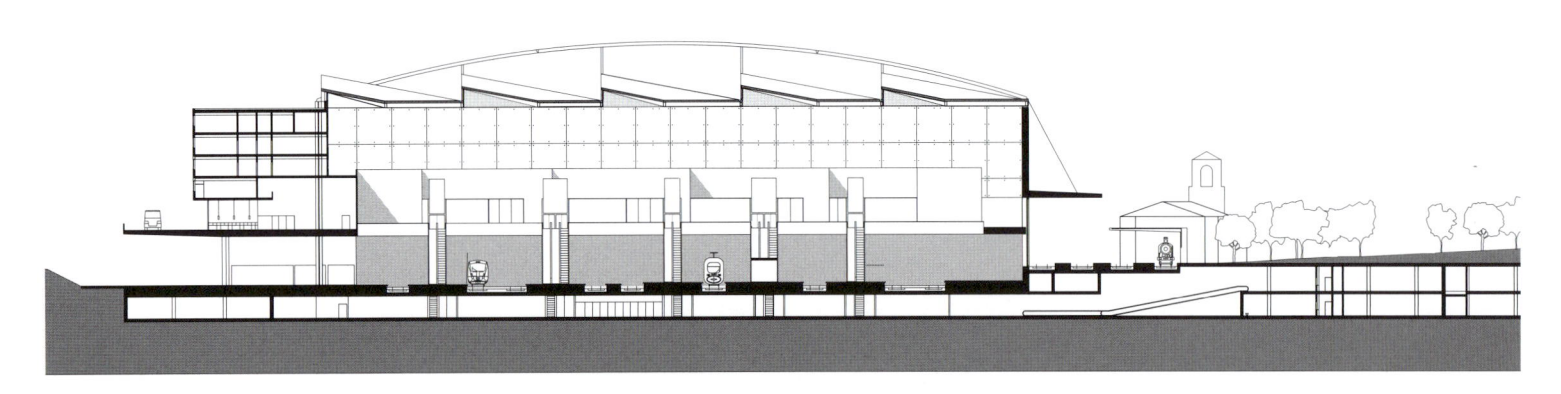

Sección transversal.
Cross-section.

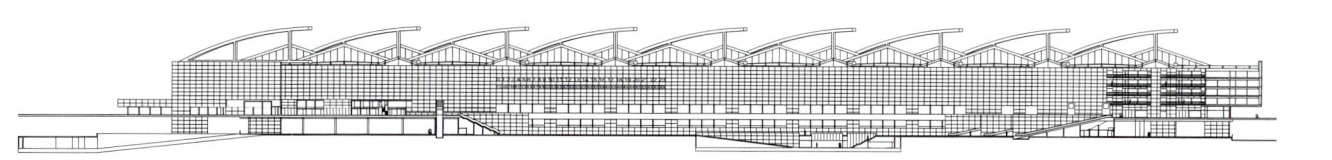

Estación intermodal Zaragoza-Delicias, Zaragoza
Zaragoza-Delicias

Intermodal Station, Zaragoza

Sección longitudinal.
Longitudinal section.

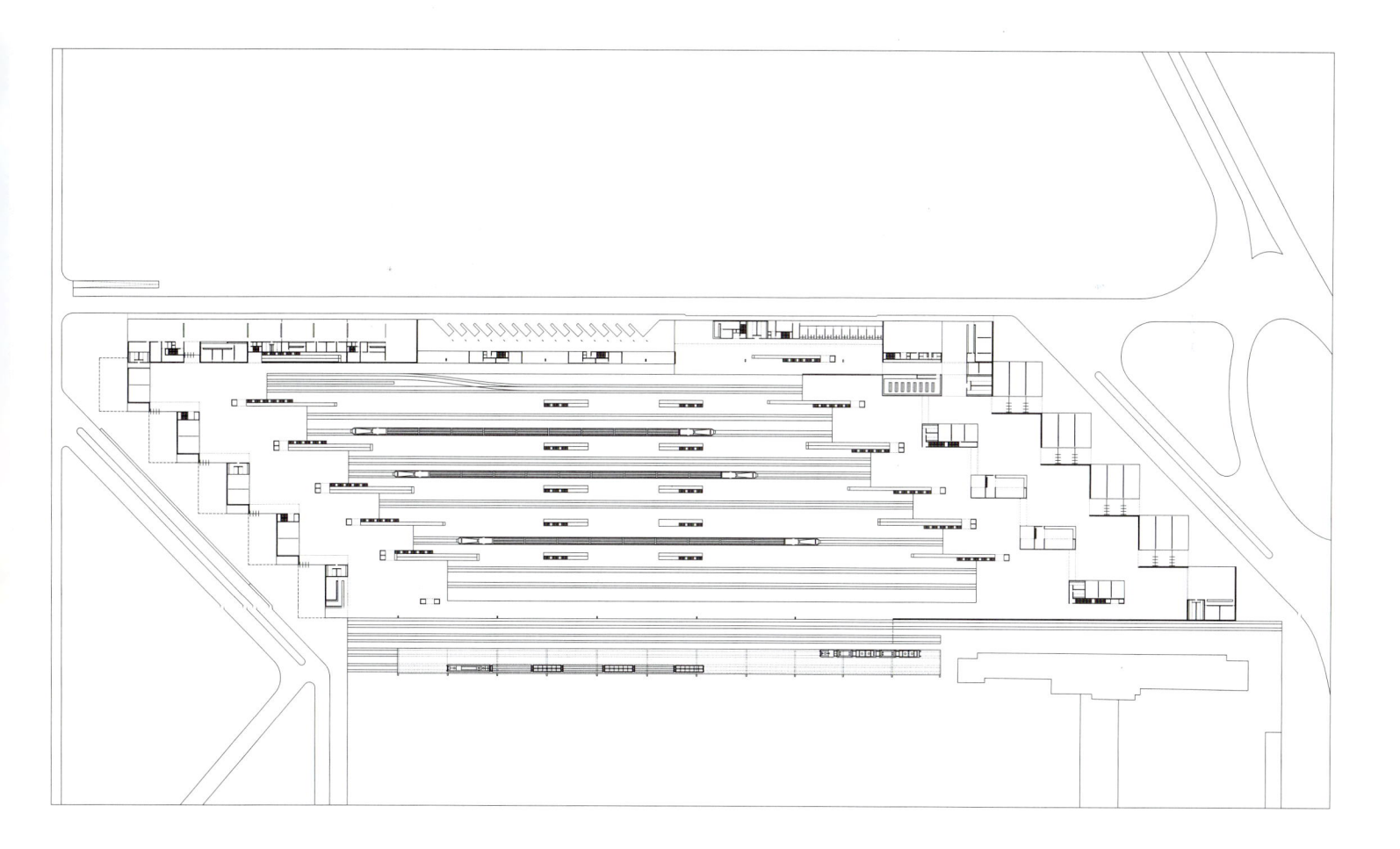

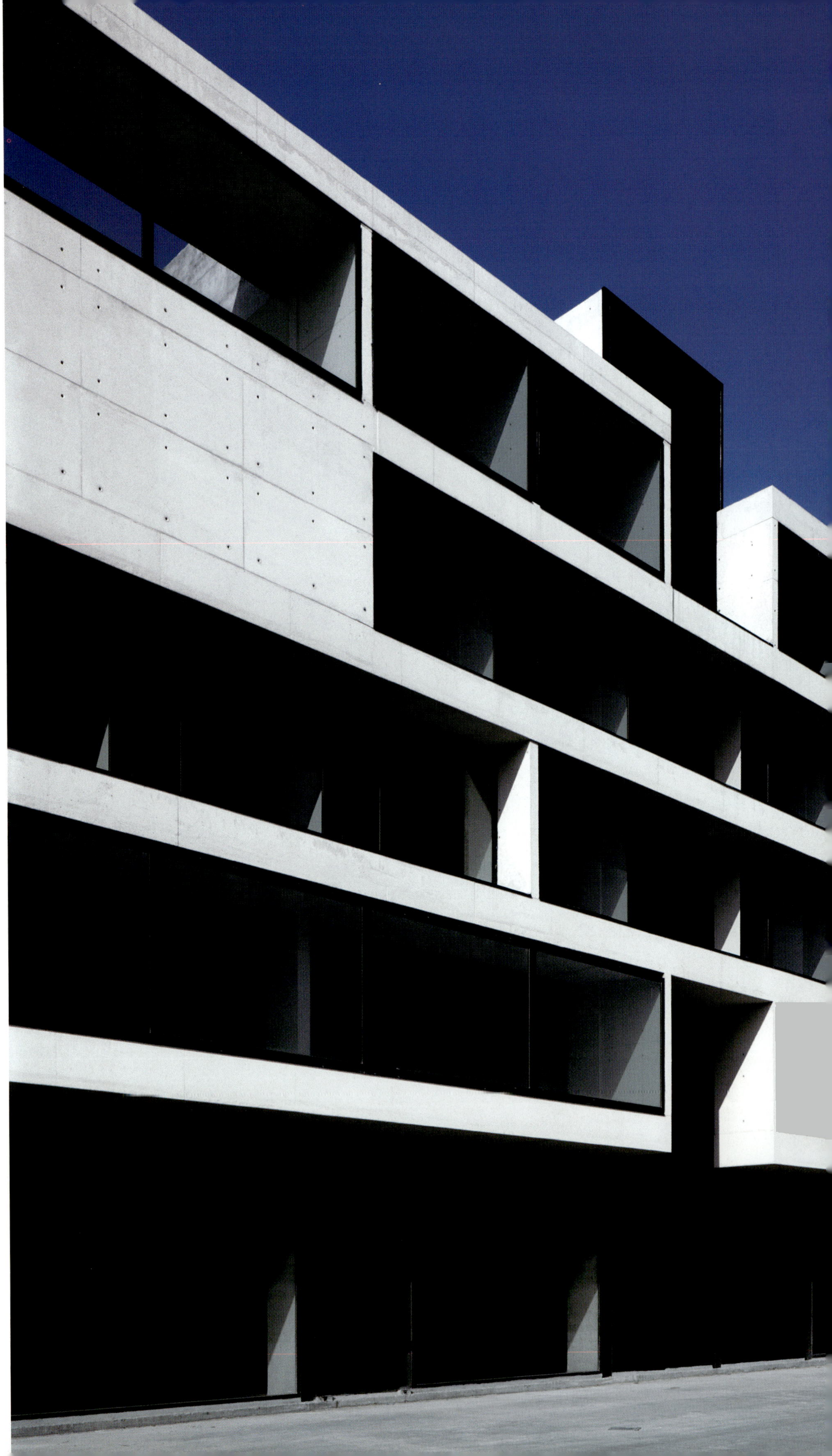

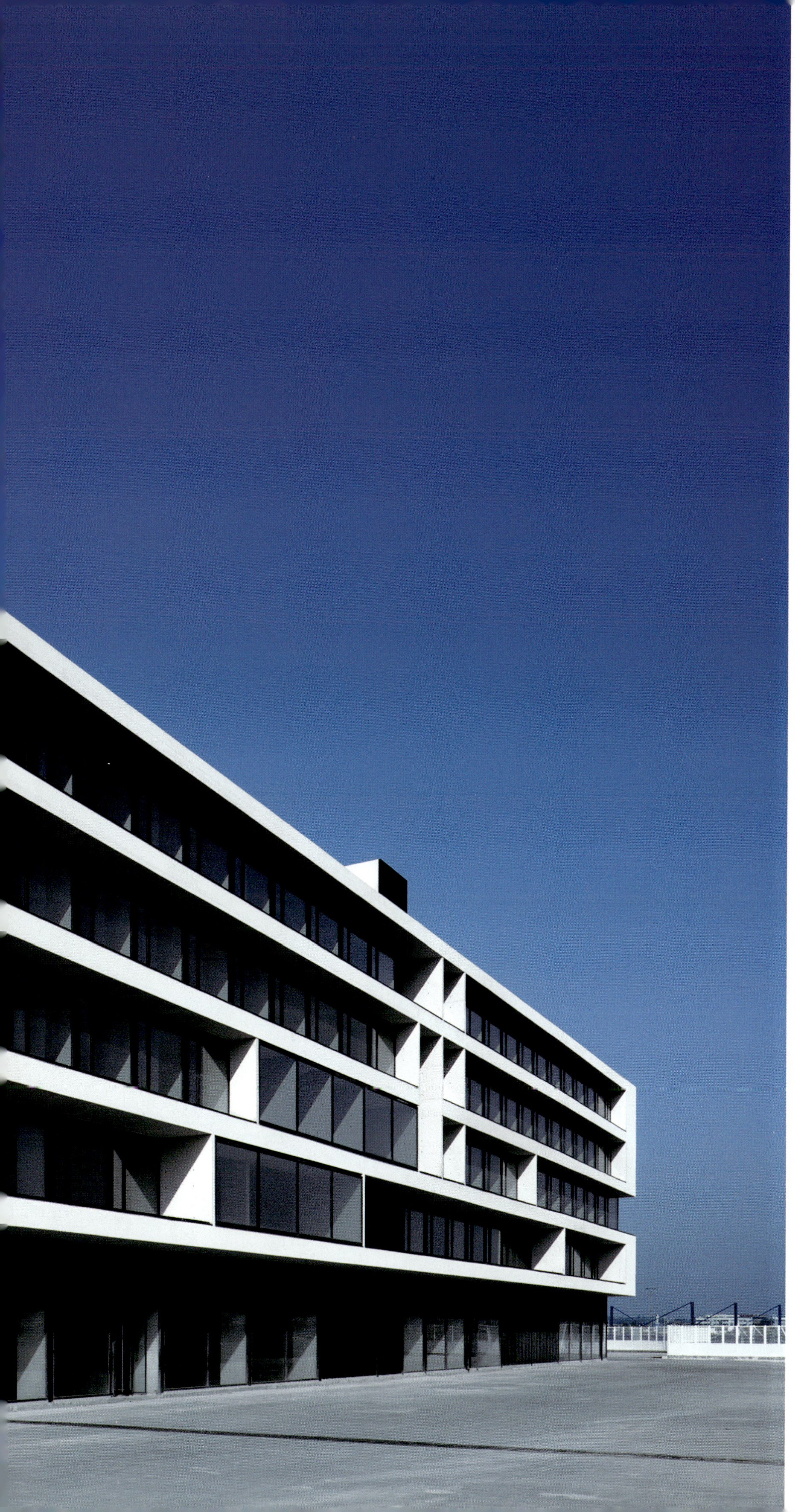

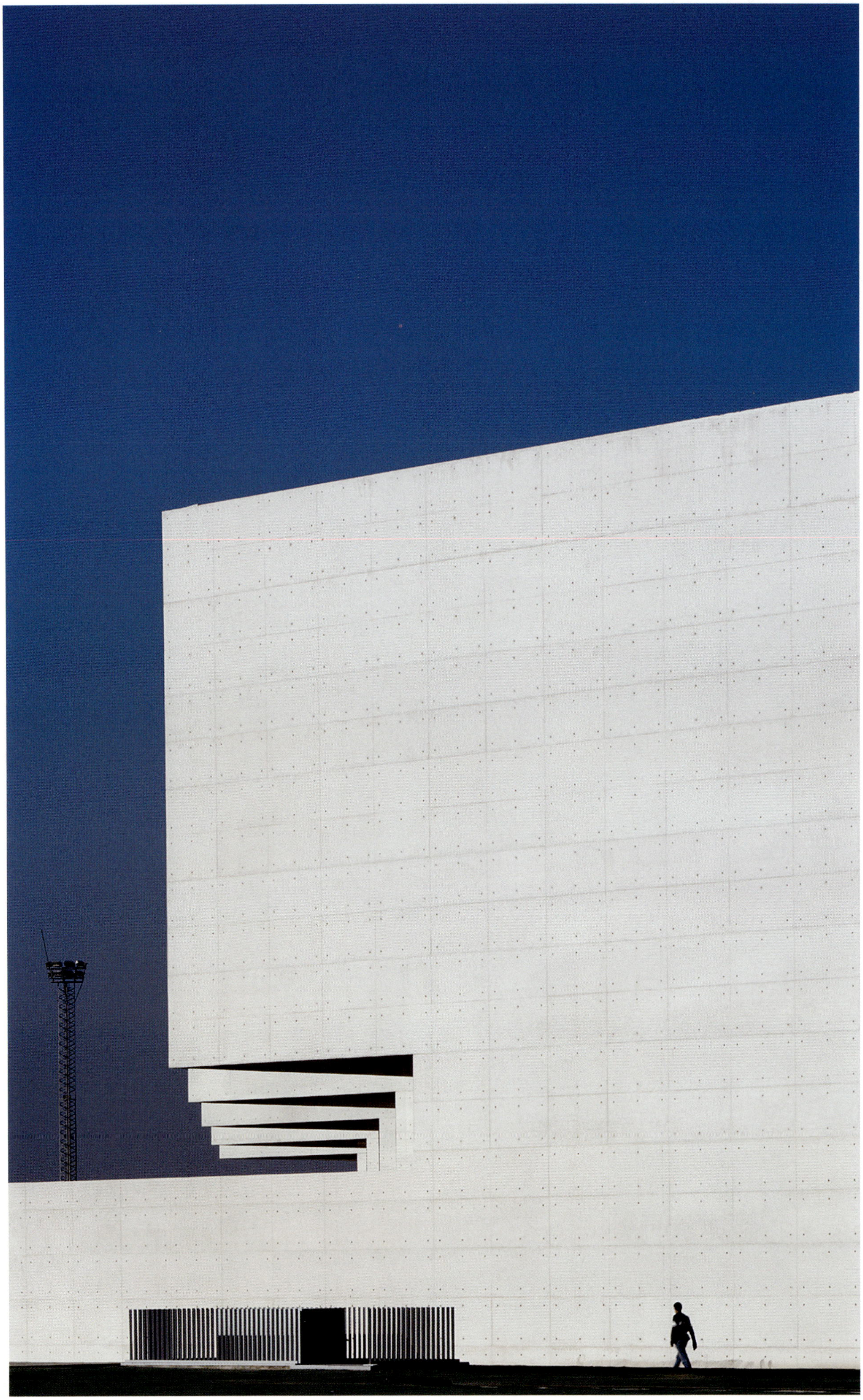

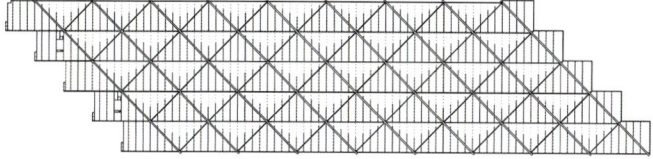

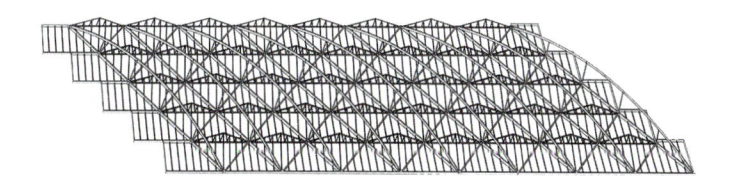

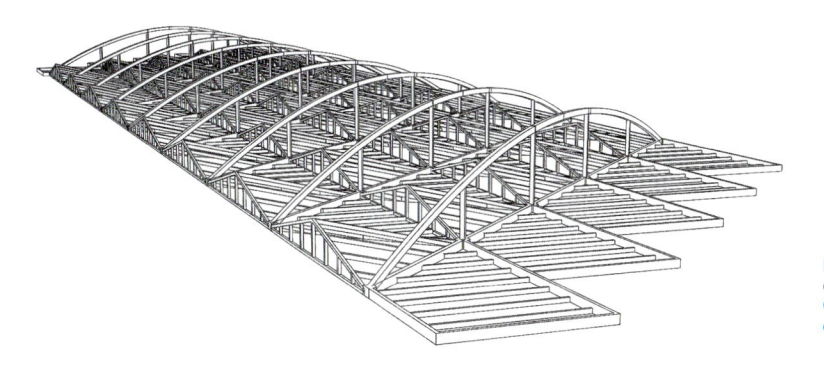

Desarrollo geométrico de la cubierta.
Geometrical evolution of the roof.

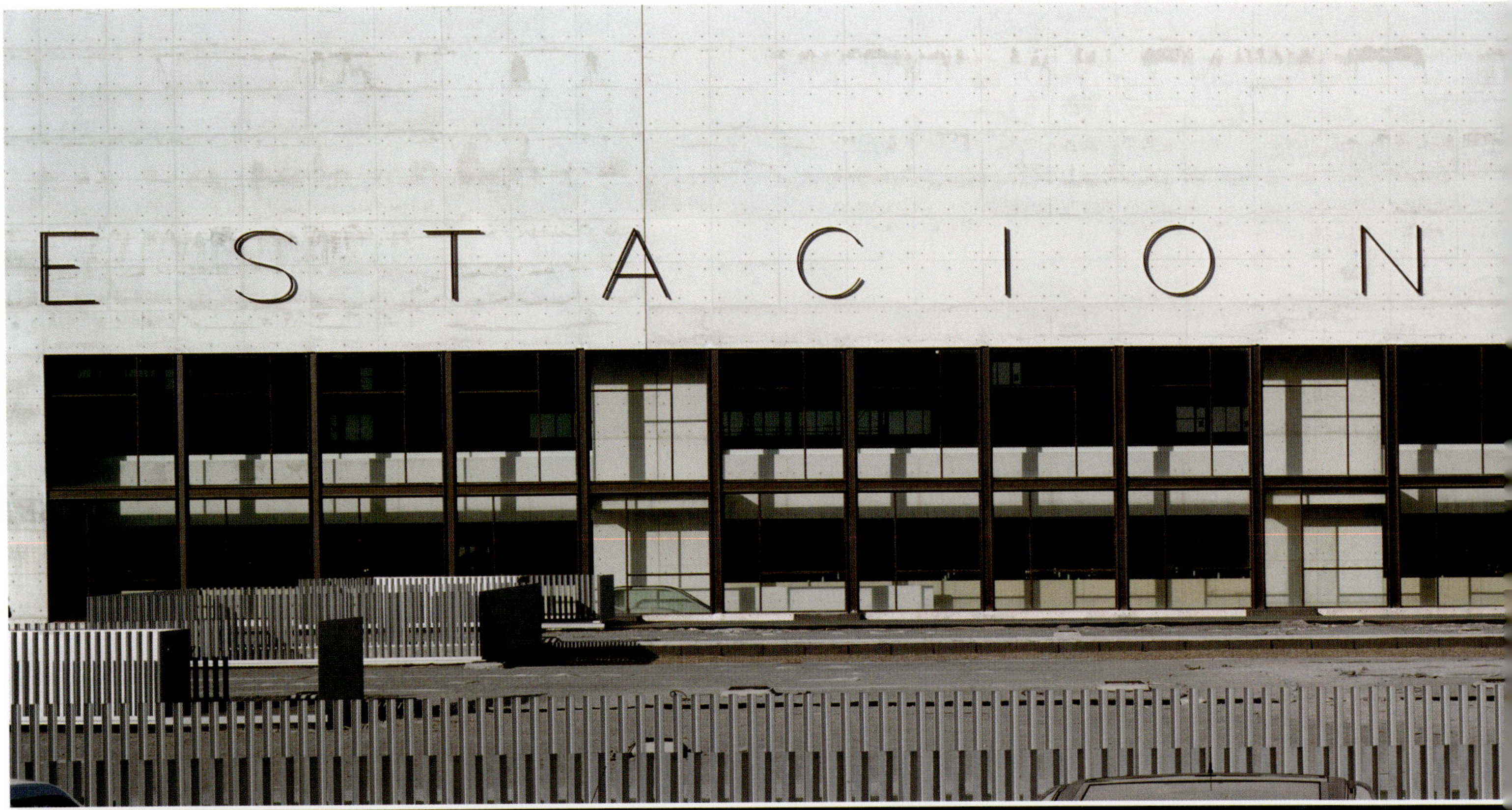
ESTACION

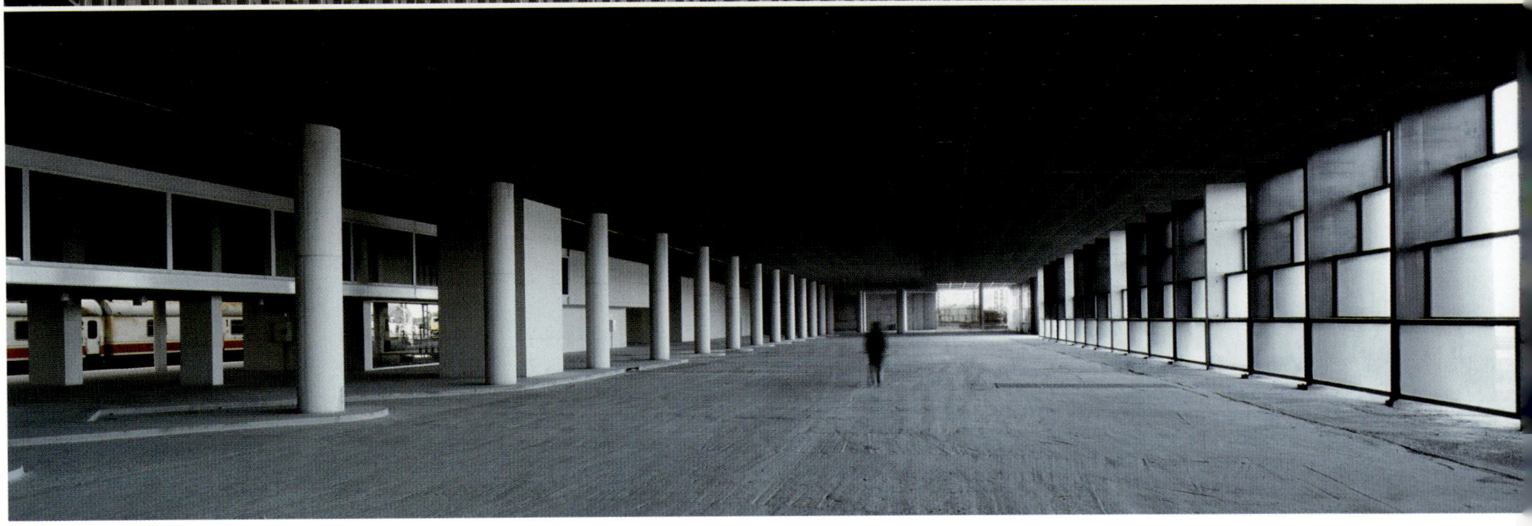

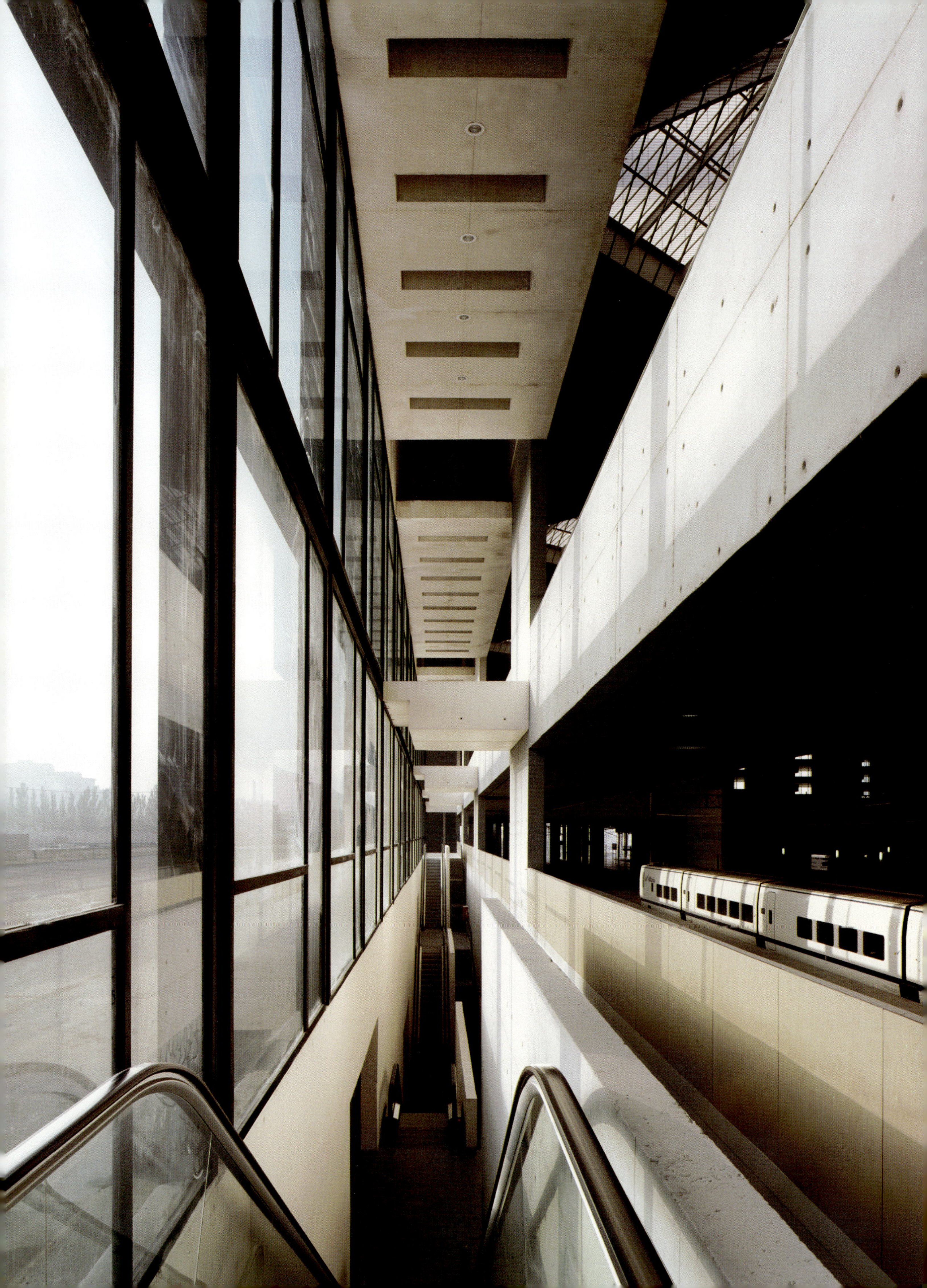

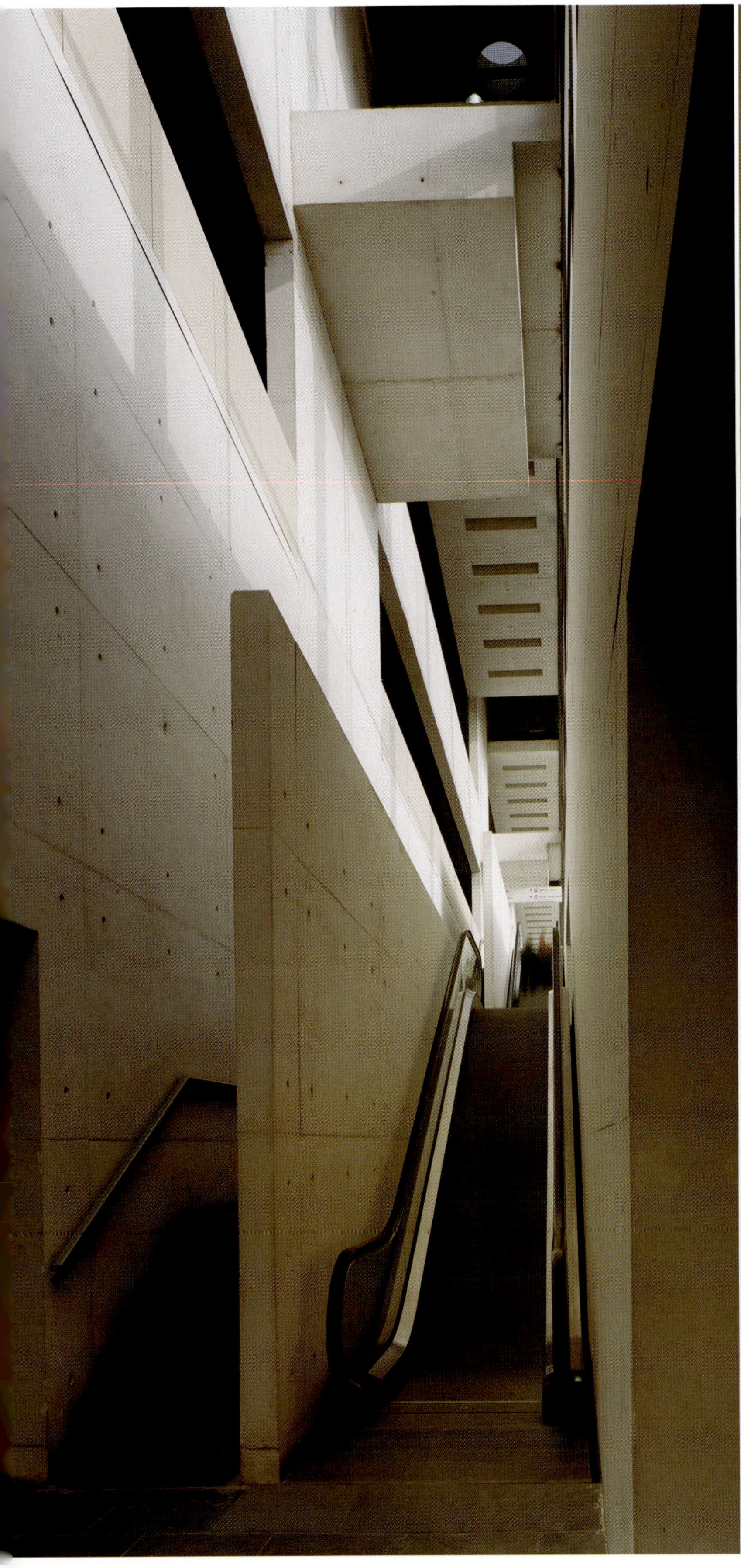

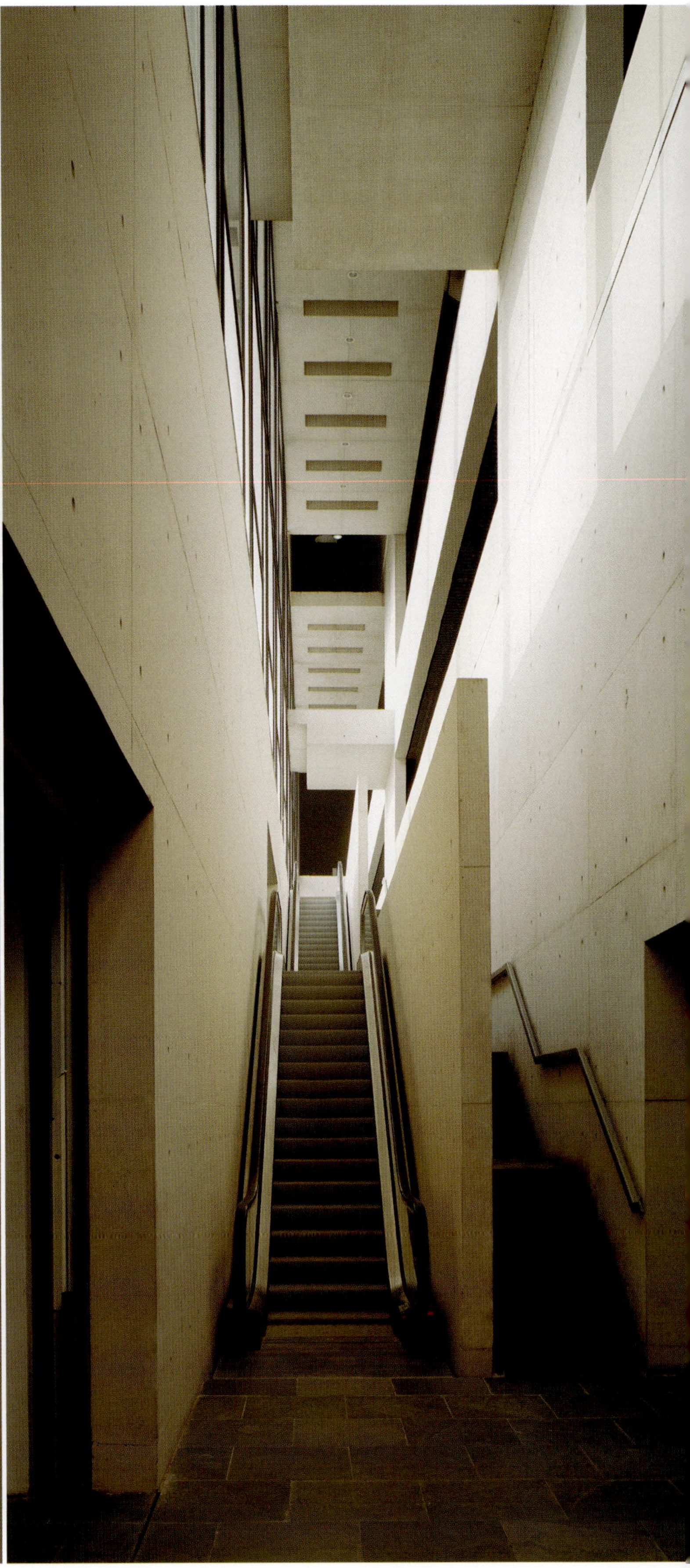

Estación intermodal Zaragoza-Delicias, Zaragoza
Zaragoza-Delicias

Intermodal Station, Zaragoza

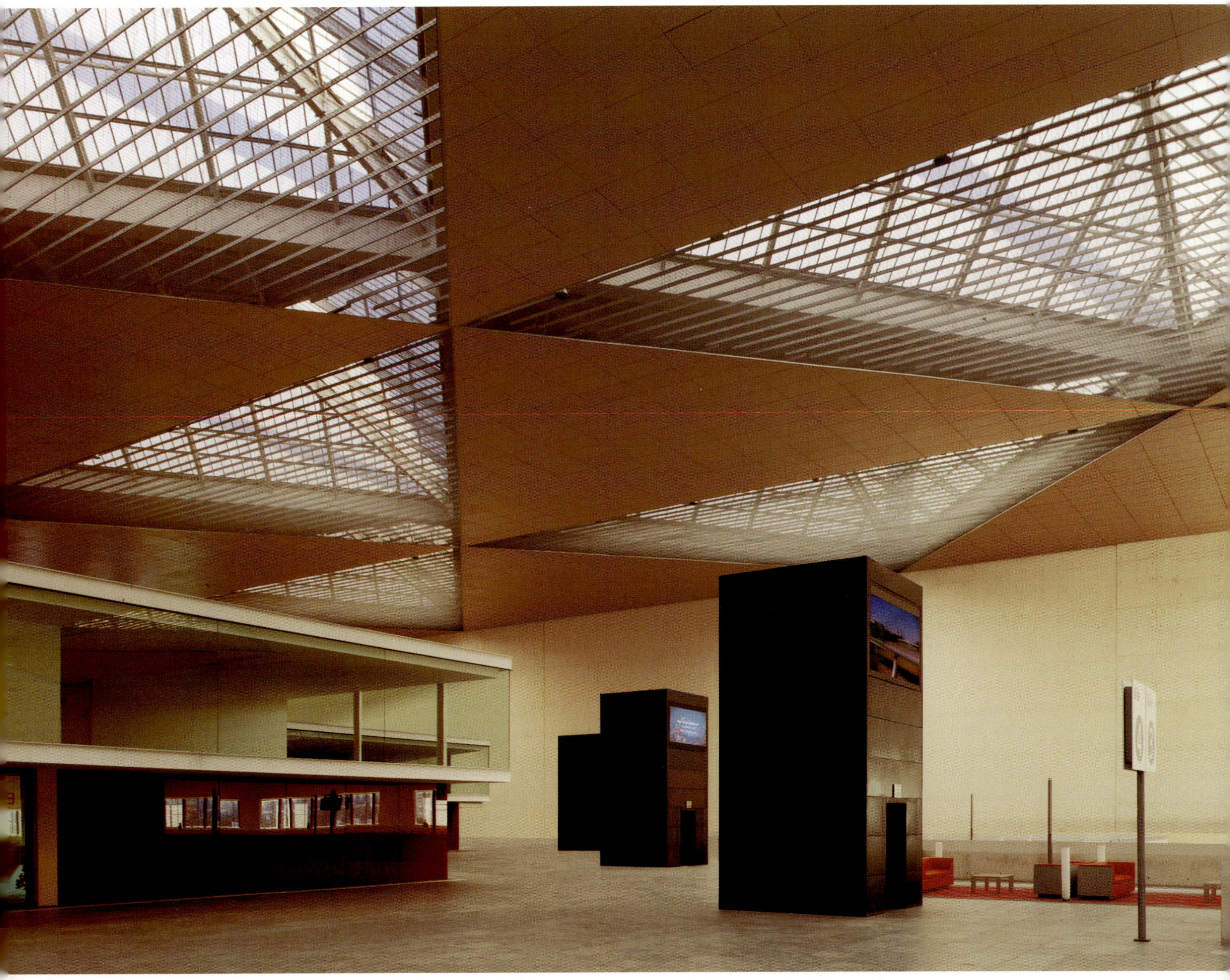

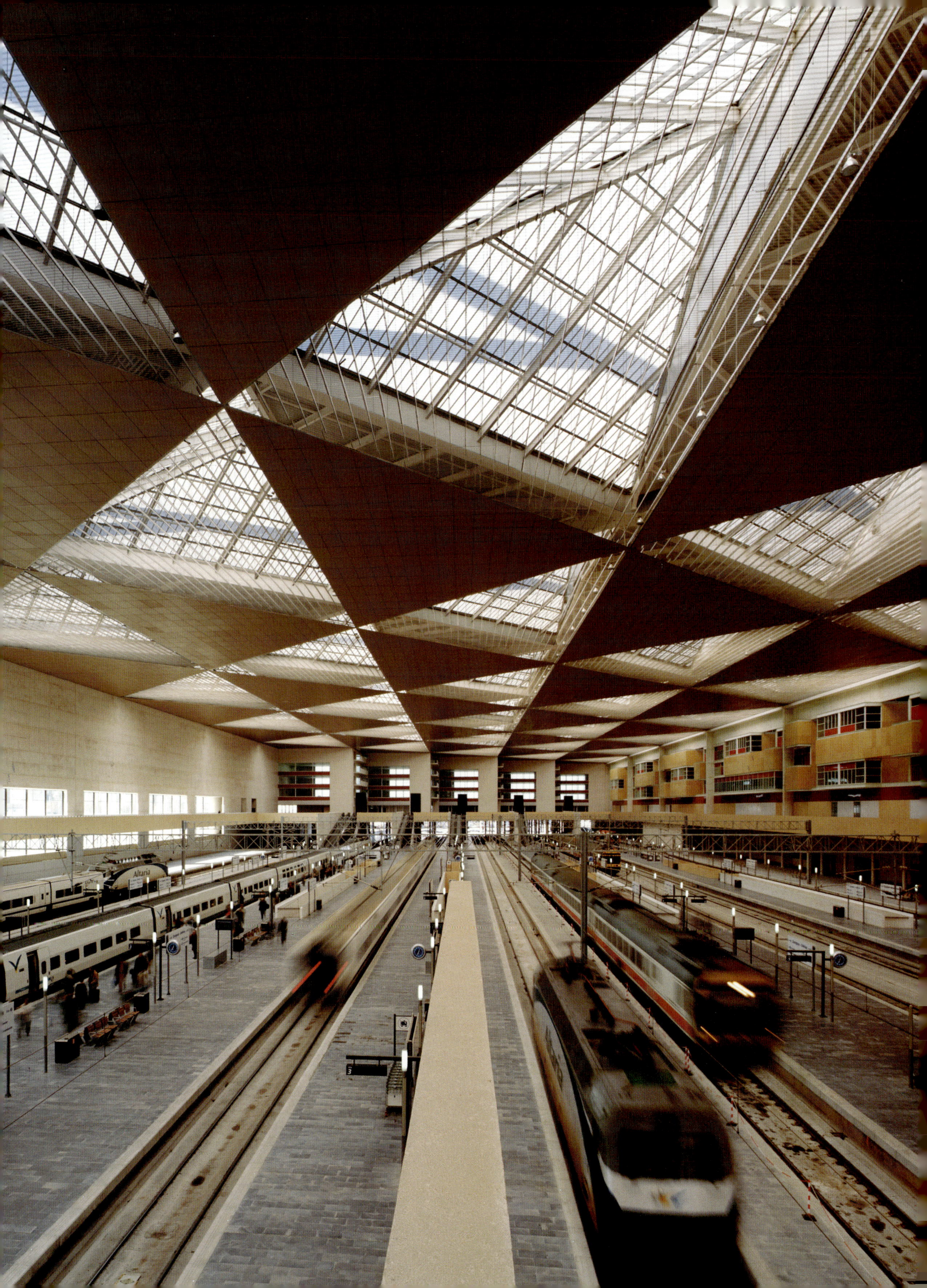

Jardines del Cuarto Real de Santo Domingo, Granada
Cuarto Real de Santo Domingo Gardens, Granada

1999-2004

Coser tres recintos con una muralla, tres secuencias de un espacio público que integran el monumento, los jardines y los espacios de uso cultural.
La propuesta de intervención persigue esta integración partiendo del reconocimiento de la cualidad de vacío del lugar a lo largo de su historia.
El sistema propuesto opera como un tapiz tridimensional en el espacio de la huerta, y teje, con hilos de diverso espesor y textura, una trama espacial y vegetal que cualifica el vacío y mantiene su carácter de espacio libre ajardinado y transitable en su totalidad. Los planos ajardinados que cubren los espacios interiores también son transitables y están dispuestos en continuidad con el jardín. Se ha prestado especial atención a la integración entre ambos espacios y a la visualidad que desde el interior se tendrá del jardín, en primer plano, y de la parte alta de la ciudad como segundo plano. Todo ello para que el contacto entre exterior e interior se genere a partir de un borde que posee una gran riqueza espacial.

To knit together three enclosures and a wall, three sequences of a public space that incorporate the monument, the gardens and the spaces for cultural use.
The intervention proposal pursues this integration by proceeding from a recognition of the essential

Ángela García de Paredes

Los jardines del Cuarto Real de Santo Domingo mantienen el carácter de espacio abierto de la Huerta de Almanjarra, una intervención anterior a la dinastía nazarí que está limitada por un lienzo de muralla y presidida por el Cuarto Real, el palacio del siglo XIII cincelado en el interior de una torre militar, desde el que partían túneles que lo unían con la Alhambra.
El recuerdo de la fragmentacion del hortal se convierte hoy en un tejido continuo de espacios abiertos y volúmenes de escala contenida, que definen las relaciones espaciales con el entorno urbano edificado que lo envuelve. Se compone el vacío con una secuencia de recintos ajardinados, construidos con planos verdes tridimensionales que se desarrollan en distintos niveles. El proceso de tejer los nuevos espacios con la muralla y con los jardines del Cuarto Real se fundamenta en el entendimiento sensible de cada uno de los problemas urbanos y, a su vez, define cada una de las respuestas como la organización de distintas soluciones, y no como una actuación radical que pretenda encontrar una solución única. Se completa, así, un fragmento de Granada con una táctica de transformación cuidadosa en el tiempo. El carácter de jardín, que no es el de un bosque ni el de un paisaje, está en el dibujo preciso de lo natural en un recinto que, en Granada, adquiere un sentido propio. La disposición de árboles, setos, parterres sobreelevados, y planos de agua configuran el nuevo espacio urbano

emptiness of the location throughout its history. The proposed system operates like a three-dimensional carpet on the space of the orchard and weaves, with threads of differing thickness and texture, a spatial and vegetal pattern which qualifies the emptiness and retains in its totality its character as a landscaped, transitable, open space. The landscaped planes that cover the interior spaces are also transitable and are laid out in continuity with the garden. Special attention has been paid to the integration of both spaces and to the visuality the garden, in the foreground, and the higher part of city (as a backdrop), will have. All this so that the contact between exterior and interior may be generated from an edge that possesses great spatial richness.

Concurso restringido. Primer premio Restricted competition. First Prize | Emplazamiento Location **Cuarto Real de Santo Domingo, Granada, España/*Spain*. Preexistencias. Antiguos jardines islámicos, Qubba y Muralla/*Pre-existing elements: former Qubba and Muralla Islamic Gardens*** | Arquitectos Architects **Yolanda Brasa, Carlos Ferrater, Eduardo Jimenez** | Colaboradores Collaborators **Cristian Eugen Boz, Luis López, David Molina, Cristina Fiestas, Enma Hernández** | Concurso Competition **1999** | Proyecto Design year **2000** | Final de las obras Completion date **2004** | Aparejadores Master builders **Francisco J, Escolano** | Cliente Client **Ayuntamiento de Granada/*Granada City Council*, EMUVYSSA** | Superficie construida Built surface **9.574 m², intervención huerta/*orchard intervention* 5.244 m²** | Empresa constructora Construction company **Construcciones Otero SL** | Fotografía Photography **Lluís Casals** | Foto aérea globo Balloon aerial photo **MRW**

Ángela García de Paredes

The gardens of the Cuarto Real de Santo Domingo maintain the open-space feel of the Huerta de Almanjarra, an intervention anterior to the Nazarite dynasty which is delimited by a stretch of wall and presided over by the Cuarto Real, the 13th-century palace carved within a watchtower, from which tunnels linking it to the Alhambra proceed.

The recollection of the fragmentation of the orchard area is converted today into a continuous fabric of open spaces and modest-sized volumes that define the spatial relations with the built urban environment surrounding it. The empty space is put together with a sequence of enclosures with garden constructed with three-dimensional green planes that evolve at distinct levels. The process of interweaving the new spaces with the wall and with the gardens of the Cuarto Real is based on a sensitive understanding of each of the urban problems and, in turn, defines each of the responses as the organisation of different solutions and not as a radical intervention which seeks to find a single solution. A bit of Granada is completed, then, with a studied, time-based tactic of transformation.

The character of the garden, which is not that of a wood nor of a landscape, lies in the precise design of the natural world within an enclosure, which in Granada takes on its own meaning. The layout of trees, hedges, raised parterres and sheets of water configure the new urban

como una pieza más entre los jardines granadinos, jardines que permanecen a través de la pintura de Rusiñol y en forma musical con Falla. Jardines para ser vistos y olidos, para ser escuchados y paseados. Contemplado a distancia, mirando desde una ventana del Cuarto Real con la ciudad como fondo, es un jardín de trazado geométrico en pavimentos, coordenadas de alcorques y acequias. Jardín alfombra de recortados setos. Jardín desmenuzado en piezas pequeñas, células madre que componen la totalidad del tejido. Jardín como umbral entre lo conocido y lo desconocido. Jardín recatado e íntimo que vierte hacia adentro el placer de su contemplación. Jardín síntesis de las diversas culturas que habitaron Granada.

Jardines del Cuarto Real de Santo Domingo, Granada

Cuarto Real de Santo Domingo Gardens, Granada

space as but one more specimen among the gardens of Granada, gardens that subsist via the painting of Rusiñol and in musical form in Falla. Gardens to be seen and smelled, to be heard and strolled through. Contemplated from a distance, looking from a window in the Cuarto Real with the city as a backdrop, this is a garden with a geometrical, paved layout co-ordinated with irrigation ditches and channels. A garden-as-carpet with trim hedges. A garden cut up into tiny pieces, mother cells, that make up the totality of the fabric. A garden as threshold between the known and the unknown. A demure and intimate garden which channels the pleasure of its contemplation inwards. A garden-as-synthesis of the different cultures that inhabited Granada.

Real Club de Golf El Prat, Terrassa, Barcelona
El Prat Royal Golf Club, Terrassa, Barcelona

1998-2004

La propuesta de ubicación de los edificios es el resultado de conjugar los aspectos de accesibilidad, comunicación y centralidad respecto al trazado del campo de juego, un lugar geométrico en el que confluyen las salidas y llegadas de los diferentes recorridos.
Un estudio minucioso de la topografía permite descomponer el edificio en dos niveles, y ubicar en el eje norte-sur del nivel inferior los servicios de juego, vestuarios, cuartos de palos y coches, así como las tiendas y el bar para jugadores.
En el nivel superior, sobre un eje este-oeste, se albergan los espacios sociales, salones, restaurantes y bares, que conectan en sus extremos con el terreno natural y permiten extensas terrazas y porches que proporcionan buenas visuales sobre el campo de juego y el paisaje lejano.

The scheme for siting the buildings is the outcome of conjugating the aspects of accessibility, communication and centrality vis-à-vis the layout of the playing fields, a geometrical location in which the tee-off and final hole of the various courses converge.
A painstaking study of the topography allows the building to be broken down into two levels, with the golfing services, changing rooms, golf-club and cart stores, plus the shops and the players' bar, being sited in the north-south axis of the lower level.

RCR Aranda Pigem Vilalta arquitectes

La obra de Carlos Ferrater, con quien compartimos un inolvidable viaje de estudios a Grecia, tiene un claro exponente de su arquitectura en la nueva sede del Real Club de Golf El Prat: el desarrollo impecable del programa; el cuidado en la implantación y la aproximación al edificio; la amabilidad de los espacios en sus relaciones con el exterior; la alegría de los materiales en su puesta en obra; la luz que se filtra por los techos y las múltiples terrazas colonizando los alrededores. El acierto del edificio estriba en el "cosido" de una línea arbórea (que en este punto quedó rota por un incendio) en la cresta de una ondulación propia del paisaje vallesano, una característica que el campo de golf recrea y refuerza. También es un acierto el modo como el campo de juego "traspasa" el edificio entre el bar y la tienda y entre los vestuarios separados por sexos, en el punto de comunicación interior entre los dos niveles del edificio.
Al final de un camino serpenteante, con árboles que dan cobijo a los coches, se produce el acceso al edificio por uno de sus extremos. La puerta, desplazada del eje central, queda protegida por un porche ligeramente curvado que actúa de visera del lugar de encuentro con los amigos. Luego, el espacio es fluido de frente y, en ocasiones, por los lados, y circunda la cocina que provee a todos los bares, restaurantes y salones. Cuando se desciende desde este nivel social y administrativo, el espacio converge con el ámbito deportivo, que está situado al mismo nivel

Housed on the upper level, on an east-west axis, are the social spaces, lounges, restaurants and bars, which connect up at either end with the natural terrain and provide extensive terraces and porches offering good sightlines over the playing fields and the distant landscape.

Concurso restringido. Primer premio Restricted competition. First Prize | Emplazamiento Location **Plans de Bon Vilar 17, Terrassa, Barcelona, España/Spain** | Arquitecto Architect **Carlos Ferrater** | Colaboradores Collaborators **Joan Guibernau, Nuria Ayala, Massimo Basile** | Colaborador en la dirección de obra Construction management collaborator **Joan Guibernau** | Concurso Competition **1998** | Proyecto Design year **1999** | Final de las obras Completion date **2004** | Estructuras Structural engineering **Jordi Bernuz** | Instalaciones Mechanical engineering **PGI Grup** | Project Manager Project Manager **Euro Principia** | Cliente Client **Real Club de Golf El Prat** | Superficie construida Built surface **7.716 m²** | Empresa constructora Construction company **COPCISA** | Fotografía Photography **Alejo Bagué** | Fotografía aérea Aerial photography **Tavisa**

RCR Aranda Pigem Vilalta arquitectes

The work of Carlos Ferrater, with whom we shared an unforgettable study trip to Greece, has a clear exponent of his architecture in the new headquarters of the El Prat Royal Golf Club: the impeccable development of the programme; the care taken in the implantation and the approach to the building; the amiability of the spaces in their relation with the outside; the cheeriness of the materials in his implementation; the light which is filtered through the ceilings; and the many terraces colonising the surroundings.

The success of the building is based on the "stitching" of a treeline (which was broken by a fire at this point) on the crest of an undulation typical of the Vallès landscape, a feature that the gold course recreates and reinforces. Also a success is the way in which the golf course "pierces" the building between the bar and shop and the separate-sex changing-room, at the point of communication between the two levels of the building.

At the end of a snaking driveway, with trees that give shelter to the cars, the entrance to the building is produced at one of its ends. Displaced from the central axis, the door is protected by a slightly curved porch that acts as a overhang for the spot for meeting one's friends. Afterwards, the space in front (and sometimes on the sides) is fluid and surrounds the kitchen that serves all the bars, restaurants and lounges.

que la cota del campo. Esto es posible gracias a la creación de una ondulación del terreno que permite que el edificio se muestre como un puente que se desliza por su costado suroeste hacia otras plataformas y edificios anejos, como las piscinas y la guardería.

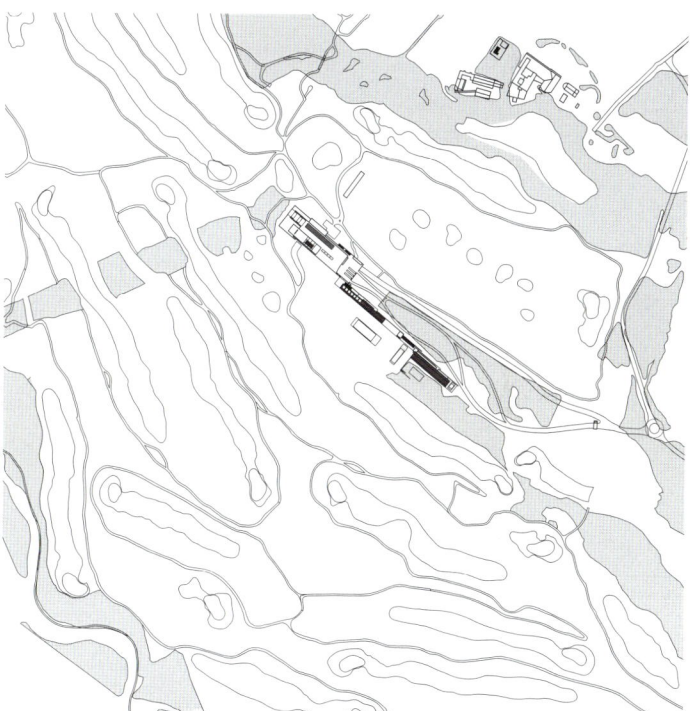

When you descend from this social and administrative level the space converges with the sports sphere, which is situated at the same level as the course proper. This is possible thanks to the creation of an undulation in the ground which enables the building to reveal itself as a bridge which runs along its southwest flank towards other platforms and outbuildings, such as the swimming pools and the crèche.

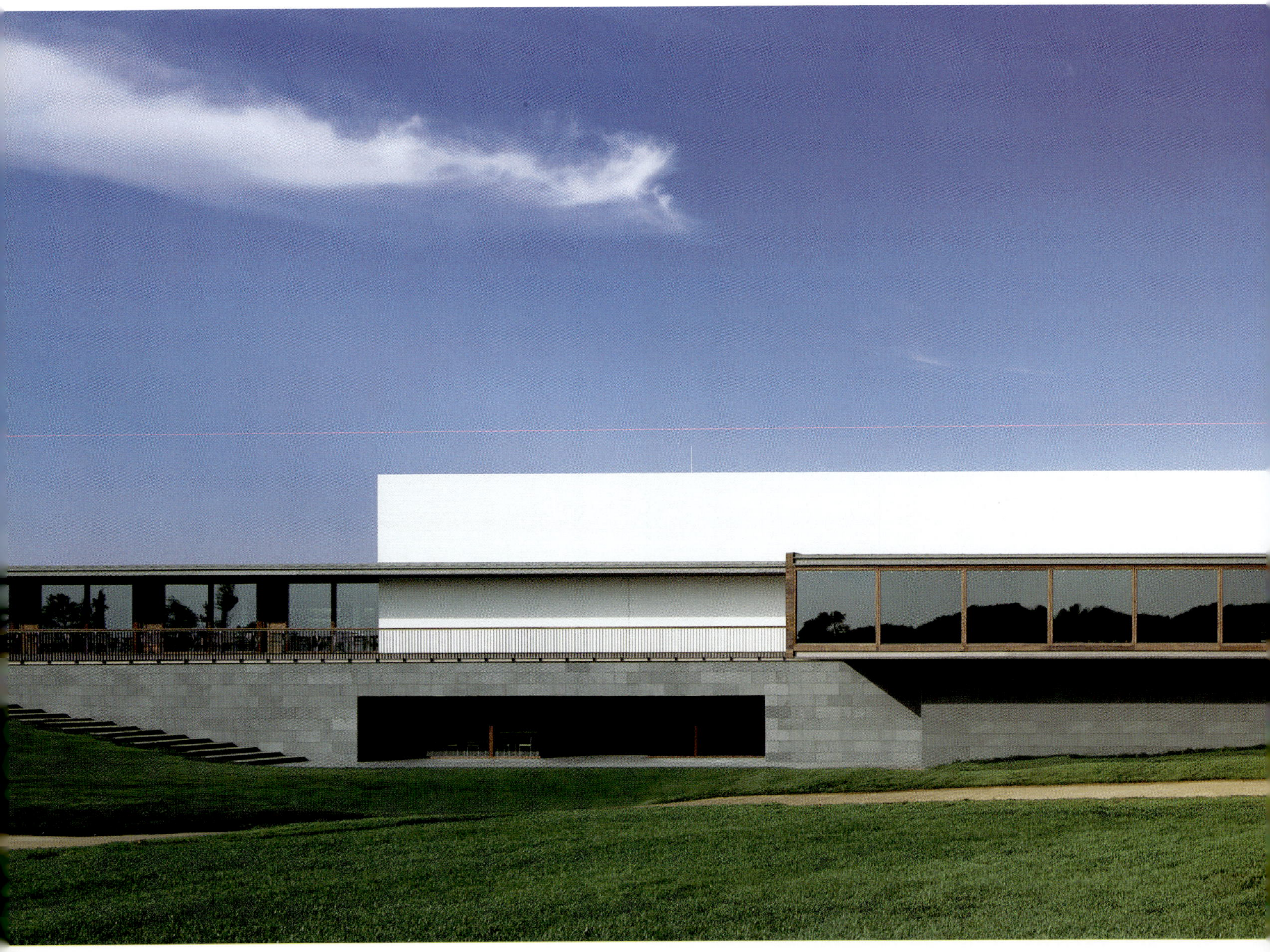

Real Club de Golf
El Prat, Terrassa, Barcelona

El Prat Royal Golf Club,
Terrassa, Barcelona

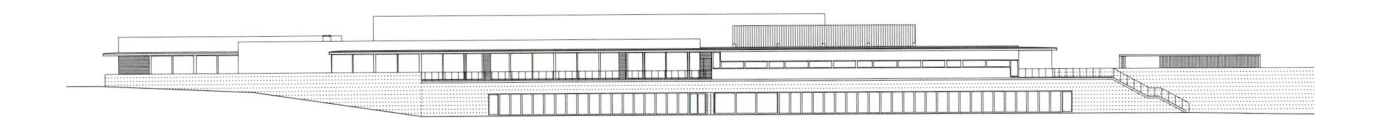

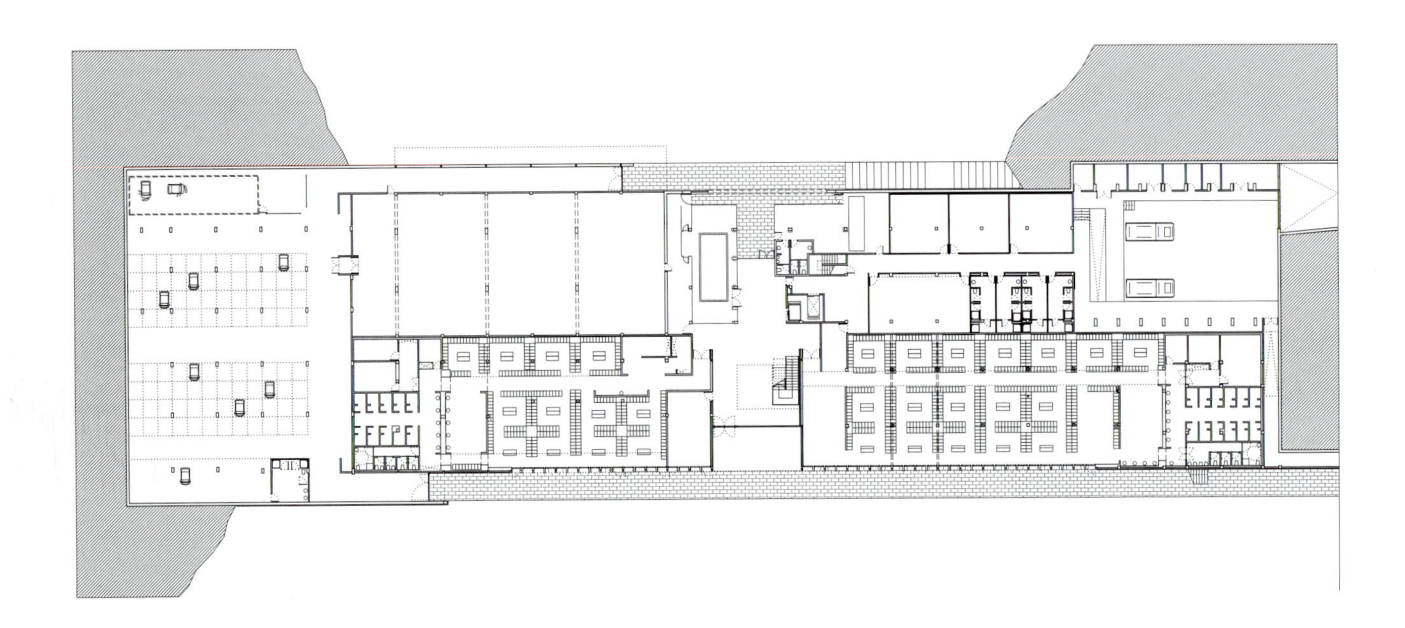

**Nivel inferior.
Planta vestuarios.
Lower level.
Changing-room floor.**

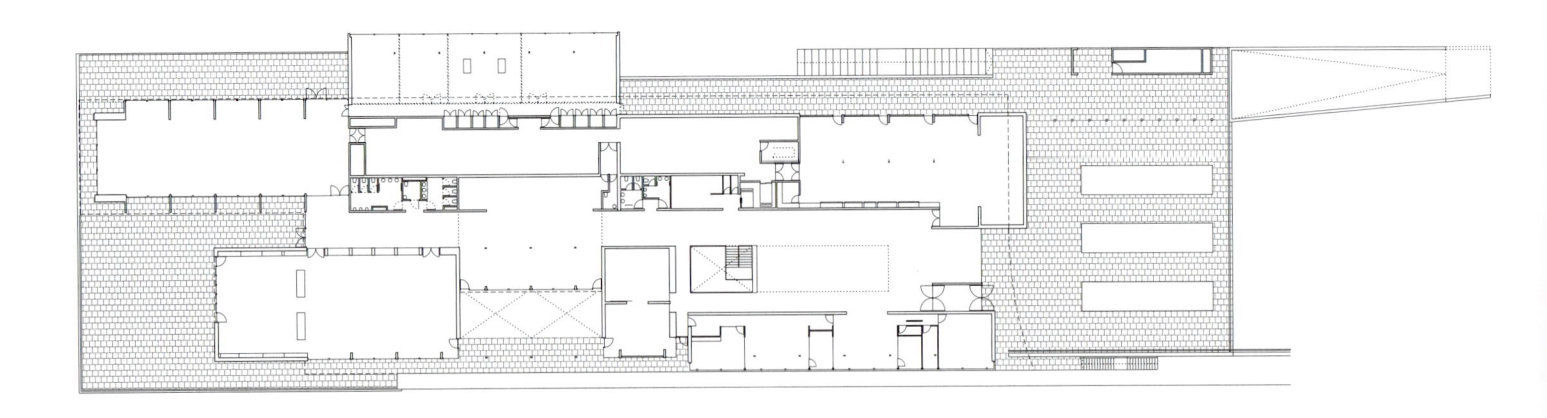

**Nivel superior.
Planta acceso.
Upper level.
Access floor.**

Real Club de Golf El Prat Royal Golf Club,
El Prat, Terrassa, Barcelona Terrassa, Barcelona

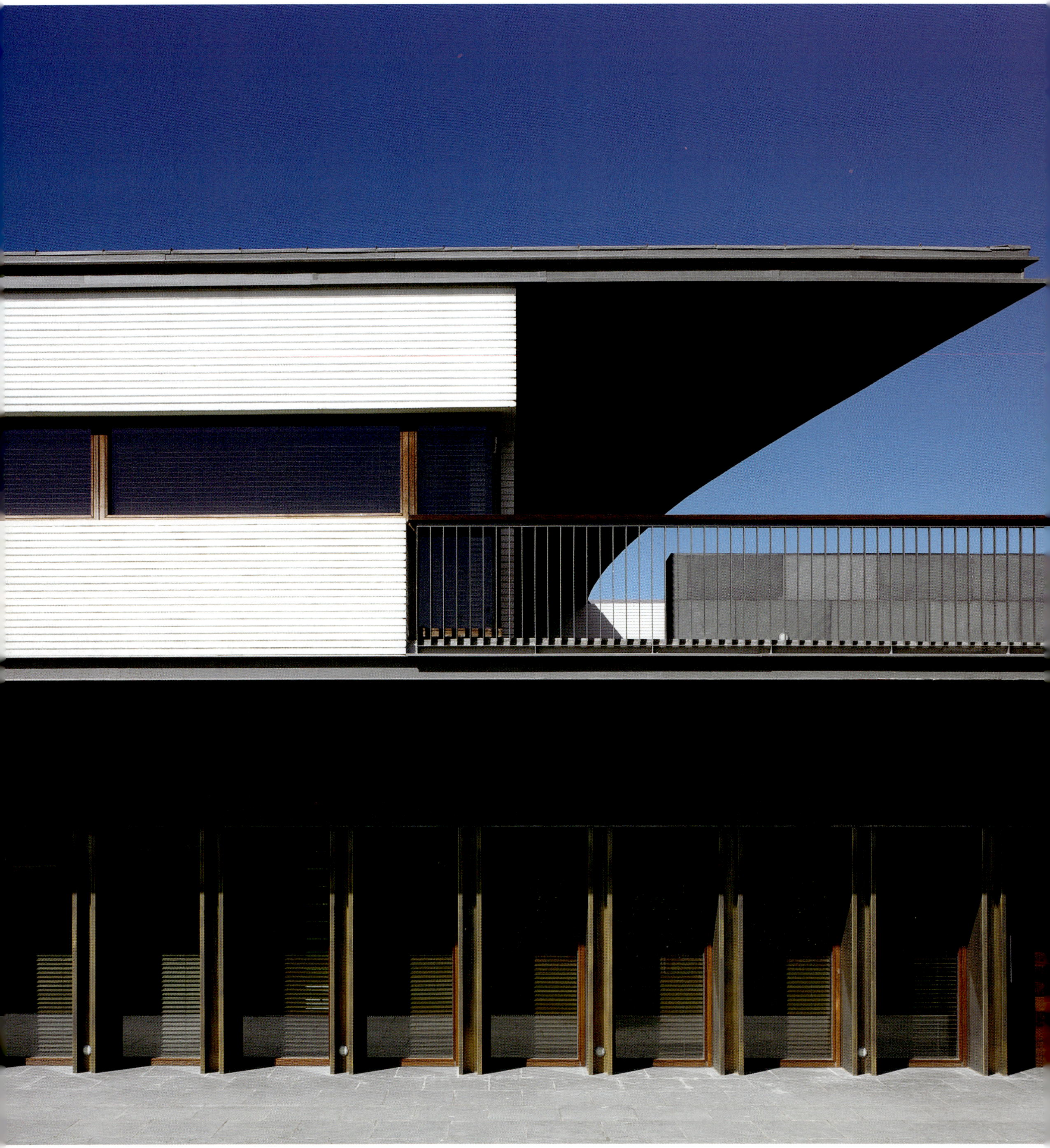

Real Club de Golf
El Prat, Terrassa, Barcelona

El Prat Royal Golf Club,
Terrassa, Barcelona

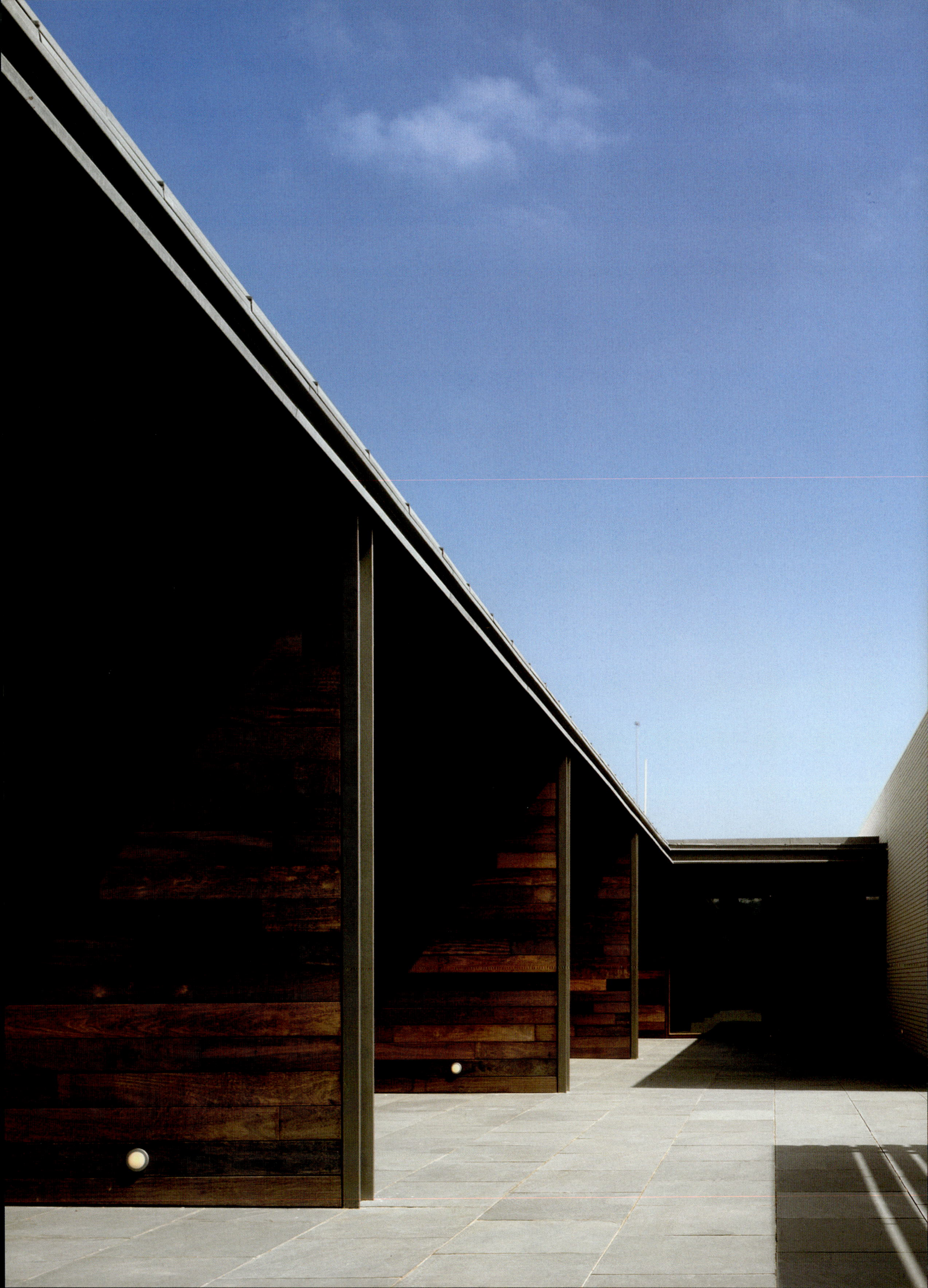

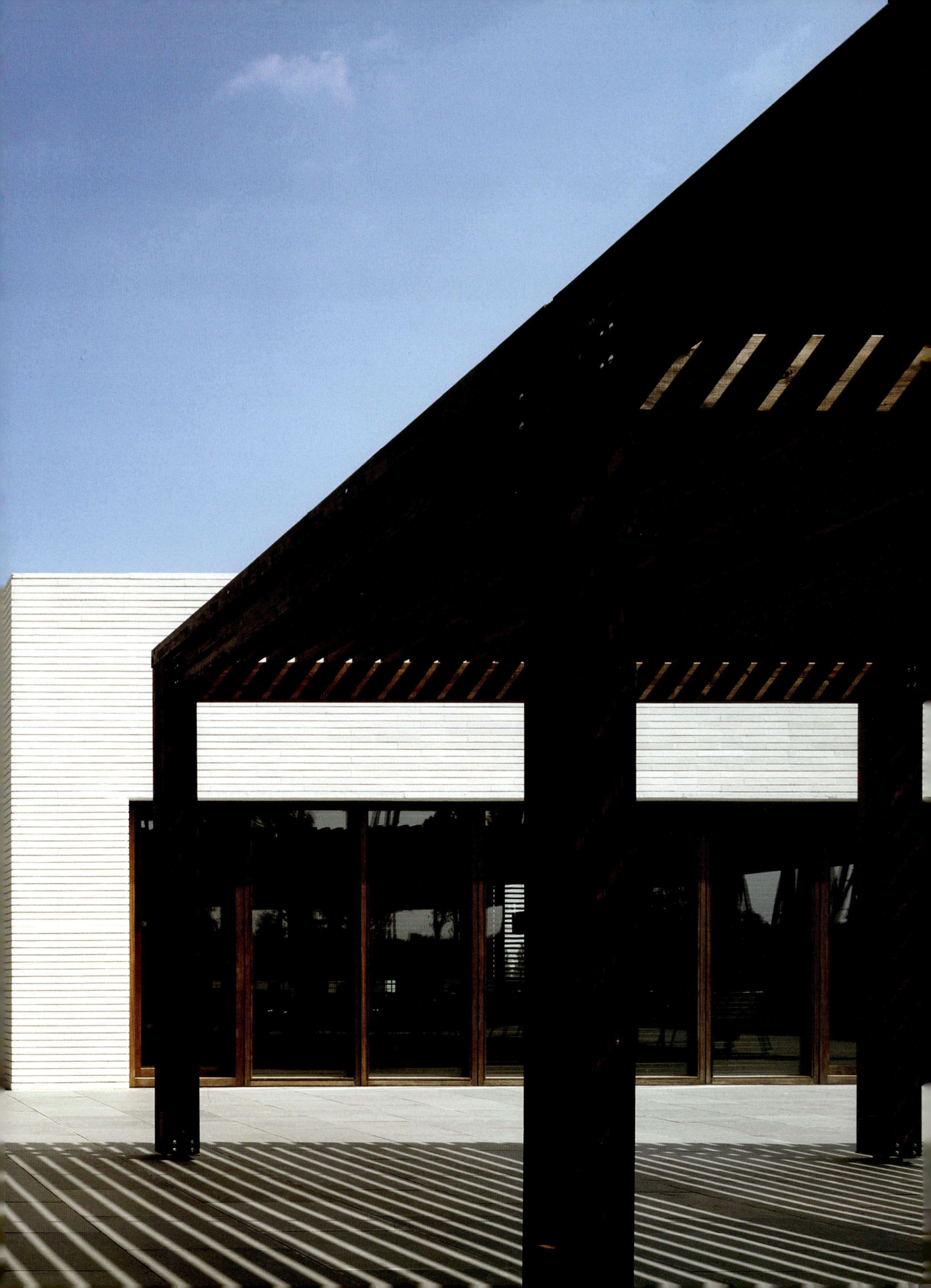

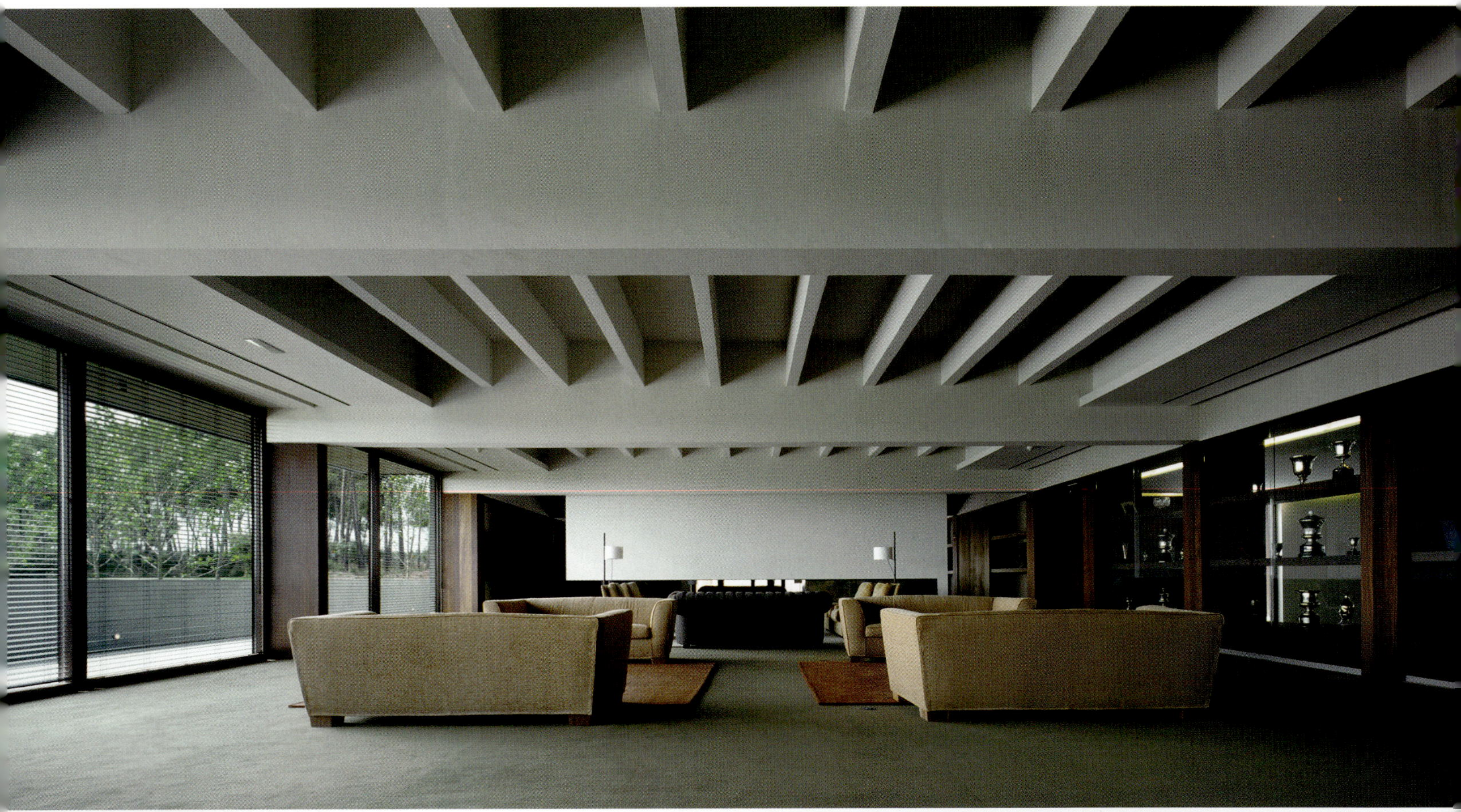

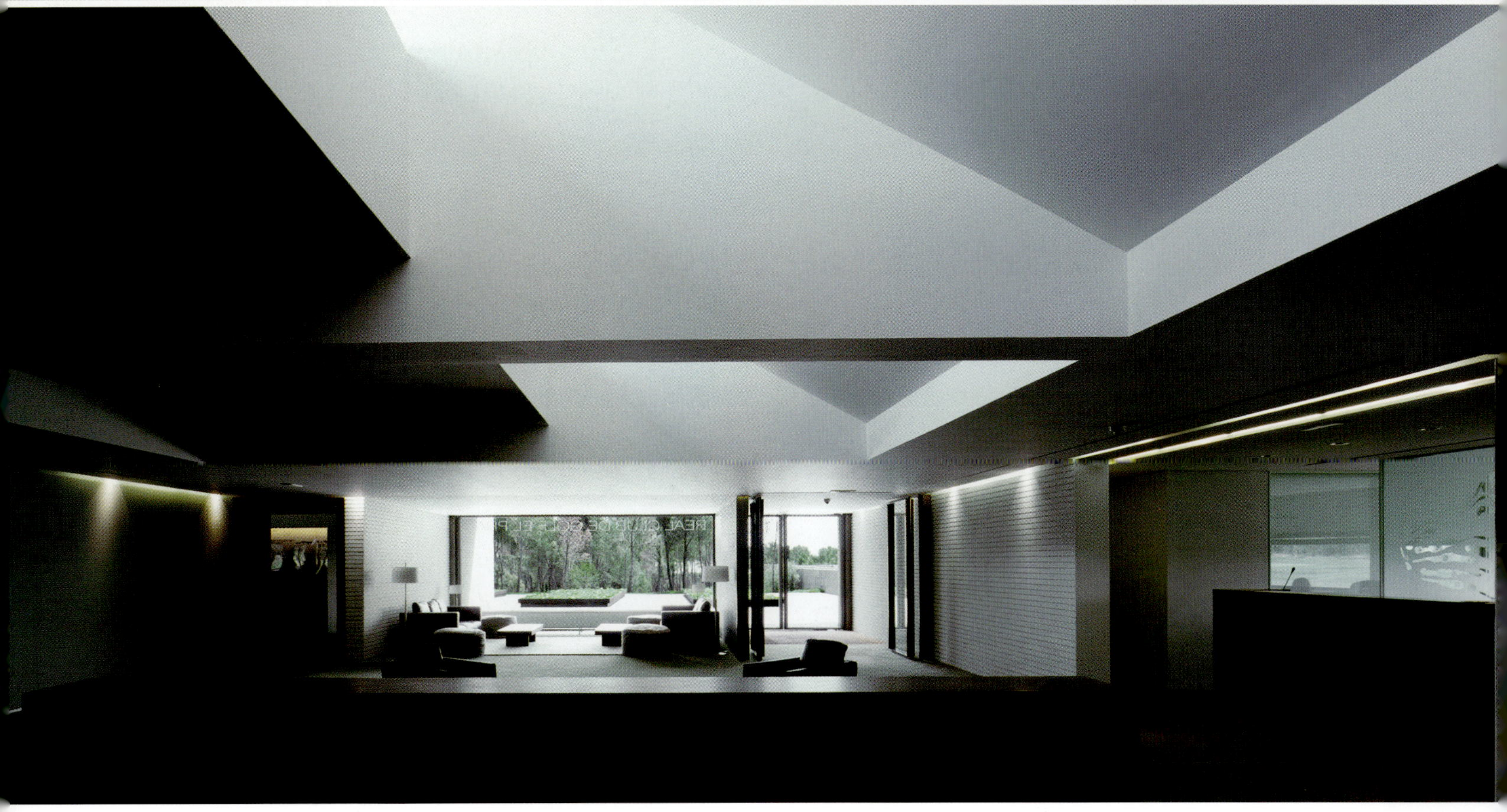

Real Club de Golf
El Prat, Terrassa, Barcelona

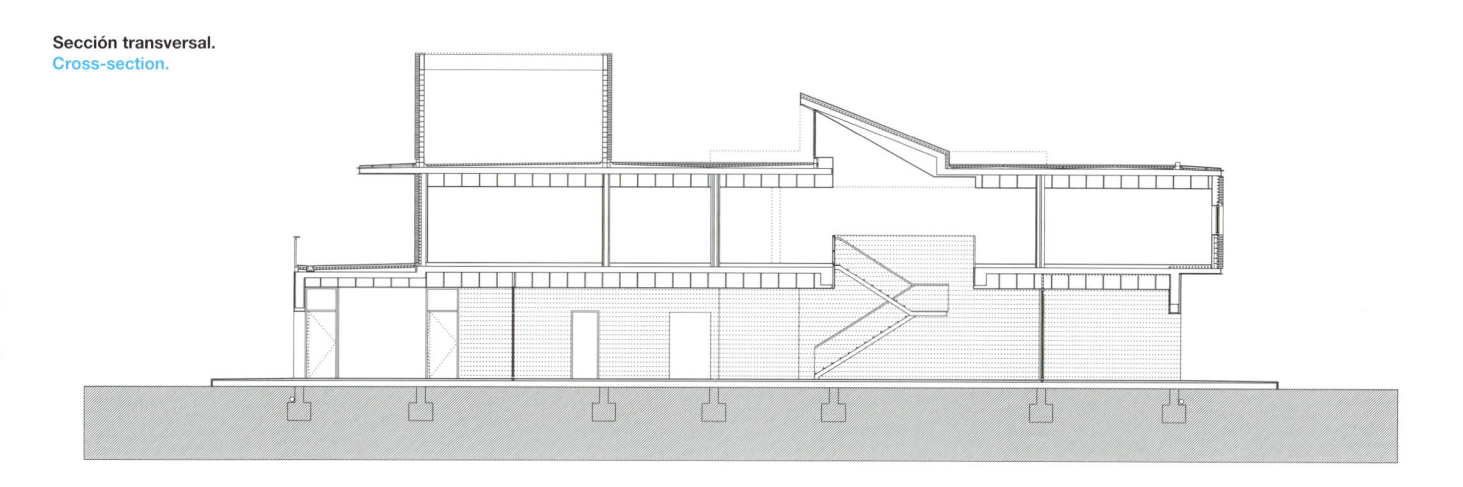

El Prat Royal Golf Club,
Terrassa, Barcelona

87

Sección transversal.
Cross-section.

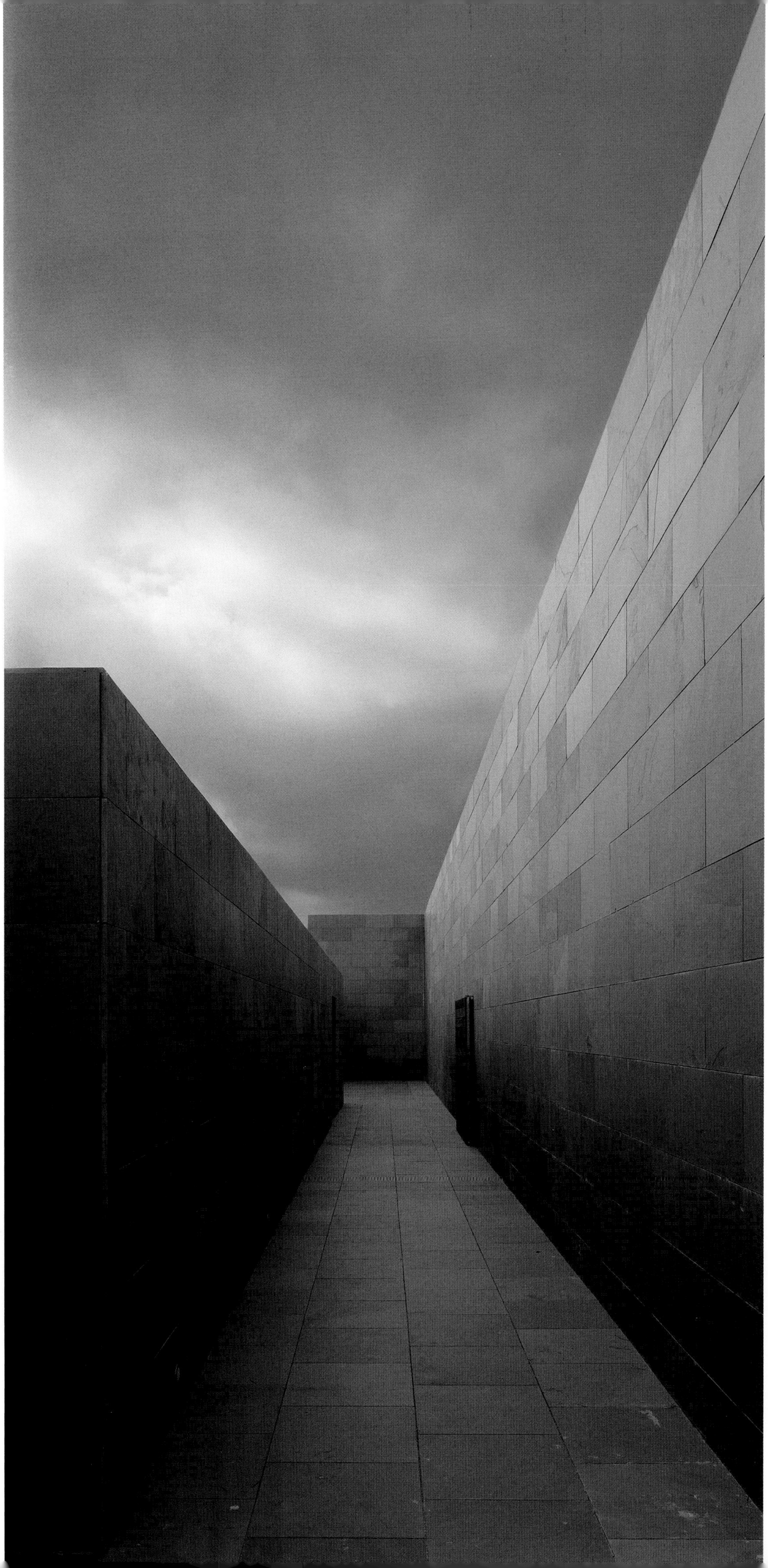

Real Club de Golf
El Prat, Terrassa, Barcelona

El Prat Royal Golf Club,
Terrassa, Barcelona

89

Guardería.
Crèche.

Planta del edificio
de la guardería.
Plan of the crèche
building.

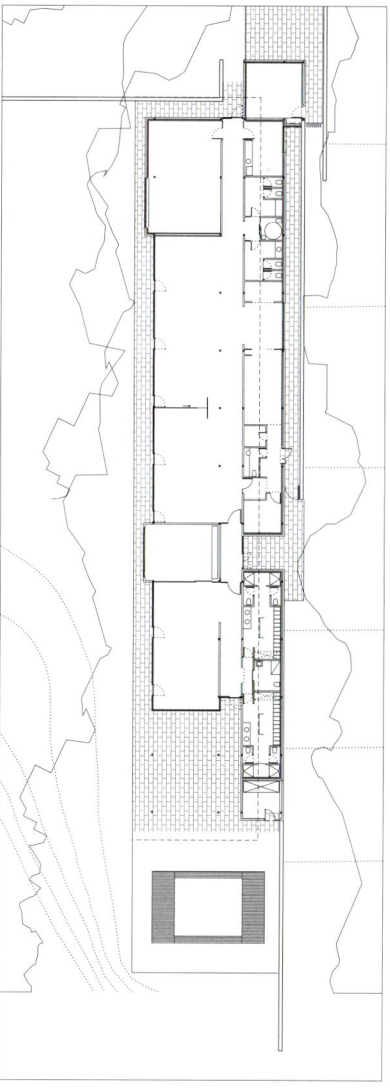

Edificio de viviendas y estudio de arquitectura, Barcelona
Apartment building and architecture studio, Barcelona

2000-2002

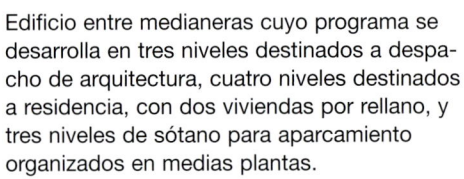

Edificio entre medianeras cuyo programa se desarrolla en tres niveles destinados a despacho de arquitectura, cuatro niveles destinados a residencia, con dos viviendas por rellano, y tres niveles de sótano para aparcamiento organizados en medias plantas.
La fachada se estructura con elementos verticales y cumple con el porcentaje de huecos del 50 % que es preceptivo en el ensanche Cerdà barcelonés. Los cuatro materiales utilizados son los tradicionales: piedra, hierro en los balcones, postigos de madera y vidrieras. La fachada se organiza en cuatro pieles y se estructura en un solo plano para evitar cuerpos salientes a la calle. El juego de piezas fijas y móviles proporciona un cierto dinamismo a la fachada y permite que se pueda modular la entrada de luz en el interior, así como tamizar la visión y el ruido de la calle.
Las grandes aberturas de la planta baja se abren a la calle otorgando una visión urbana de transparencia hacia el interior.

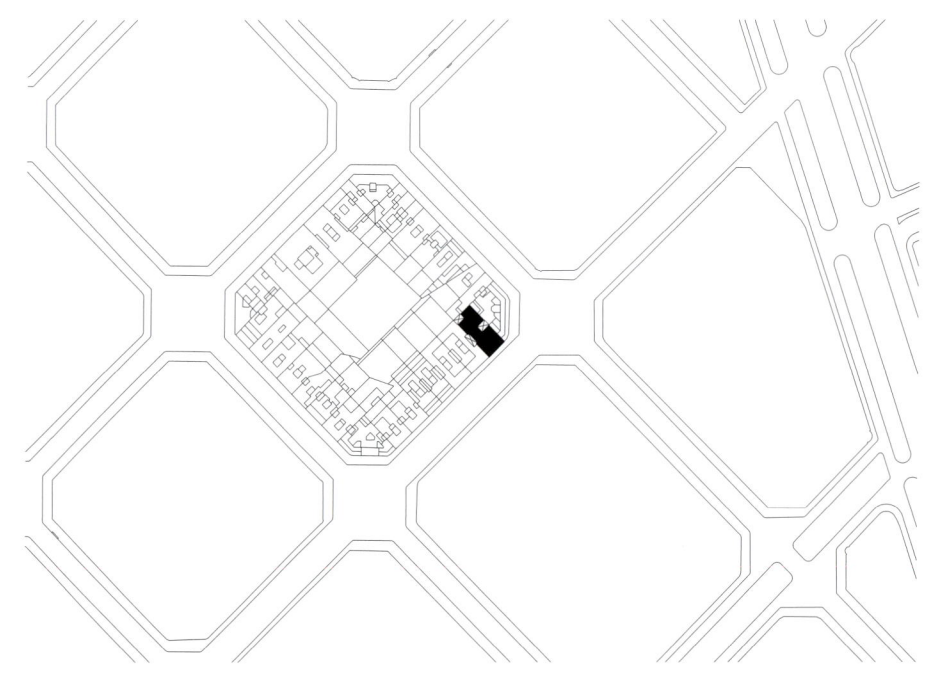

A party-wall building whose programme is developed on three levels intended for an architect's office; four residential levels, with two apartments per storey; and three basement levels for parking organised in mezzanine floors.
The facade is structured using vertical elements with a fifty-fifty mix of solids and voids, as is compulsory in the Cerdà Eixample of Barcelona. The four materials used are the traditional ones of stone, iron in the balconies, wooden shutters and sheets of glass.
The facade is organised in four skins and structured in a single plane to avoid bodies sticking out into the street. The play of fixed and movable elements gives a certain dynamism to the facade and means that the arrival of light into the interior can be modulated and the vision and noise of the street filtered.
The large openings on the ground floor give onto the street, providing an urban vision of openness towards the interior.

Emplazamiento Location **Calle Balmes 145, Barcelona, España/Spain** | Arquitectos Architects **Carlos Ferrater** | Colaboradores Collaborators **Joan Guibernau, Lucía Ferrater** | Colaboradores en la dirección de obra Construction management collaborators **Joan Guibernau, Núria Ayala (arquitecta/*architect*), Mónica Esteve (arq. técnica/*master builder*)** | Proyecto Design year **2000** | Final de las obras Completion date **2002** | Estructuras Structural engineering **Juan Carlos Capilla** | Instalaciones Mechanical engineering **INDEX 3, SL** | Aparejadores Master builders **Celestí Ventura** | Cliente Client **METRO 3, SA** | Superficie construida Built surface **2.750 m²** | Empresa constructora Construction company **METRO 3, SA** | Fotografía Photography **Alejo Bagué**

UNA POÉTICA CONSTRUIDA
Manuel Aires Mateus

Más que de dibujos eximios, los proyectos de Carlos Ferrater están hechos de realidad; seleccionan, potencian y poetizan condiciones que establecen una intensa relación con la vida.
Verdaderas arquitecturas, se traducen en su condición constructiva, haciendo de la materia su tema central; un campo con identidad capaz de mediar relaciones con vivencias y envolventes.
Más que realidades, las intervenciones miden sus posibilidades de alteración, partiendo de necesidades para convertirlas en posibilidades.

A BUILT POETICS
Manuel Aires Mateus

More than from distinguished drawings, the projects of Carlos Ferrater are made from reality; they select, privilege and poetise conditions that establish an intense rapport with life.
True architectures, they find expression in their constructional condition, making matter their central theme; a field with sameness capable of mediating relationships with lived experiences and containers.
More than realities, the interventions weigh up their possibilities of alteration, proceeding from necessities and converting them into possibilities.

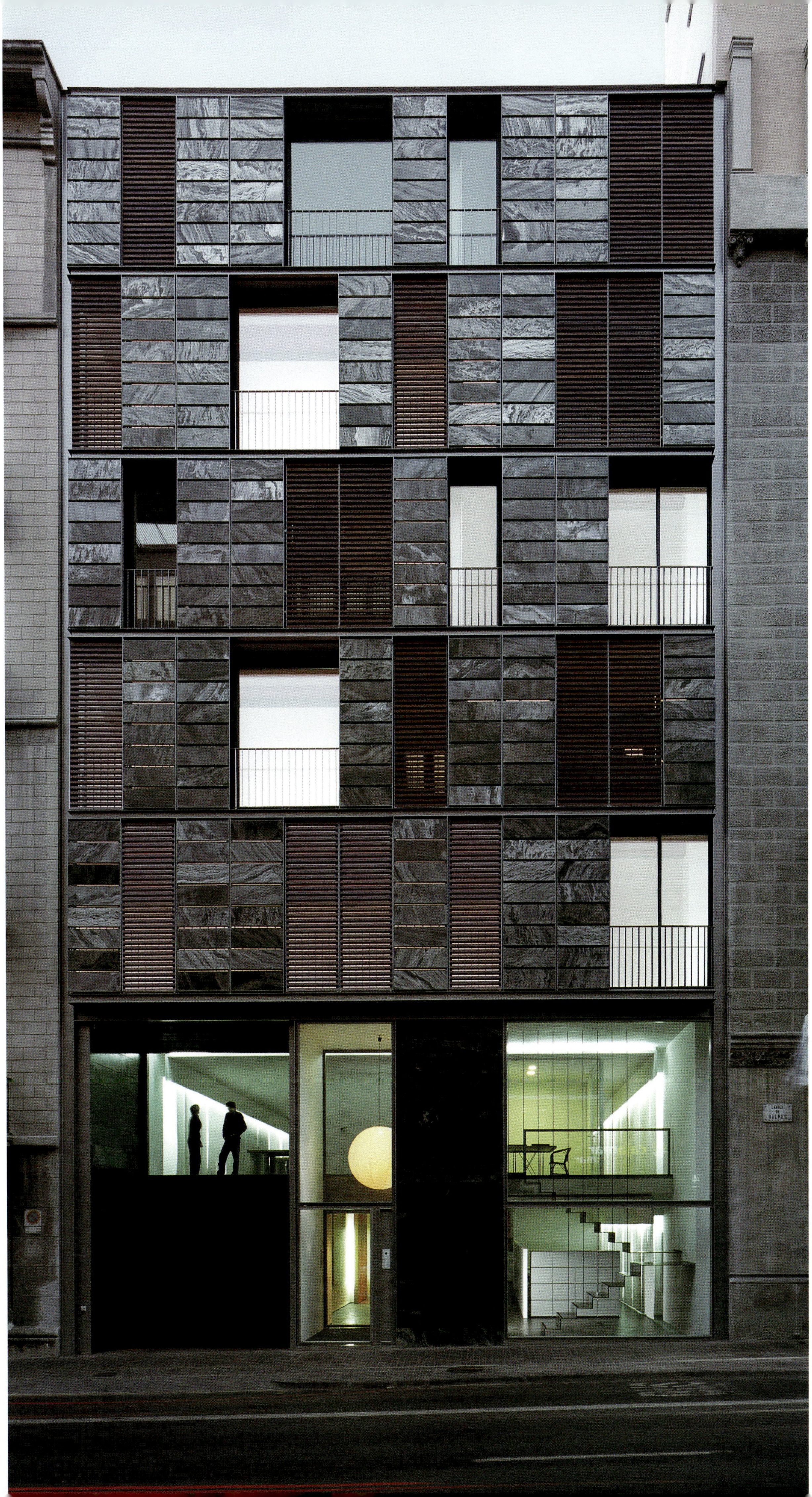

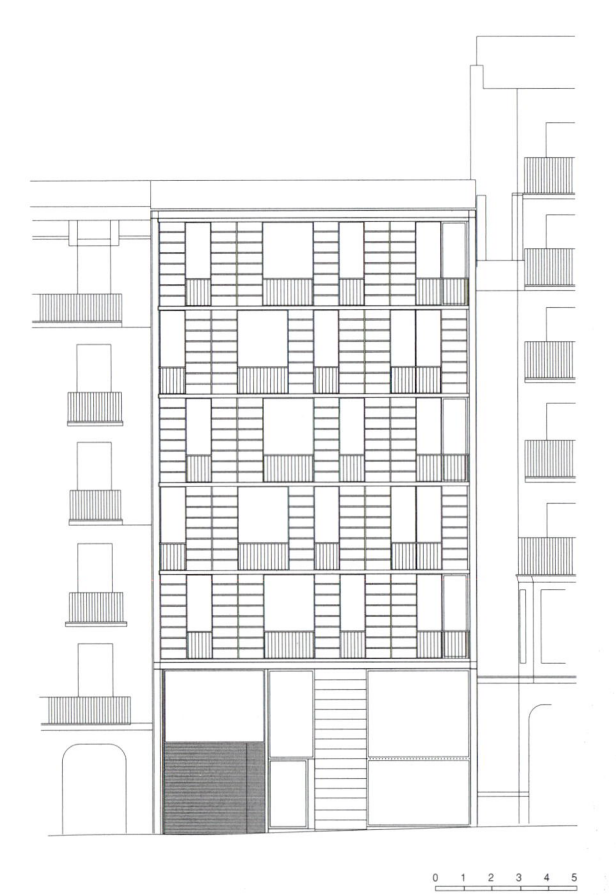

0 1 2 3 4 5

| Edificio de viviendas y estudio de arquitectura, Barcelona | Apartment building and architecture studio, Barcelona | Fachada posterior. Rear facade.

Planta baja. Estudio de arquitectura.
Ground floor.
Architecture studio.

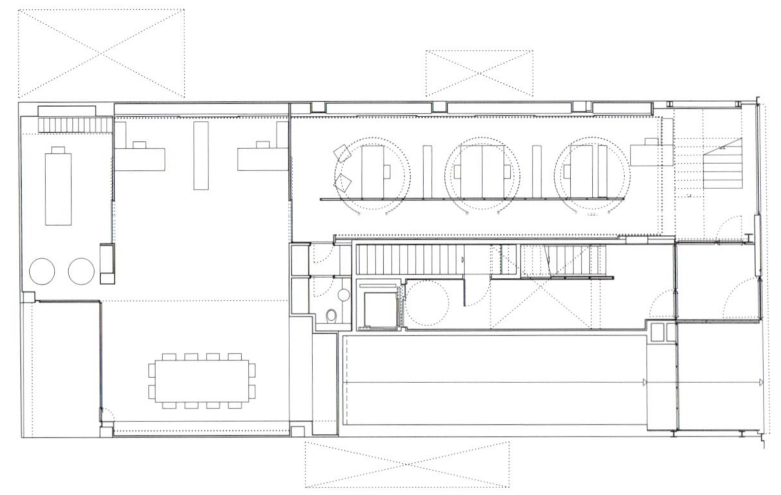

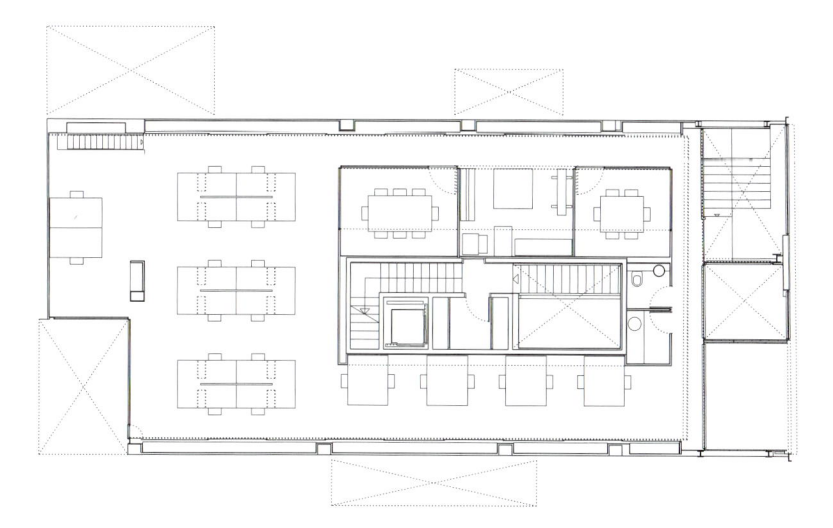

Edificio de viviendas y estudio de arquitectura, Barcelona

Apartment building and architecture studio, Barcelona

**Planta altillo.
Estudio de arquitectura.**
Mezzanine floor.
Architecture studio.

Detalle de la fachada.
Sección.
Facade detail.
Section.

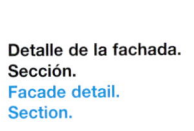

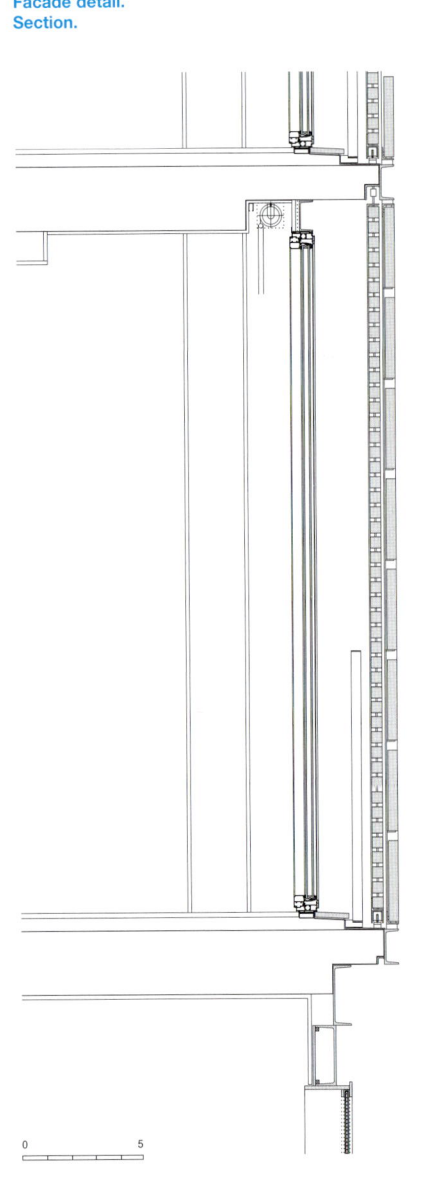

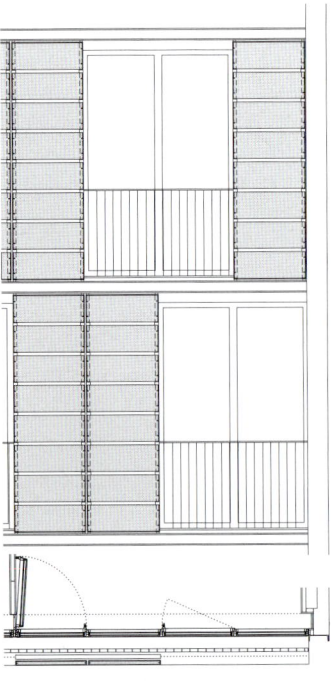

Detalle de la fachada.
Alzado y planta.
Facade detail. Elevation and plan.

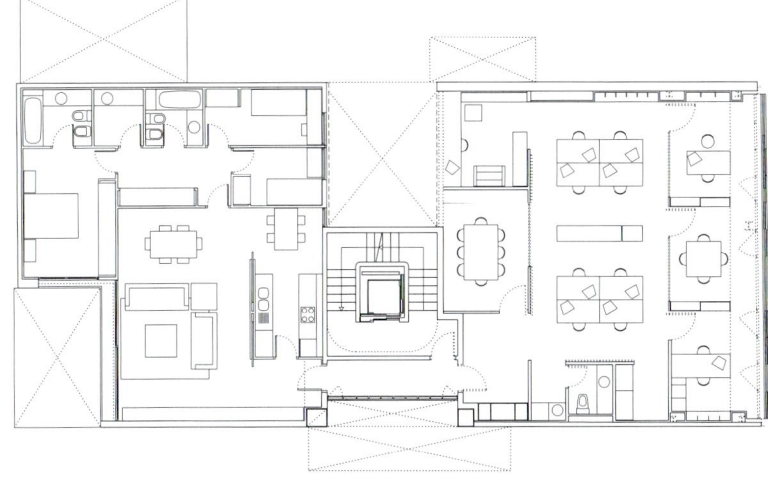

Edificio de viviendas y estudio de arquitectura, Barcelona

Apartment building and architecture studio, Barcelona

Planta piso.
First floor.

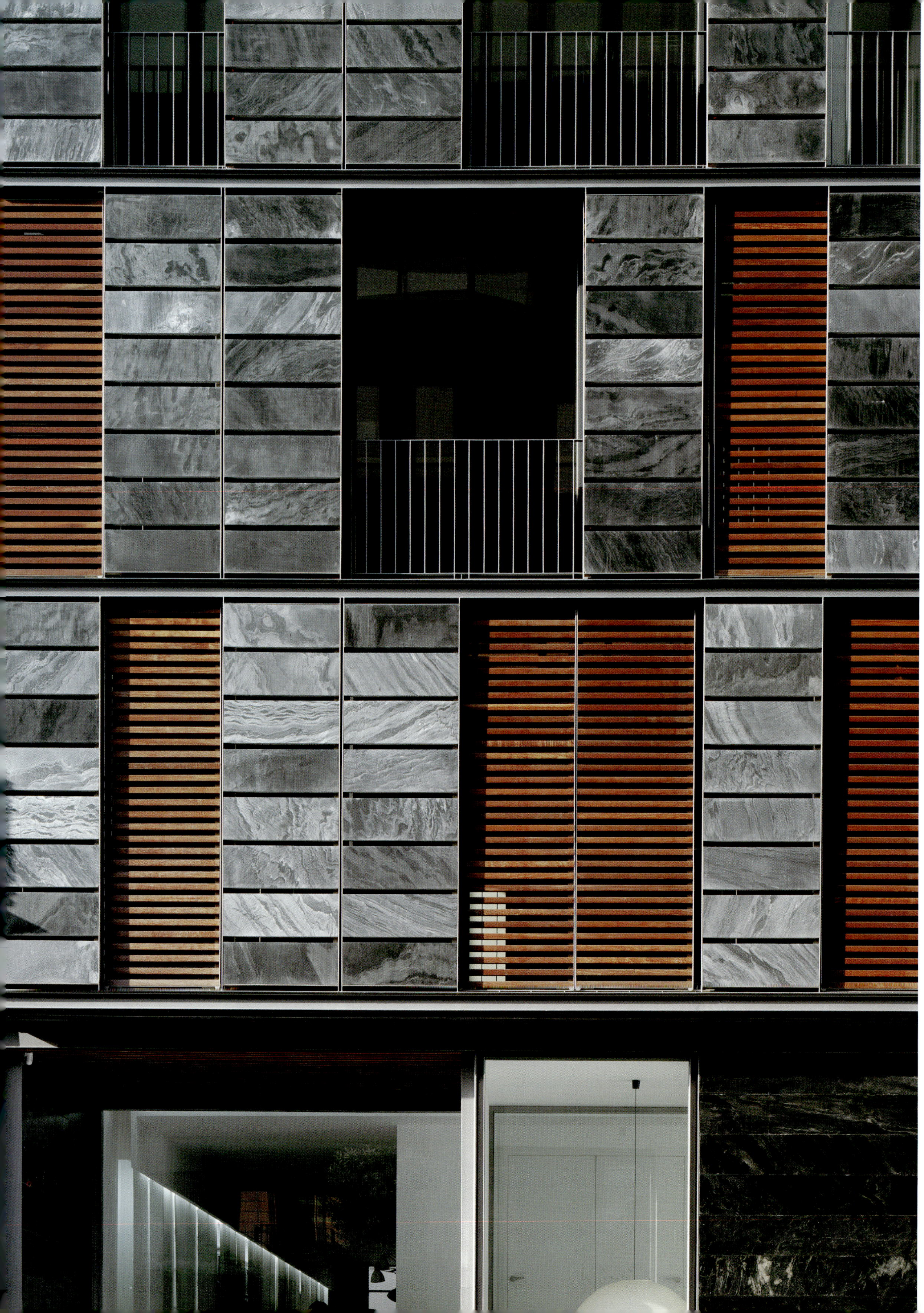

Edificio de viviendas y estudio de arquitectura, Barcelona

Apartment building and architecture studio, Barcelona

Casa 2 para un fotógrafo, Delta del Ebro, Tarragona
House 2 for a photographer, Ebro Delta, Tarragona

2003-2005

Paisaje del Delta del Ebro.
Ebro Delta lanscape.

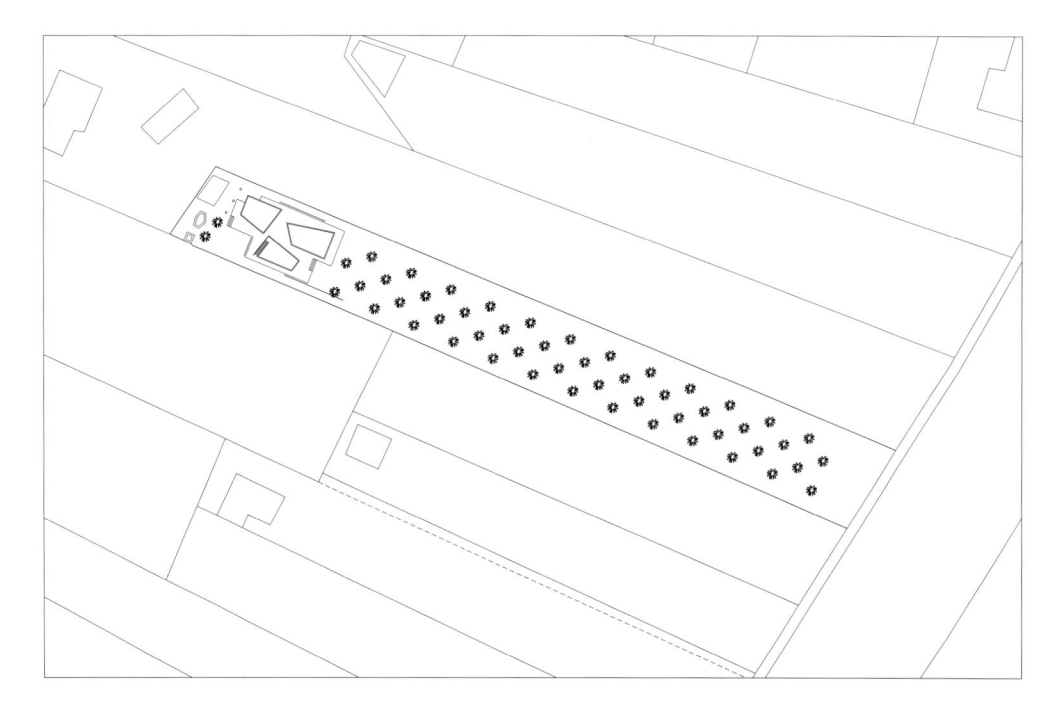

Una parcela perpendicular al mar de 250 m de longitud y 18 m de anchura.
La parcela, una zona de cultivo, discurre desde la playa hasta un fondo con unas antiguas ruinas, cañas y limoneros.
Casa 2 para un fotógrafo se ubica en el fondo de la parcela. Construida sobre una plataforma elevada 70 cm sobre el terreno natural inundable, tres pequeños volúmenes de forma irregular, tanto en planta como en sección, entablan un diálogo a través de un espacio vacío con fugas visuales.
Un palmeral de 60 palmeras *washingtonia* nos conduce desde la playa hasta la casa.
La descomposición volumétrica atiende a las condiciones de paisaje, construcción y luz que sugiere un cuadro de Picasso pintado en aquella zona, que se encuentra en el Museo Picasso de París.
El vacío central se convierte en el espacio principal de la vivienda, un espacio tenso, conformado geométricamente en su parte superior a través de los cuerpos opacos altos de los diferentes pabellones; en cambio, en el plano del suelo, hasta la altura de 2,10 m, es un lugar continuo que relaciona los distintos espacios interiores en sombra con las vistas del mar, el fondo vegetal y las zonas de estancia sobre la plataforma.
El juego descompuesto de los volúmenes nos recuerda la composición cubista de Picasso.
El claroscuro y la intensa luz de esta zona del mediterráneo equilibran la plenitud de la topografía de todo el delta.

A plot of land perpendicular to the sea, 250 m long and 18 m wide.
The plot, an area under cultivation, runs from the beach to a top end with a few old ruins, bamboo and lemon trees.

The house 2 for a photographer is sited at the end of the plot. Built on a platform raised 70 cm above the floodable natural terrain, three small volumes, of irregular shape in plan and section, strike up a dialogue across an empty space with long sightlines.
A stand of sixty *washingtonia* palm trees conducts us from the beach to the house.
The volumetric decomposition responds to the landscape and constructional conditions, and to those of a light that suggests a Picasso picture painted in the area, now in the Musée Picasso in Paris.
The central void is turned into the house's principal space, a tense space geometrically defined in its upper area by the tall opaque bodies of the different pavilions. Up to a height of 2.10 m, the ground plane, however, is an uninterrupted spot that brings the different interior spaces in shadow into a rapport with the sea views, the plant background and the living areas on the platform.
The fragmented play of volumes reminds us of Picasso's Cubist composition. The chiaroscuro and intense light of this part of the Mediterranean balance the plenitude of the topography of the delta as a whole.

Emplazamiento Location **Cases d'Alcanar, Tarragona, España/Spain** | Arquitecto Architect Carlos Ferrater | Colaboradores Collaborators **Carlos Escura, Nuria Ayala, Giovanna D'Angelo** | Proyecto Design year **2003** | Final de las obras Completion date **2005** | Cliente Client **José Manuel Ferrater** | Superficie construida Built surface **125 m²** | Empresa constructora Construction company **PJ 98 SL**

Pablo Picasso, *Briguetterie
à Tortoise,* 1905.
Pablo Picasso, *Briguetterie
à Tortoise,* 1905.

© Picasso, VEGAP, Barcelona 2004

Sección A-A.
Section A-A.

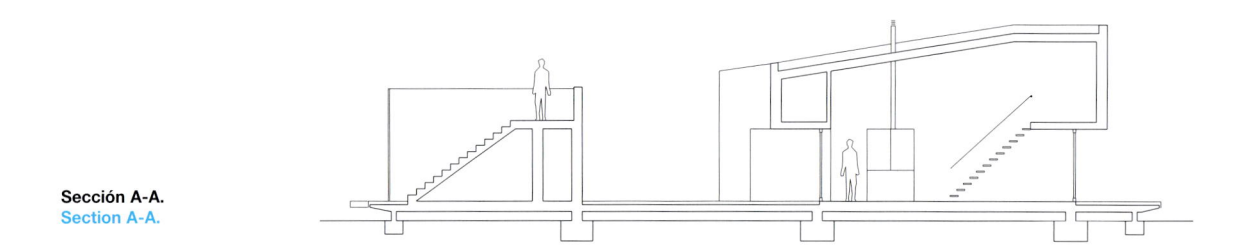

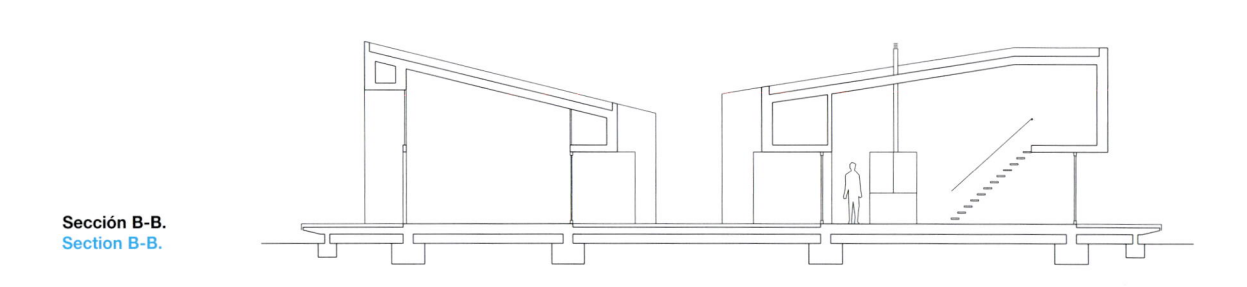

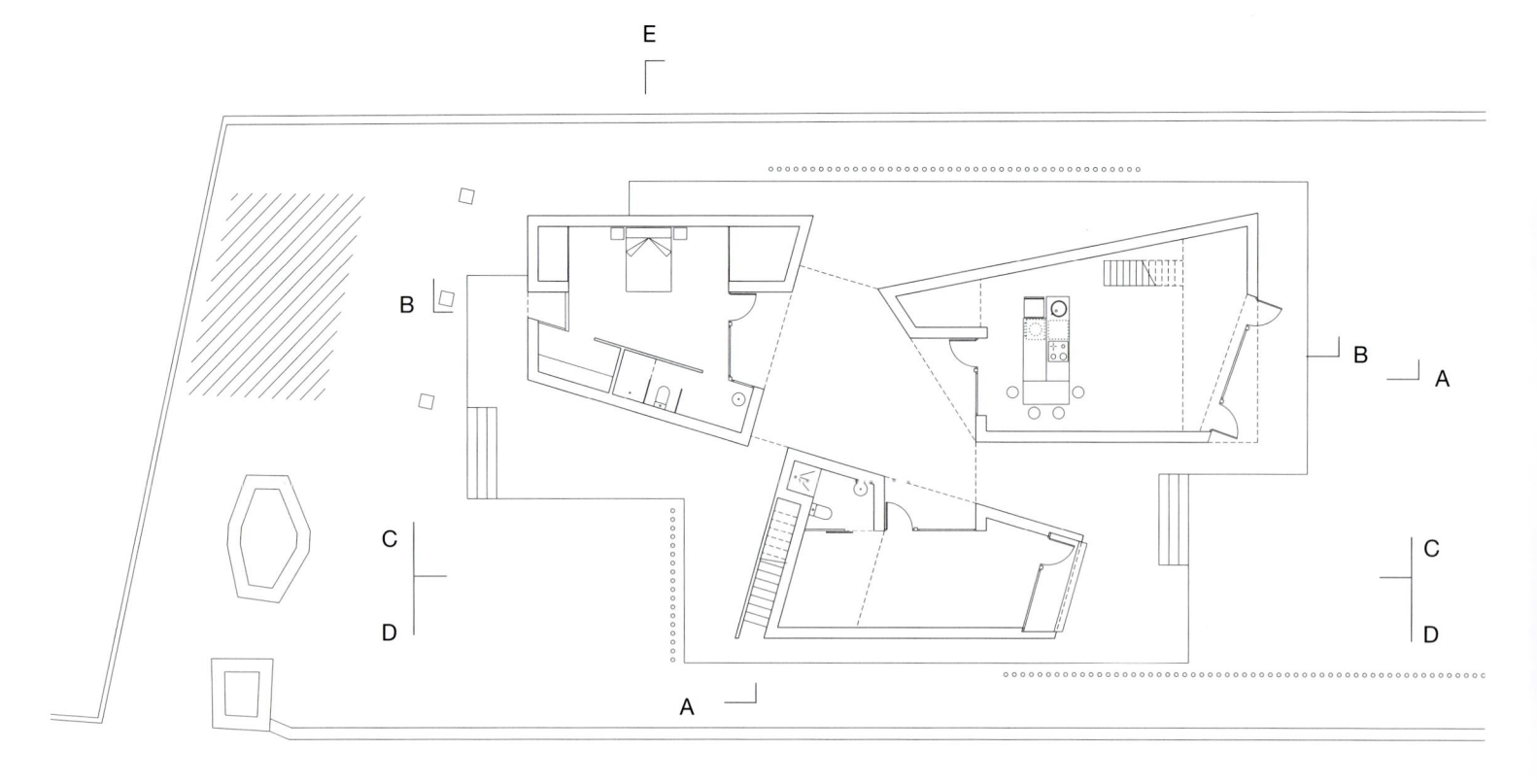

Sección B-B.
Section B-B.

Casa 2 para un fotógrafo,
Delta del Ebro, Tarragona

House 2 for a photographer,
Ebro Delta, Tarragona

Sección C-C.
Section C-C.

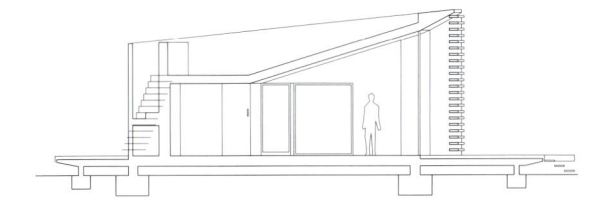

Sección D-D.
Section D-D.

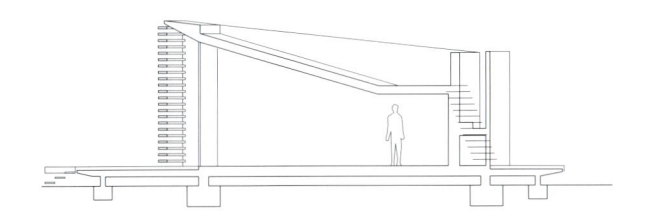

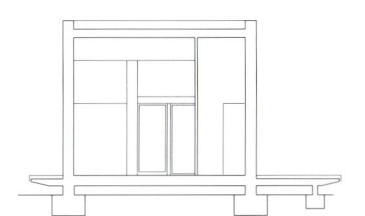

Sección E-E.
Section E-E.

En construcción.
Under construction.

EDIFICIOS EN ALTURA HIGH-RISE BUILDINGS

Torre World Trade Center, Cornellà, Barcelona
World Trade Centre Tower, Cornellà, Barcelona

2003

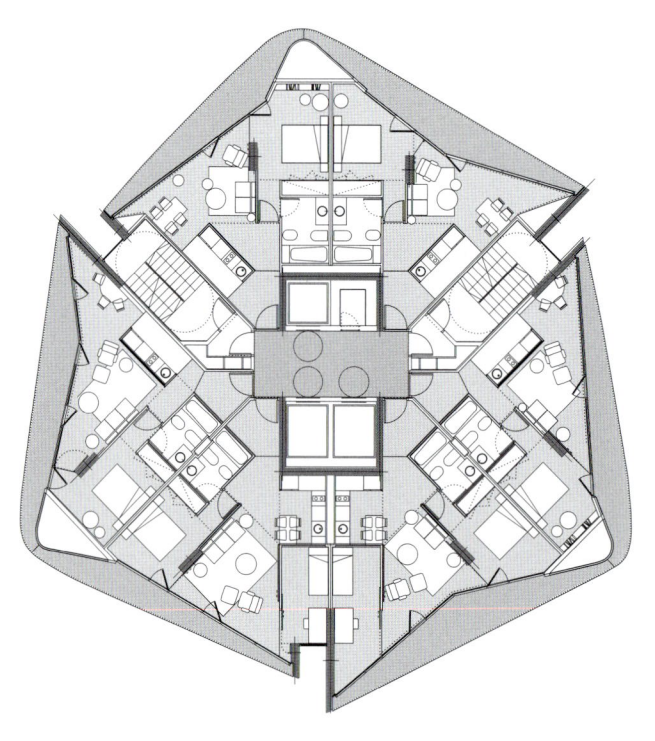

La torre WTC Almeda Park de Cornellà se inserta en la esquina de un conjunto de islas de edificios de oficinas, y adquiere el carácter de pieza simbólica para completar un centro de negocios que se ha convertido ya en uno de los motores de dinamización de la ciudad. Consiste en una pieza muy esbelta que construye la esquina y libera un espacio urbano con una plaza deprimida a su alrededor. Esta preparación previa del terreno para su correcta implantación, permite que la torre emerja desde su base y, por tanto, que su valor simbólico se vea potenciado; por otro lado, proporciona un gran desarrollo de fachada para los espacios comerciales que envuelven la plaza.
Los pequeños apartamentos en uso de aparthotel se articulan en una planta trilobular.

The WTC Almeda Park Tower in Cornellà is inserted on the corner of a group of blocks of office buildings and takes on the character of a symbolic element for rounding off a centre of business that has already become a motor for re-energising the city.
It consists of a very slender body that constructs the corner and frees up an urban space with a sunken piazza on the edge of it.
This prior preparation of the terrain for the tower's correct implantation enables it to soar up from its base, thus maximising its symbolic value; moreover, it provides a great expanse of facade for the commercial spaces which surround the piazza.
The small aparthotel apartments in use are articulated in a trilobate footprint.

Emplazamiento Location **Paque Tecnológico WTC, Cornellà, Barcelona, España/Spain** | Arquitectos Architects **Carlos Ferrater, Xavier Martí** | Colaboradores Collaborators **María Puente, Oscar Flecha, Xavier López, David Jiménez** | Proyecto Design year **2003** | Estructuras Structural engineering **Juan Calvo (Pondio Ingenieros)** | Instalaciones Mechanical engineering **PGI Grup** | Cliente Client **Dos Mil Quinientos Dos SA** | Superficie construida Built surface **15.000 m²**

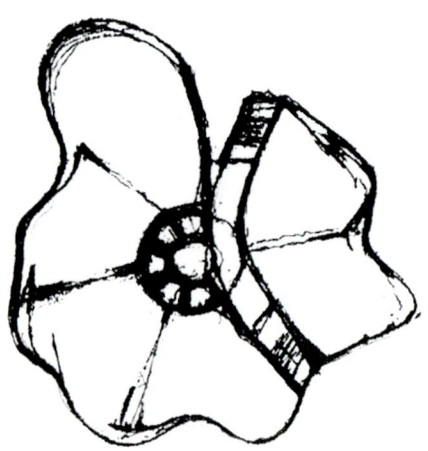

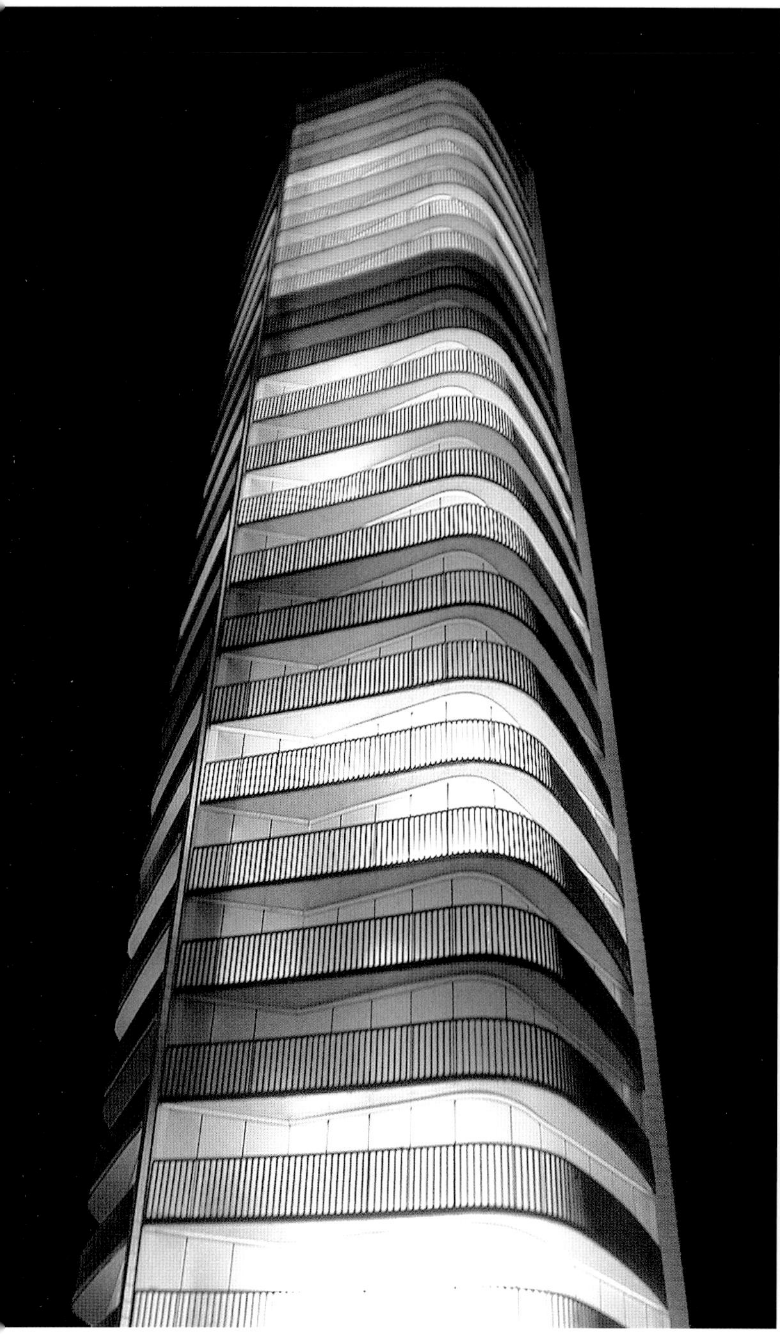

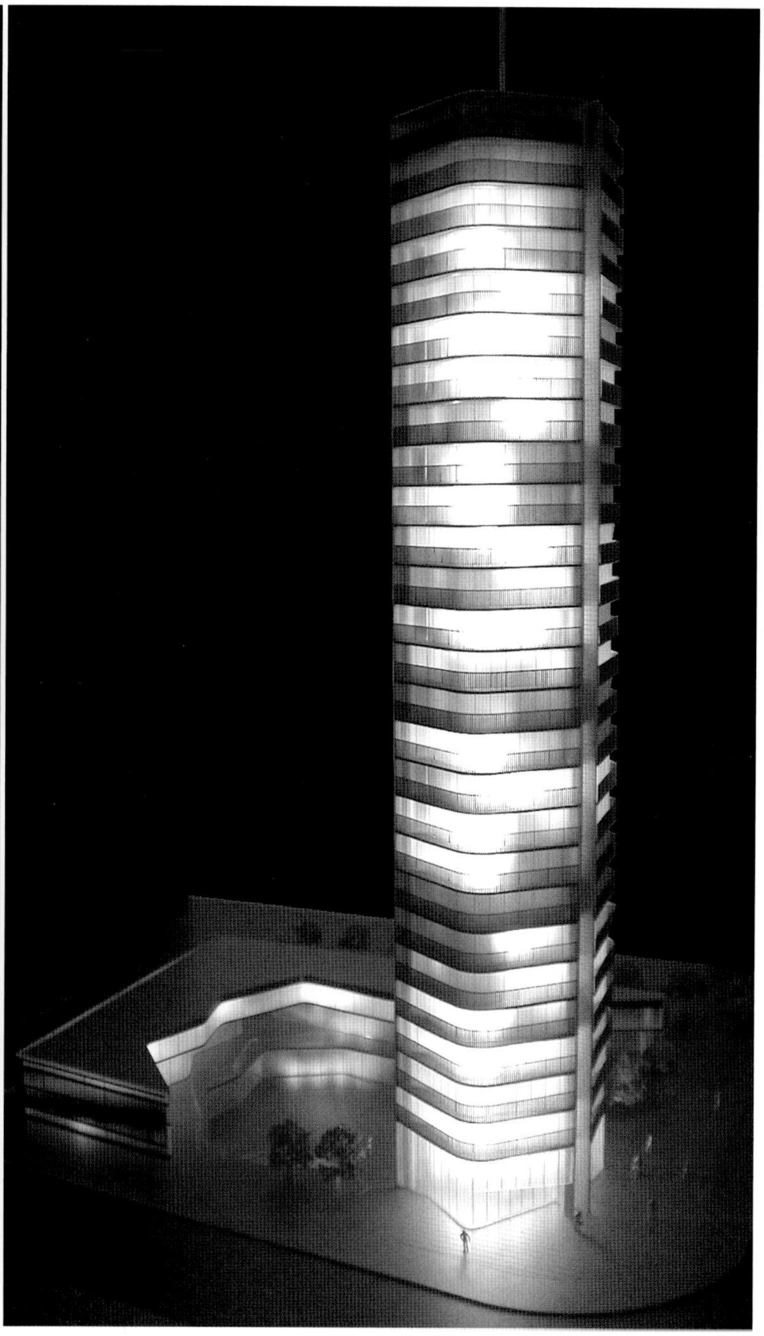

EDIFICIOS EN ALTURA HIGH-RISE BUILDINGS

Torre Aquileia, Lido, Venecia
Aquileia Tower, Lido, Venice

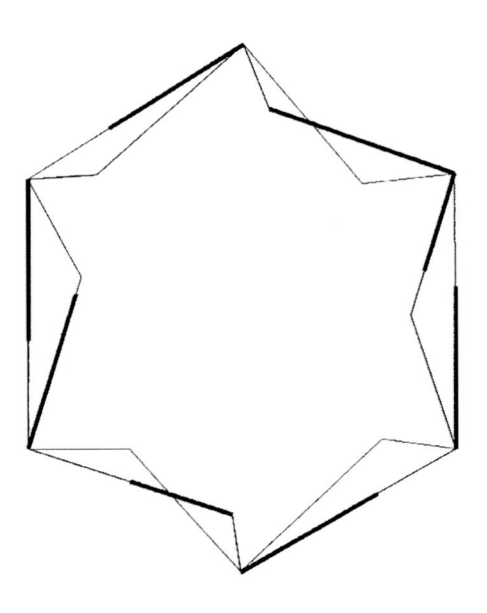

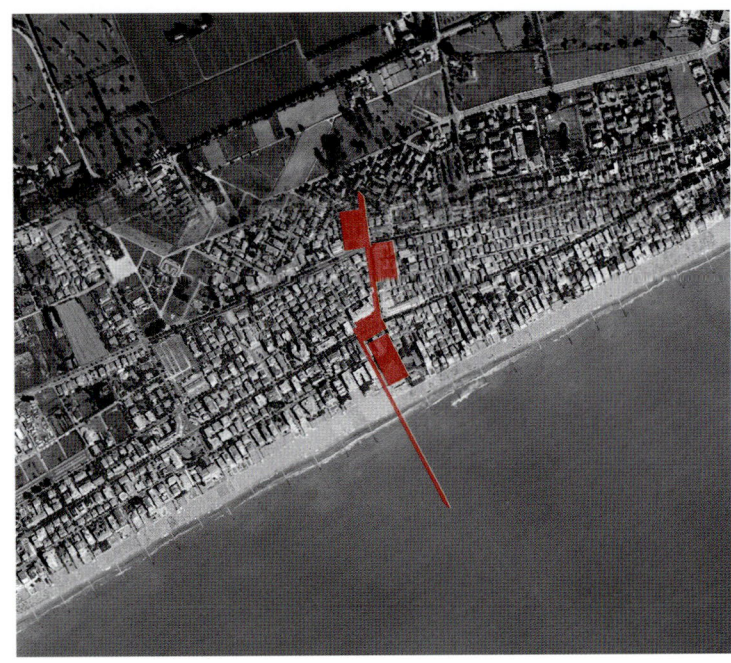

2004

El proyecto se desarrolla en el área del antiguo hotel Aquileia y la plaza Mazzini, con la prolongación hasta el arenal y la natural continuidad con el eje de la vía Bafile y los accesos al mar. El proyecto quiere remarcar la particular centralidad de la zona por medio de establecer una potente unidad espacial con los diversos lugares; una identidad precisa que contraste con el desorden y la fragmentación que en la actualidad rigen la zona.

El proyecto de la torre Aquileia está íntegramente relacionado con la recalificación de las dos plazas: es un proyecto de un complejo arquitectónico, residencial y comercial que relaciona ámbitos públicos primarios.

El perímetro de la torre se conforma por medio de un conjunto entrelazado de espacios intermedios. La estructura de la fachada queda suspendida del remate superior. Un conjunto de "velas" en los cruces se manifiesta como el remate de la estructura central, formada por los núcleos de circulación vertical, las escaleras y los ascensores.

The project unfolds in the area of the old Hotel Aquileia and the Piazza Mazzini, with the prolongation as far as the sandy ground and the natural continuity with the axis of the Via Bafile and the accesses to the sea.

The project seeks to reframe the particular centrality of the area by establishing a strong spatial unity with the different locations; a precise identity which contrasts with the disorder and fragmentation currently prevailing in the area.

The project for the Aquileia Tower is wholly related to the requalification of the two piazzas: it is a project for an architectural complex, residential and commercial, which connects key public areas.

The perimeter of the tower is shaped by an intertwined group of intermediary spaces. The facade structure remains suspended from the upper crown. A set of "sails" in the intersections becomes apparent as the crown of the central structure, formed by the vertical communications cores, stairways and lifts.

Emplazamiento Location **Lido Jesolo, Venecia, Italia/***Italy* | Arquitectos Architects **Carlos Ferrater, Gustavo Carabajal, Xavier Martí, Eleonora Mantese** | Colaboradores Collaborators **Sergio Ruggeri, Carolina Vescovo, Valentina Vescovo, Domenico Piamonte, Irene Antollini, Christian Baiocco** | Proyecto Design year **2004** | Estructuras Structural engineering **Tecnobrevetti Srl.(Tv) Italia** | Cliente Client **Gruppo Boldrin Spa (Tv) Italia** | Superficie construida Built surface **12.300 m²**

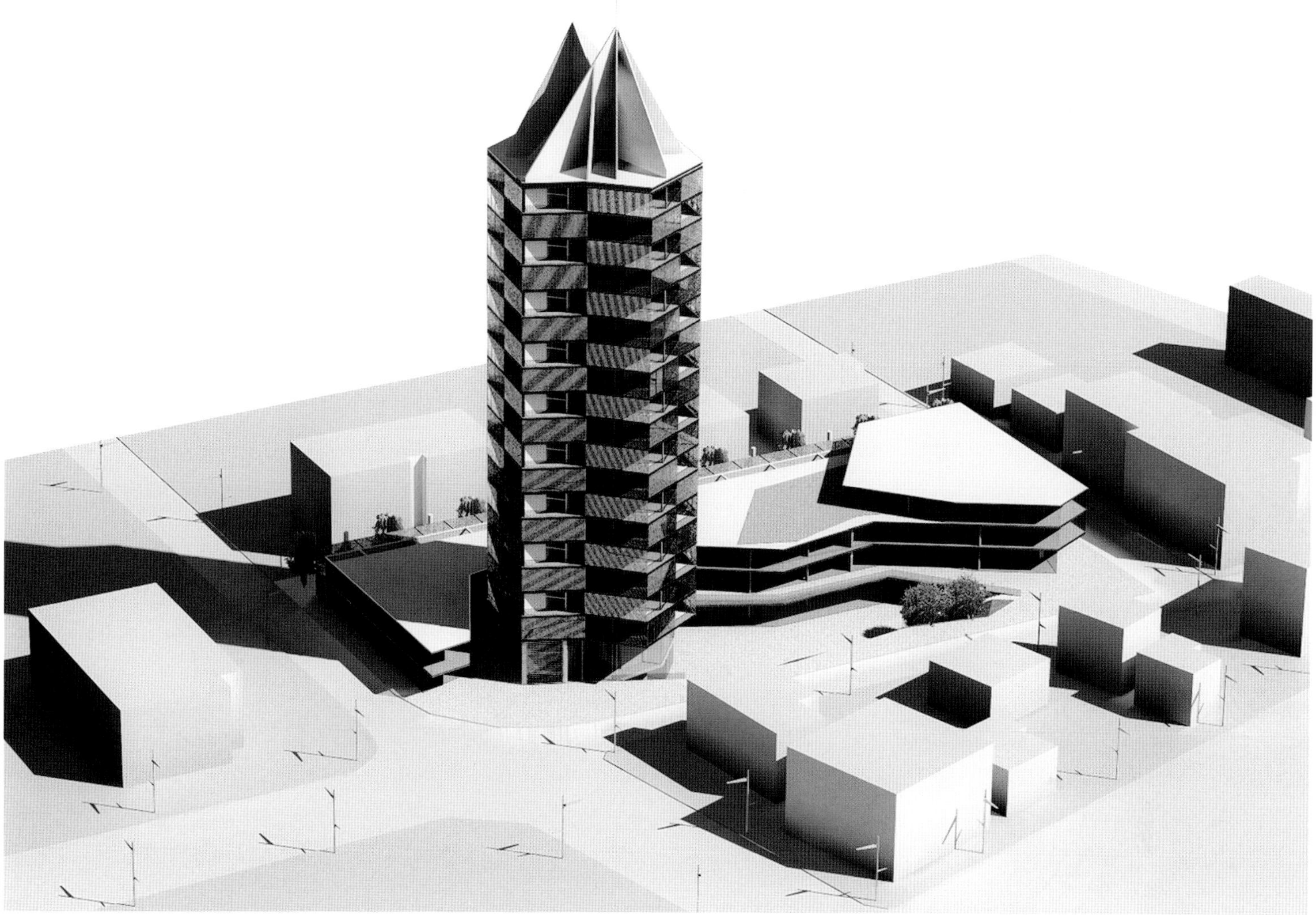

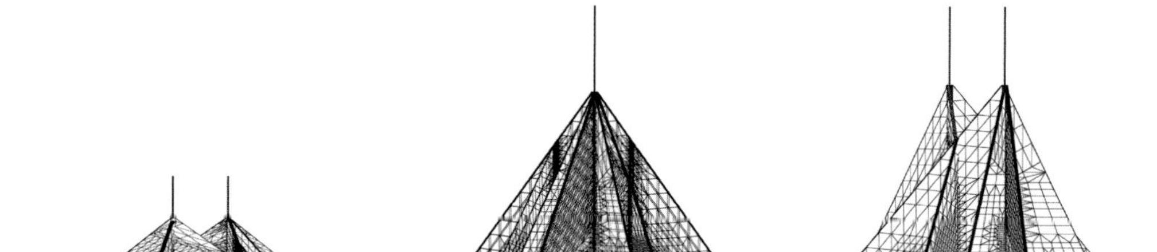

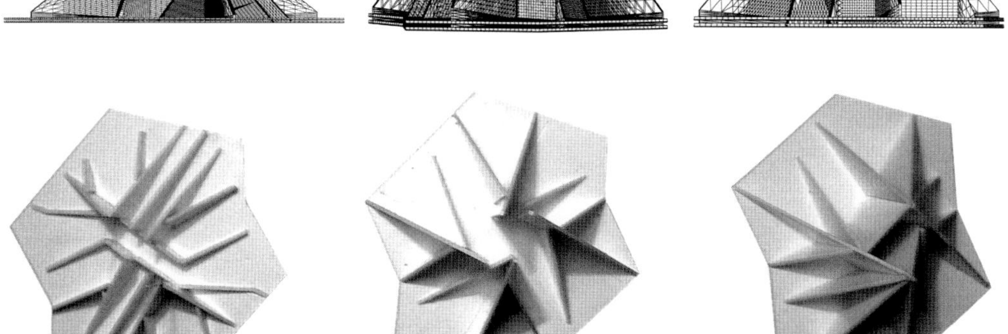

Edificio de oficinas del Campus Audiovisual en la Diagonal, Barcelona
Audiovisual Campus office building on the Diagonal, Barcelona

2004

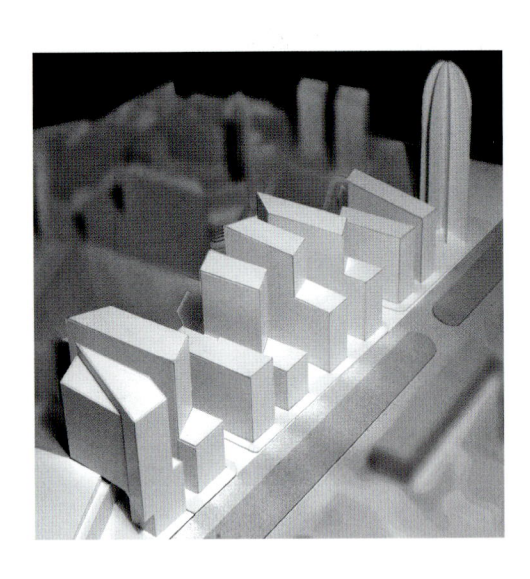

Sistema urbano. Primera pieza de una secuencia con la perspectiva de la torre Agbar.
En su condición de primera pieza, atiende a la geometría de la Diagonal "girando su 'cabeza'". El giro provoca un desplazamiento respecto al zócalo de la torre adyacente y en el voladizo sobre la plaza, y construye los alzados frontal y lateral. La fusión de las dos geometrías abre la visual del edificio TMB.
El cuerpo bajo y transparente libera la calle Bolivia y ofrece un espacio público "lobby" en continuidad con la plaza y por medio de un pavimento también continuo.
Se realizan pequeñas modificaciones en el programa del zócalo para ajustar la macla de ambos volúmenes, de esta forma, el plano de la fachada penetra bajo la torre prolongando el espacio urbano de la calle Bolivia.
El remate perpendicular a la Diagonal oculta las instalaciones y define la arista posterior de la intervención.
La interrelación de ambas geometrías, estructura y piel, da lugar a una yuxtaposición que va definiendo dos planos, hasta encontrar el alzado frontal del edificio en la avenida Diagonal.

Urban system. First piece in a sequence with a perspective view of the Torre Agbar.
In its "first piece" role it responds to the geometry of the Diagonal by "turning its head." This turn leads to a displacement with the podium of the adjacent tower and the jut over the piazza, and constructs the front and side elevations. The fusion of the two geometries opens up the sightline of the TMB Building.
The low, transparent body frees up the Calle Bolivia and presents a "lobby-style" public space as a continuation of the piazza and by means of an also-continuous paving.
Small modifications are made in the podium programme in order to adjust the imbrication of the two volumes; in this way the facade plane penetrates below the tower, thus prolonging the urban space of the Calle Bolivia. The crown perpendicular to the Diagonal conceals the installations and defines the rear arris of the intervention.
The interrelation of the two geometries, structure and skin, gives rise to a juxtaposition which defines two planes until they meet the front elevation of the building on the Avenida Diagonal.

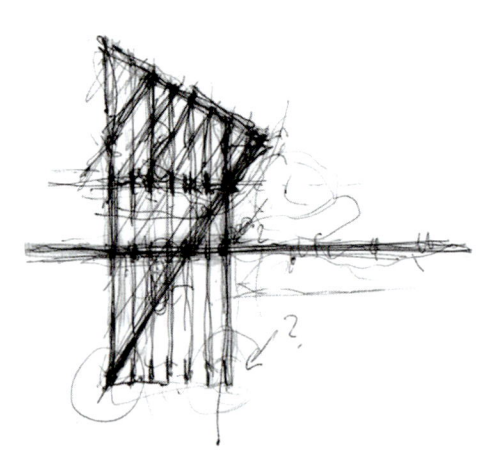

Concurso restringido. Primer premio Restricted competition. First Prize | Emplazamiento Location **Distrito** *District* **22@, Barcelona, España/***Spain* | Arquitectos Architects **Carlos Ferrater, Xavier Martí, Patrick Genard** | Colaboradores Collaborators **Miguel Alonso, Chrstian Baiocco, Hans Keitel, Pedro Queiroz, Hugo Santos** | Concurso Competition **2004** | Estructuras Structural engineering **Juan Calvo (Pondio Ingenieros)** | Instalaciones Mechanical engineering **Pamias SA** | Cliente Client **Media-Complex SA** | Superficie construida Built surface **13.600 m²**

109

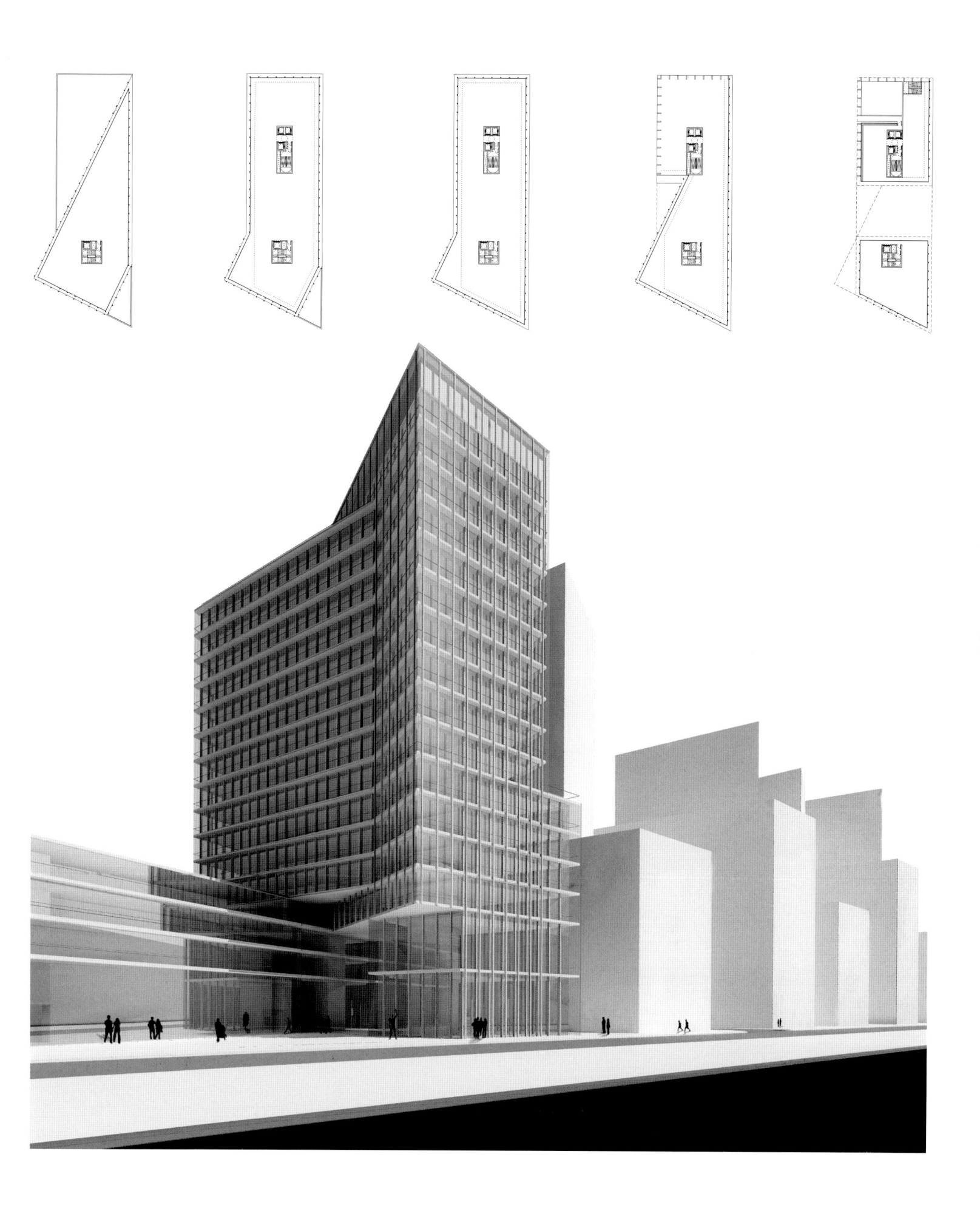

Nuevo frente y paseo marítimo, Benidorm, Alicante
New seafront and promenade, Benidorm, Alicante

2002

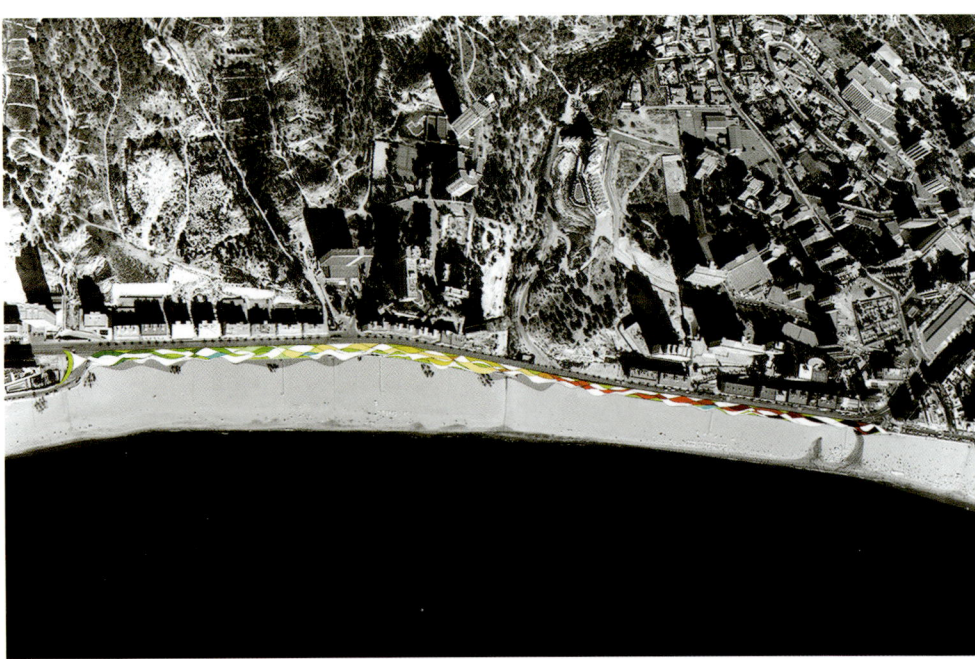

El paseo marítimo de Benidorm, un nuevo lugar de transición entre la ciudad construida y el espacio natural del mar y la playa.
El paseo marítimo no se entiende como frontera-borde, sino como espacio intermedio que permeabiliza esta transición.
Se estructura como un lugar con una topografía rica, como espacio dinámico que permite el paseo y el mirador sobre el mar, pero que también organiza diferentes zonas de estancia para la contemplación.
El paseo recoge los flujos longitudinales y transversales de las diferentes circulaciones, y los canaliza facilitando accesos cómodos a la playa. Elimina las barreras arquitectónicas permitiendo el acceso directo desde el aparcamiento.
El paseo se convierte, así, en un lugar arquitectónico que moldea una topografía nueva y juega con la luz y las sombras.
Un conjunto de líneas sinuosas trenzadas que establecen los distintos espacios y que adopta distintas formas naturales y orgánicas, recordando la estructura de un acantilado, o el movimiento de las olas y las mareas.

The promenade in Benidorm, a new place of transition between the built city and the natural space of sea and beach.
The promenade is not understood as a frontier/border but as an intermediary space rendering this transition permeable.
It is structured as a place with a rich topography, as a dynamic space that accommodates the act of strolling and watching the sea, but which also organises different areas for stopping and relaxing in.
The promenade takes in the longitudinal and transverse flows of the different circulations and channels these, allowing easy access to the beach. It eliminates architectural barriers, permitting direct access from the parking area. The promenade thus becomes an architectonic place that moulds a new topography and plays with light and shadows.
A nexus of sinuous interwoven lines that establishes the different spaces and adopts various natural and organic shapes evocative of the structure of a cliff, or of the movement of the waves and the tides.

Concurso. Primer premio Competition. First Prize | Emplazamiento Location **Playa de Poniente, Benidorm, Alicante, España/*Spain*** | Arquitectos Architects **Carlos Ferrater, Xavier Martí** | Colaboradores Collaborators **Sofía Machado, Nuria Ayala, Tania Revueltas, Blanca Lozano, Edgar San Juan** |Concurso Competition **2002** | Proyecto Design year **2003** | Estructuras Structural engineering **Juan Calvo (Pondio Ingenieros)** | Instalaciones Mechanical engineering **PGI Grup** | Cliente Client **Ayuntamiento de Benidorm/*City of Benidorm*** | Superficie construida Built surface **40.000 m²** | Fotografía Photography **Alejo Bagué**

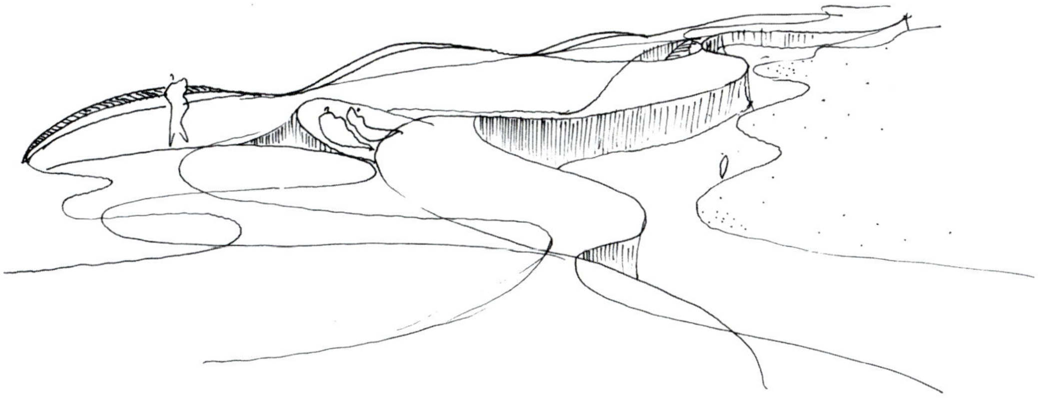

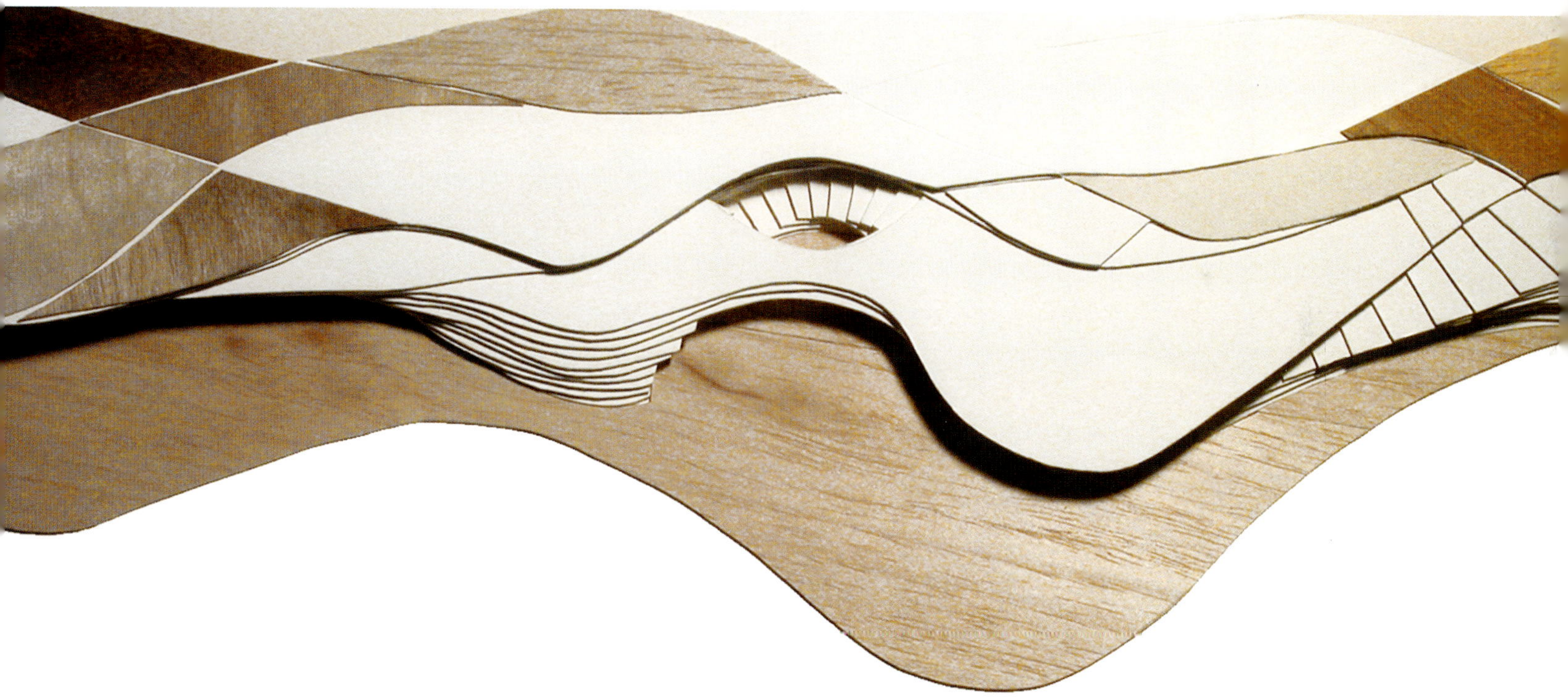

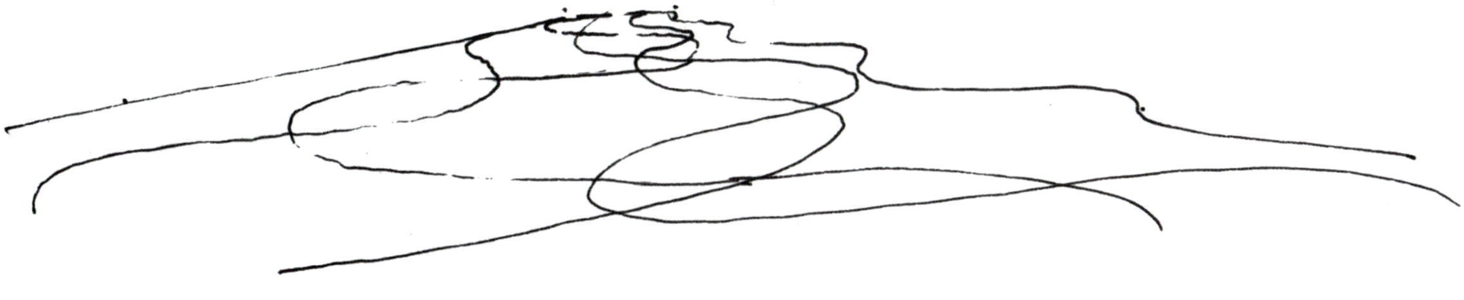

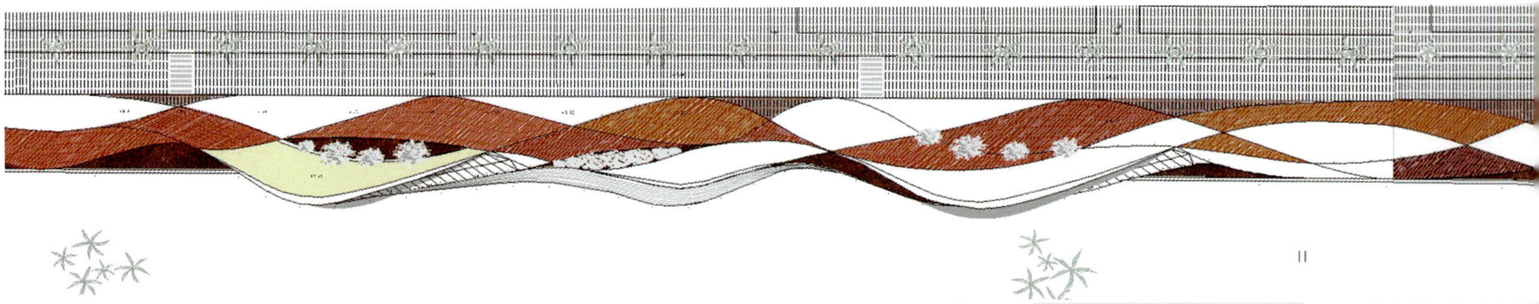

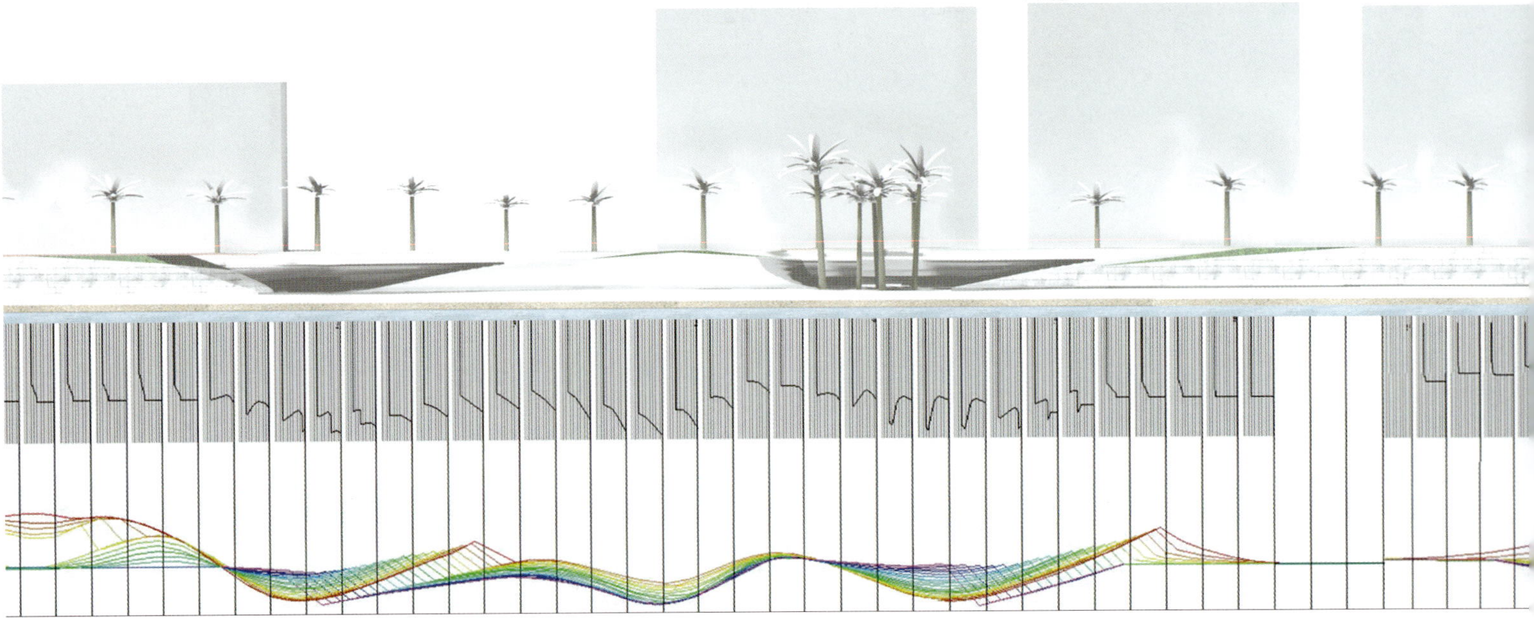

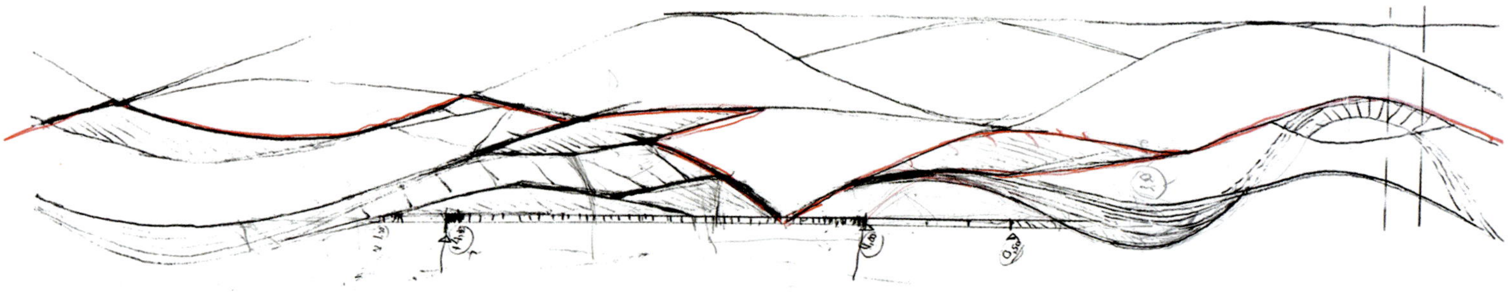

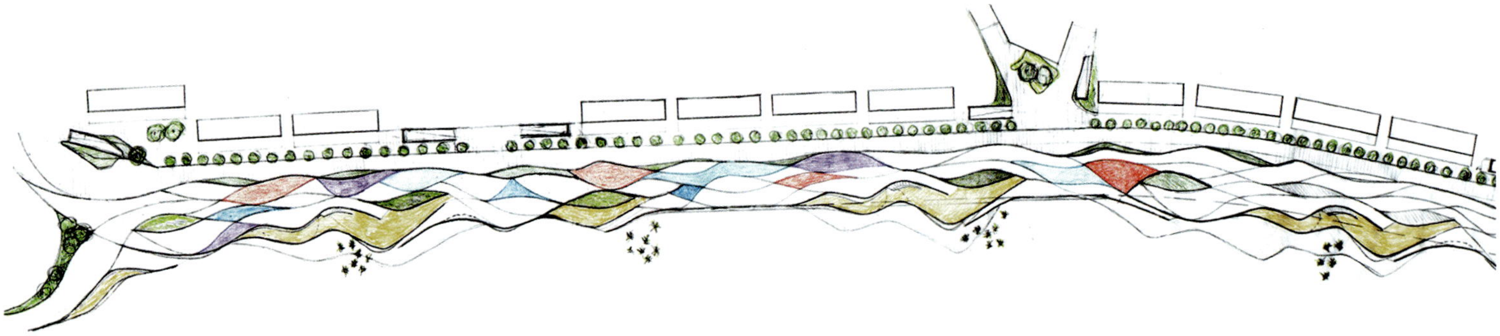

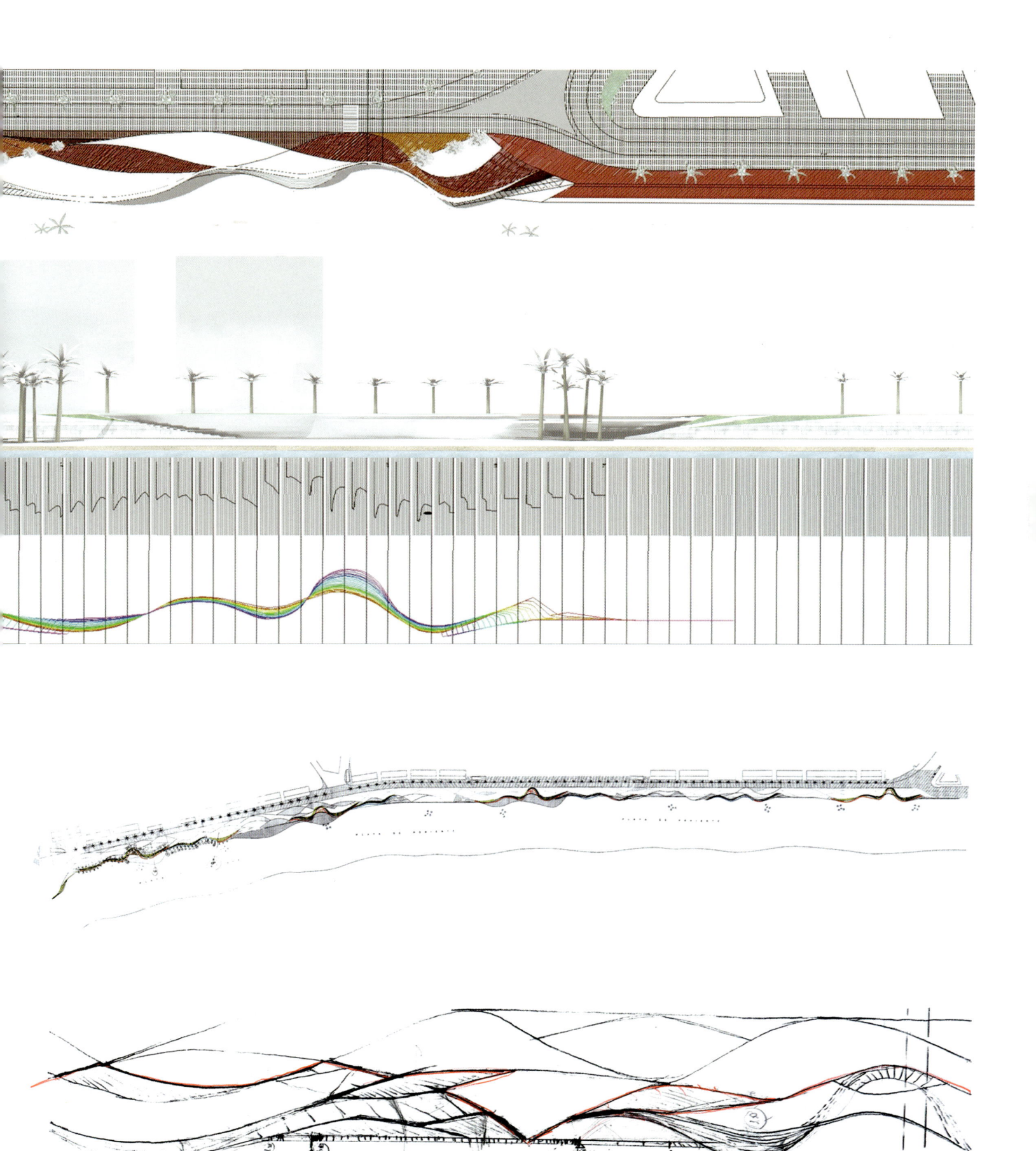

Nuevo frente y paseo marítimo, Benidorm, Alicante

New seafront and promenade, Benidorm, Alicante

113

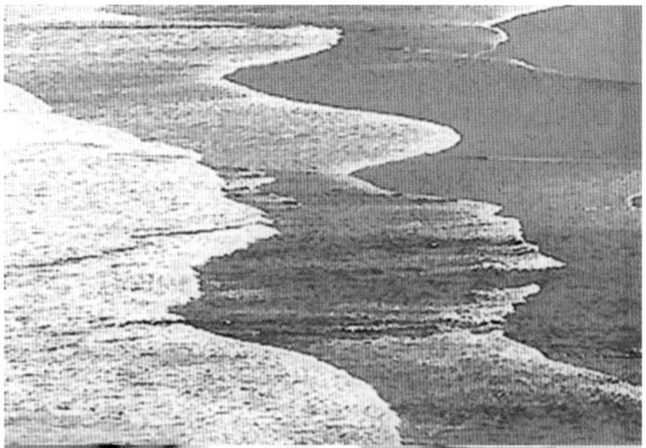

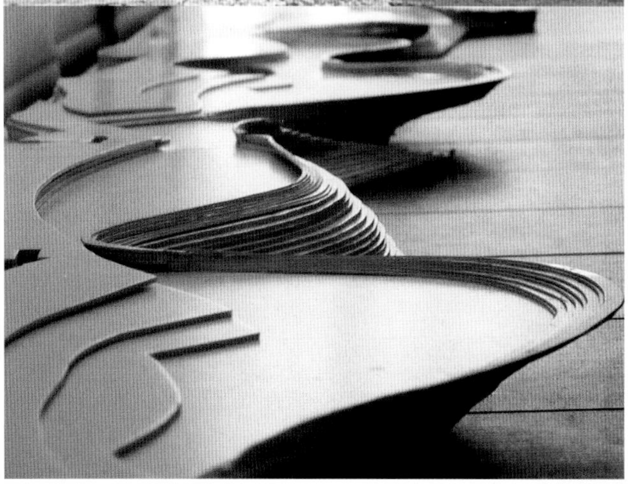

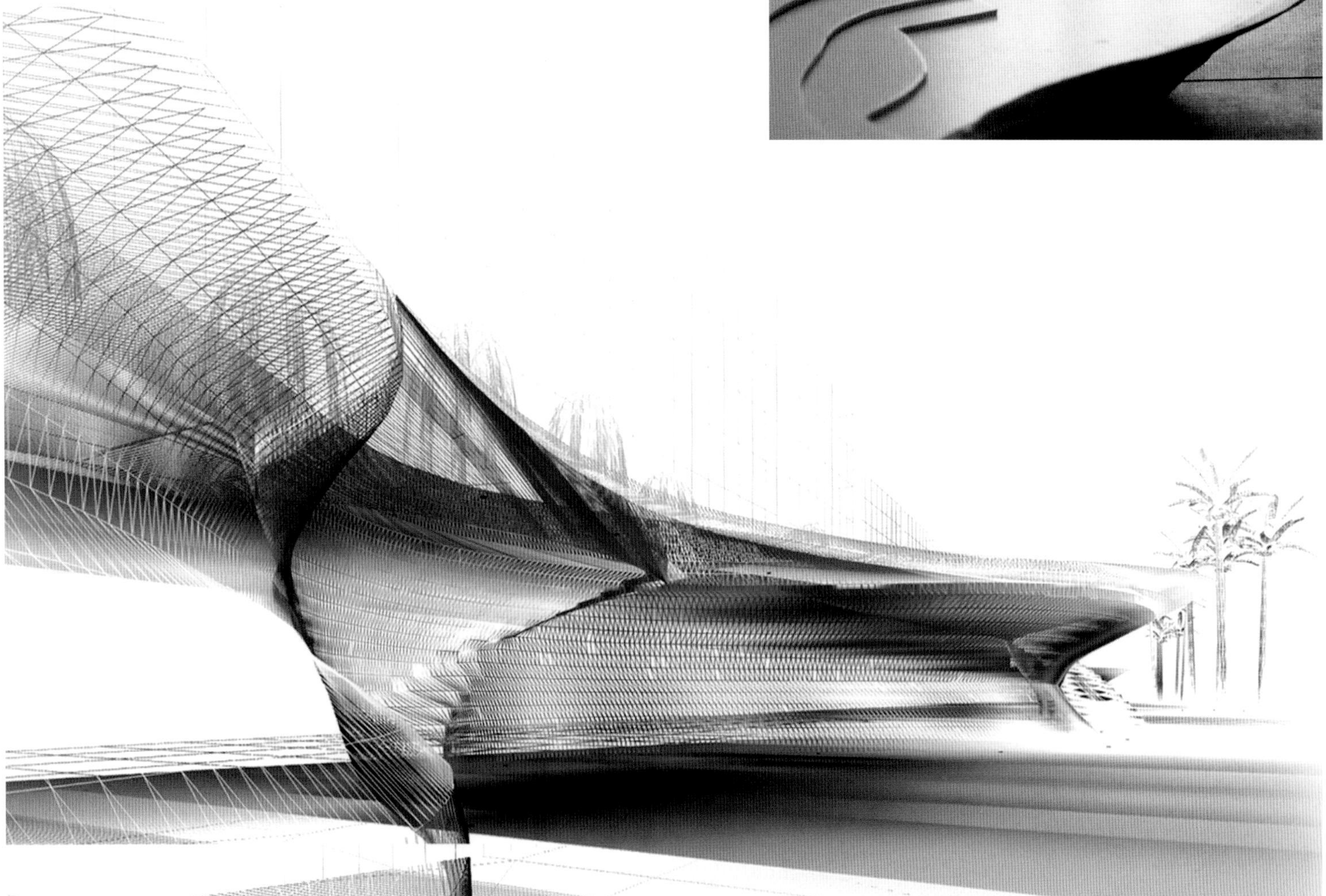

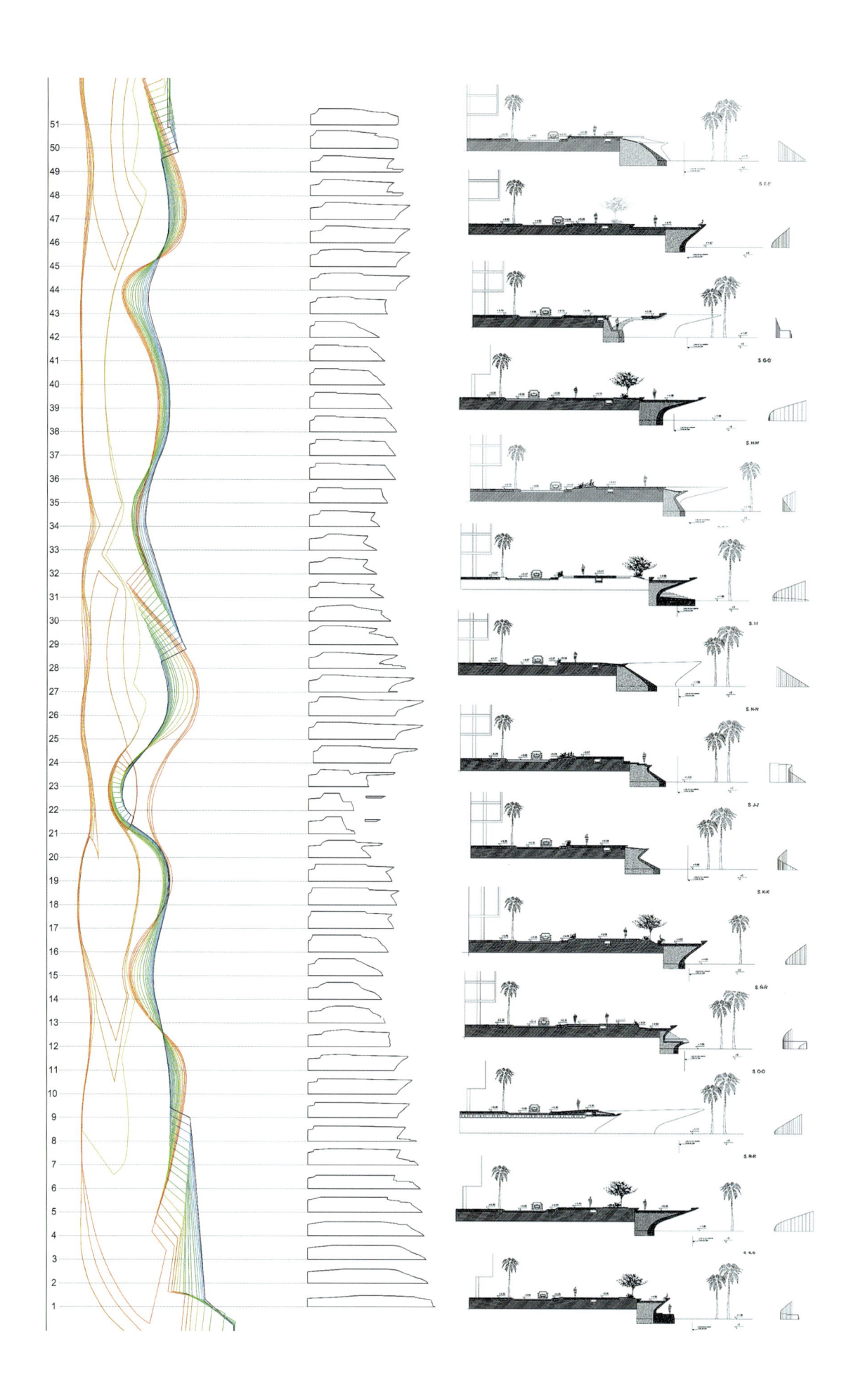

| Nuevo frente y paseo marítimo, Benidorm, Alicante | New seafront and promenade, Benidorm, Alicante |

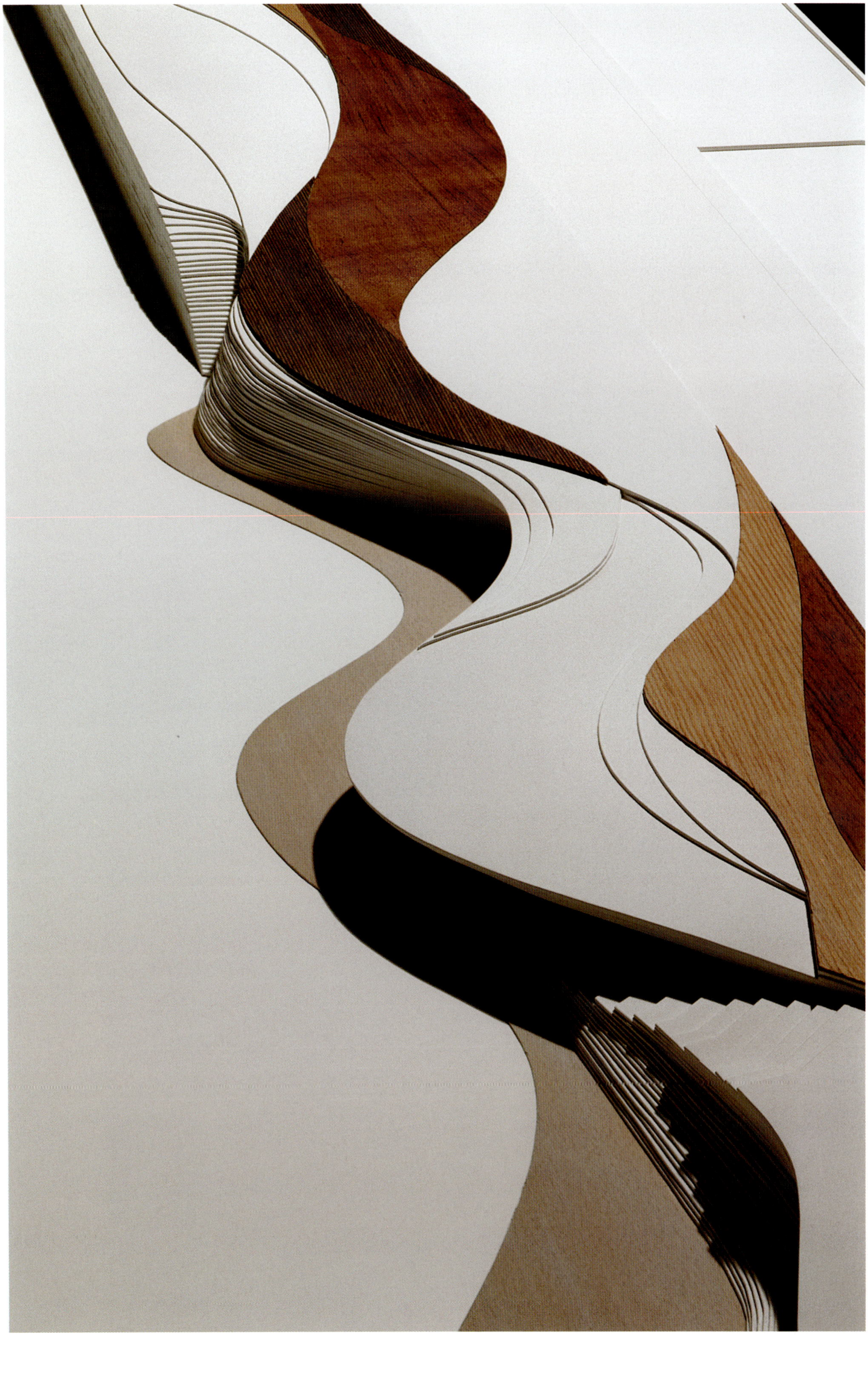

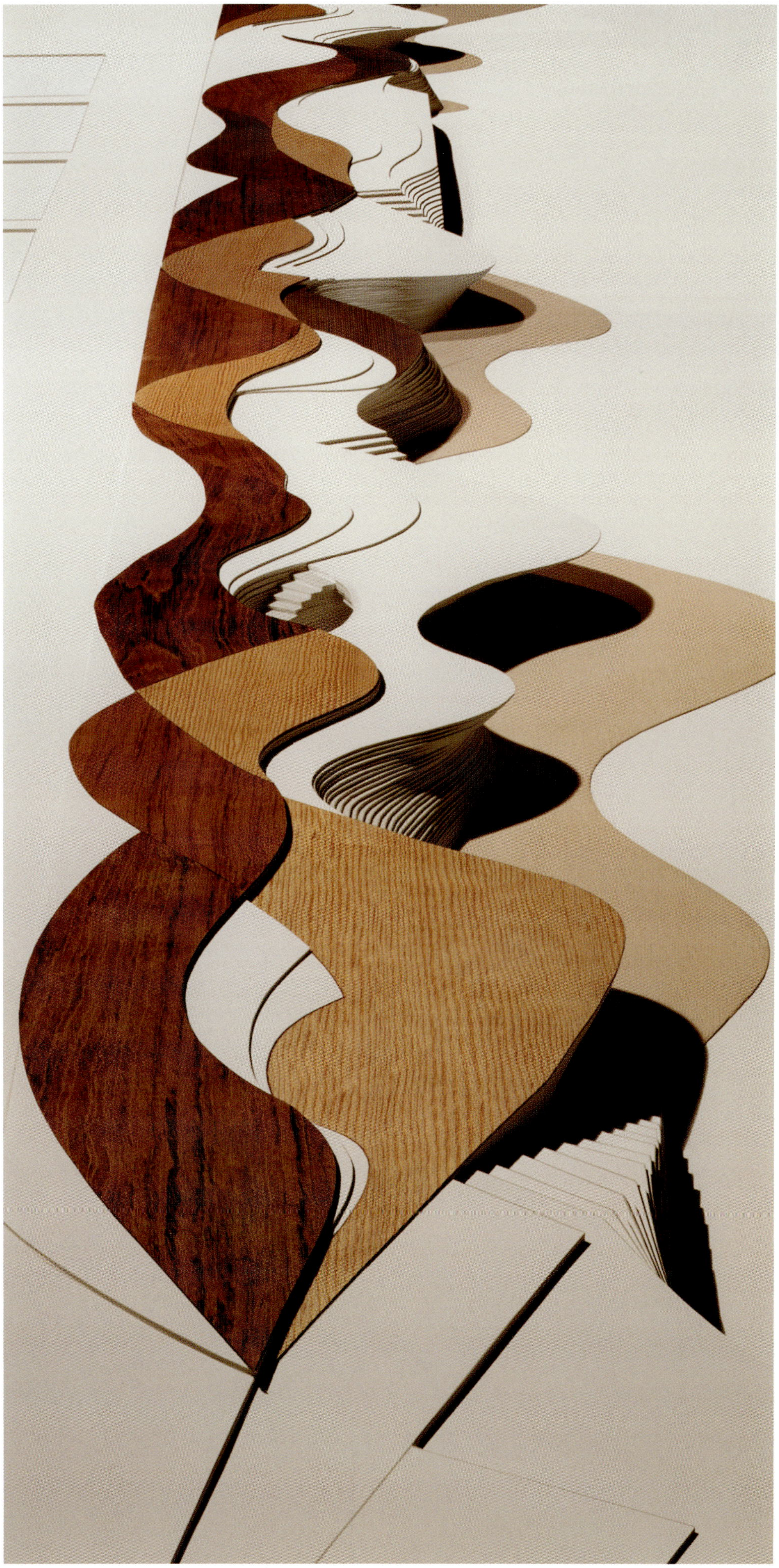

Edificio en el paseo de Gràcia, Barcelona
Building on the Paseo de Gràcia, Barcelona

2004

El nuevo edificio para el paseo de Gràcia plantea la búsqueda de una nueva expresión formal. Una nueva situación para un edificio privado, residencial y que, al mismo tiempo, aporta espacios públicos, situado en el Eixample de Barcelona.

El proyecto se entiende como continuación de la línea de investigación desarrollada en los últimos años por nuestro estudio.

La organización en mallas que se inició en el proyecto del Jardín Botánico y que continuó en el vestíbulo del hotel Juan Carlos I, o en la búsqueda de una resolución tridimensional del paseo marítimo de Benidorm, entre otros proyectos, culmina en la propuesta para el paseo de Gràcia con una fachada de gran profundidad, que se ha obtenido por medio de superficies regladas provocadas, a su vez, por los movimientos del plano horizontal y el vertical. Grandes "costillas" de extrema delgadez y de forma variable construyen la fachada estructural y crean espacios intermedios de relación entre el interior y el exterior, que a veces son íntimos y están vinculados al programa interior y que, en ocasiones, están volcados hacia el exterior. Esta capacidad de generar espacialidad en la fachada se reproduce en el interior a través de espacios intermedios que articulan las diferentes salas y habitaciones. Un gran patio, conformado en torno a dos secciones elípticas estructurales, dota de iluminación a las estancias interiores. De esta forma, se elimina cualquier otro tipo de estructura adicional. Los espacios de las plantas bajas y del entresuelo adquieren un carácter público. Lo mismo ocurre con los remates y las terrazas del coronamiento del edificio.

El juego de las aberturas, que sigue unas reglas matemáticas de repetición de dos elementos, acaba de estructurar el volumen, la profundidad y la piel del edificio.

The new building for the Paseo de Gracia marks the search for a new formal expression. A new situation for a private residential building that at the same time furnishes public space, located in Barcelona's Eixample.

The project is understood as a continuation of the line of research undertaken over the last few years by our studio.

The organisation in grids which began in the Botanical Garden project and continued in the foyer of the Hotel Juan Carlos I, or in the search for a three-dimensional resolution of the promenade in Benidorm, among other designs, culminates in the scheme for the Paseo de Gracia with an extremely deep facade obtained in accordance with ruled surfaces elicited by the movements of the horizontal and the vertical plane. Huge "ribs" of great slenderness and varying shape construct the structural facade, creating intermediary, and at times intimate, spaces connecting inside and outside that are linked to the interior programme and at times project outwards This ability to generate a spatial quality on the facade is reproduced on the inside via intermediary spaces that articulate the different halls and rooms. A large courtyard, shaped around two elliptical structural sections, provides light for the interior rooms. In this way any other type of additional structure is done away with. The spaces of the ground floor and mezzanine acquire a public quality. The same thing occurs with the tops and terraces of the building's crown.

The play of the openings, which follows a set of mathematical rules for repeating two elements, ends up structuring the building's volume, depth and skin.

Emplazamiento Location **Paseo de Gràcia, Barcelona, España/***Spain* | Arquitectos Architects **Carlos Ferrater, Xavier Martí, Juan Trias de Bes** | Colaboradores Collaborators **Marta Pascual, Xavi Nicolau, Hans Keitel, María João Costa** | Proyecto Design year **2004** | Estructuras Structural engineering **Juan Calvo (Pondio Ingenieros)** | Instalaciones Mechanical engineering **PGI Grup** | Cliente Client **Privado/***Private* | Superficie construida Built surface **7.910 m²** | Fotografía Photography **Alejo Bagué**

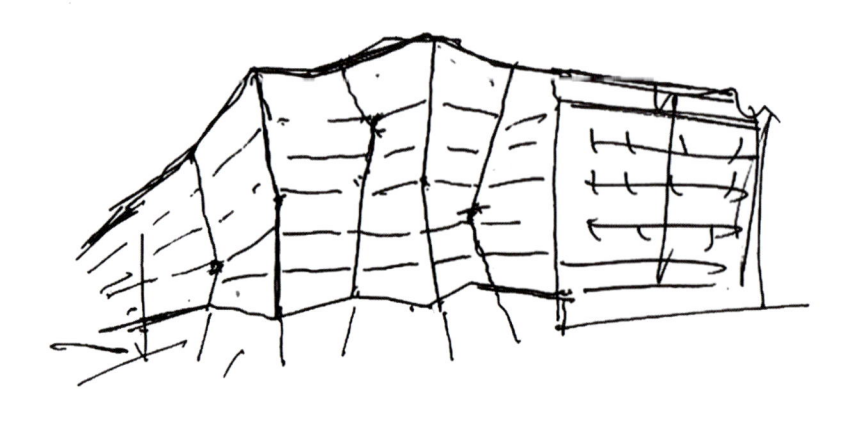

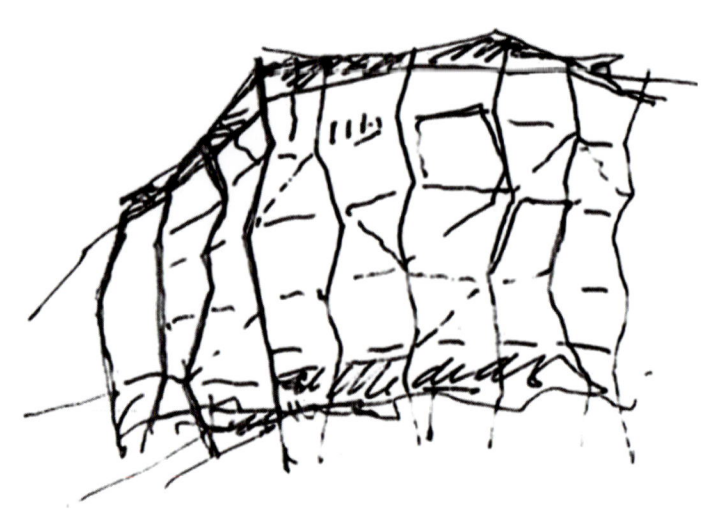

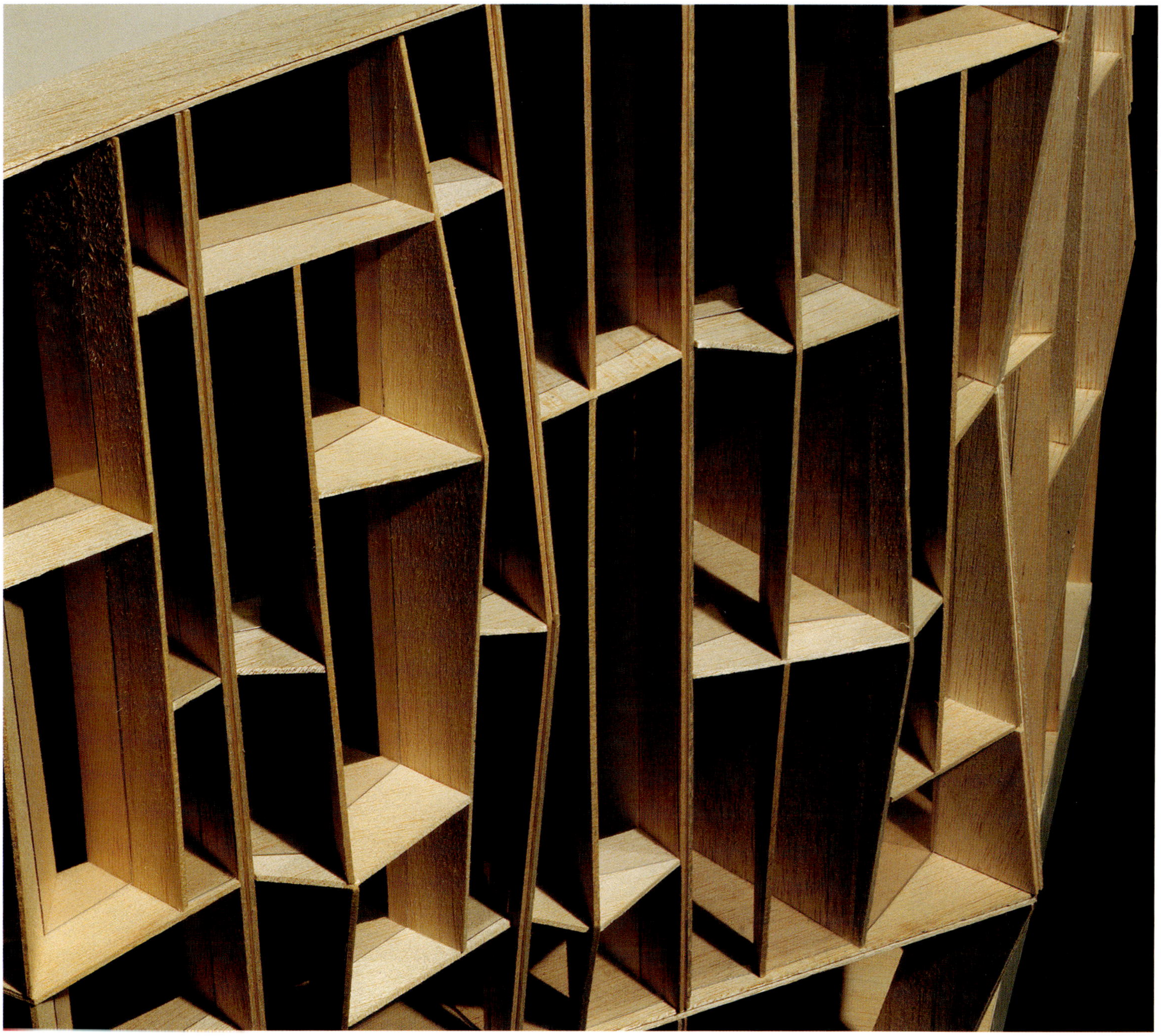

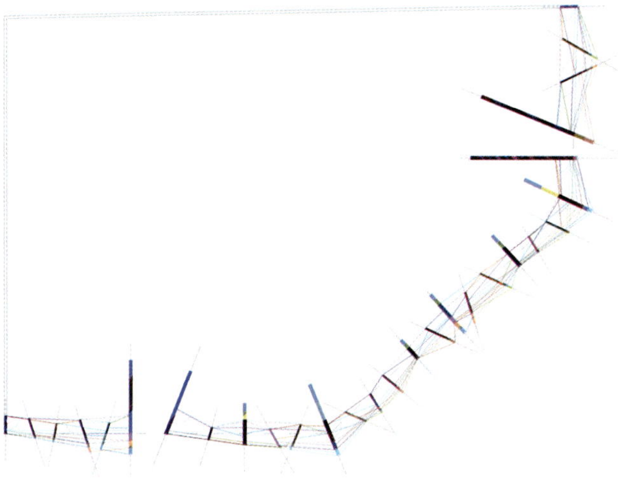

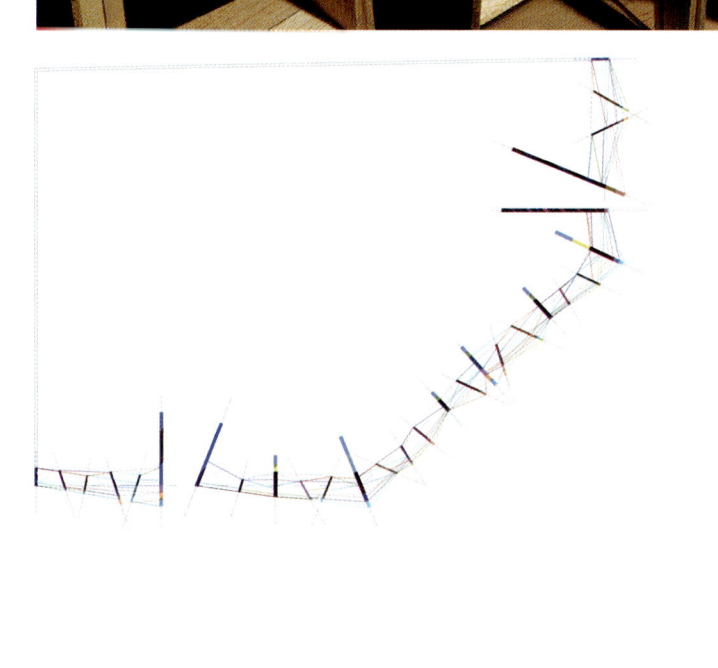

Patio interior.
Interior courtyard.

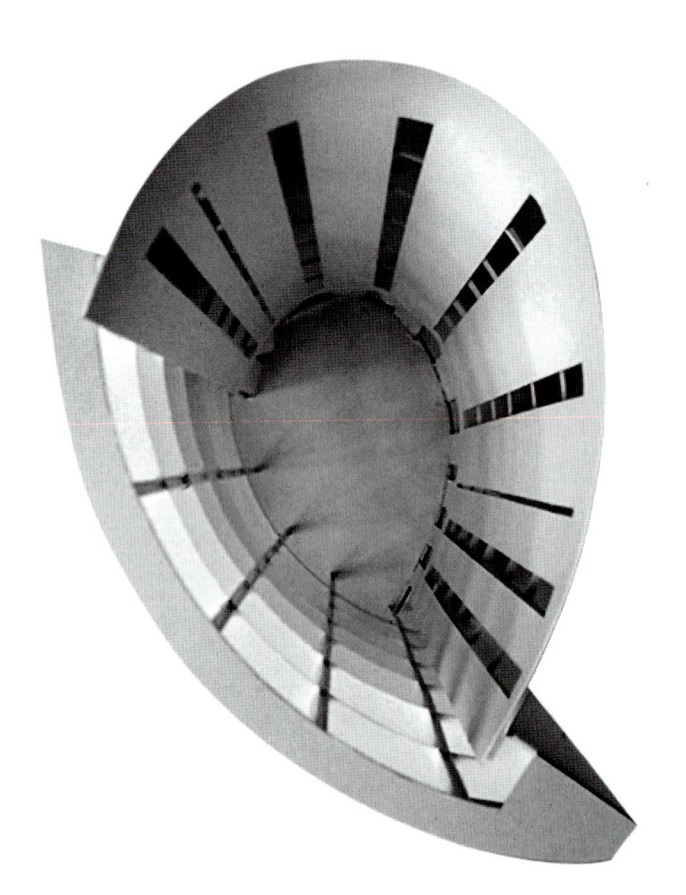

Planta baja.
Ground floor.

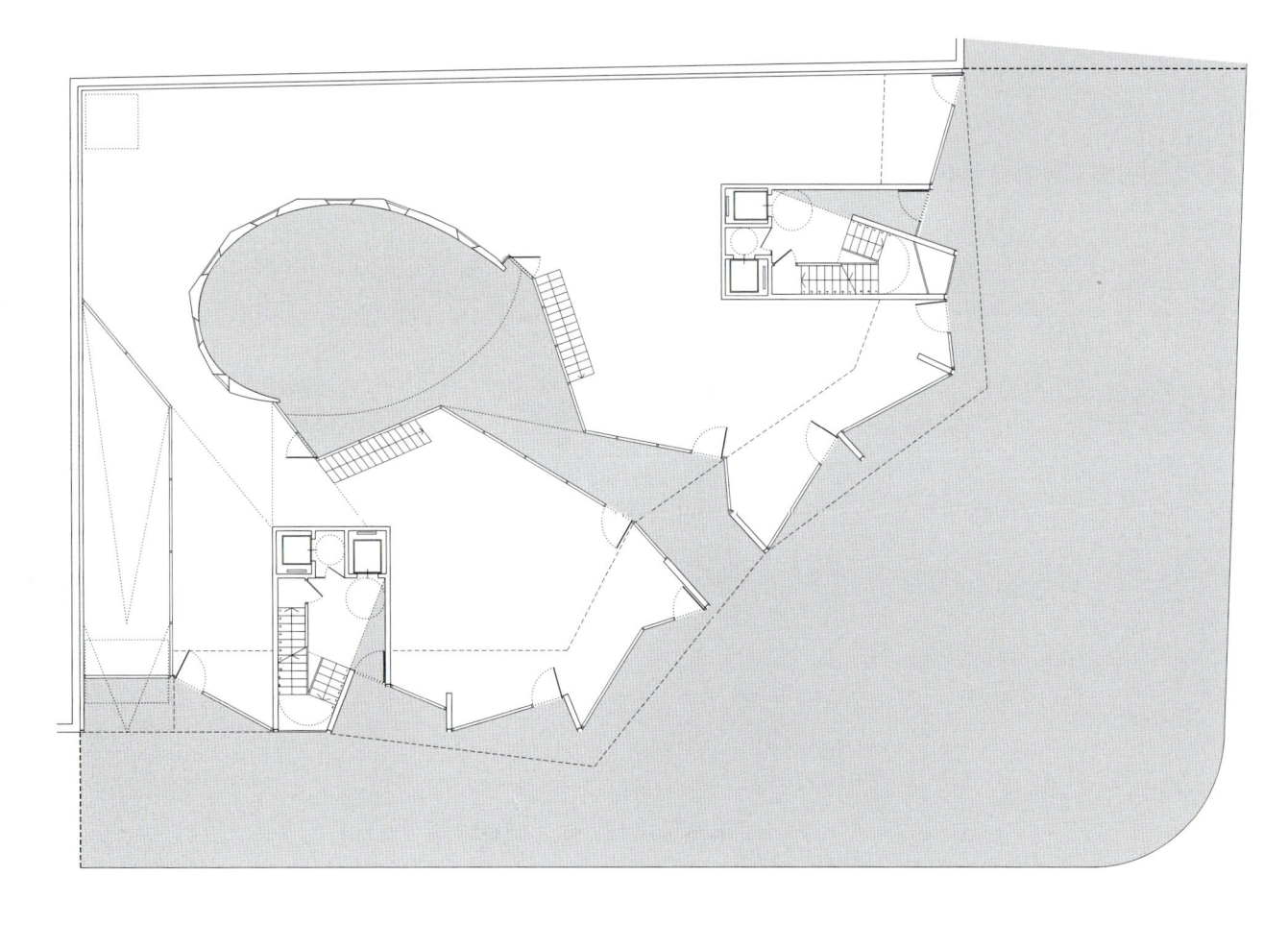

Edificio en el paseo de Gràcia, Barcelona

Building on the Paseo de Gràcia, Barcelona

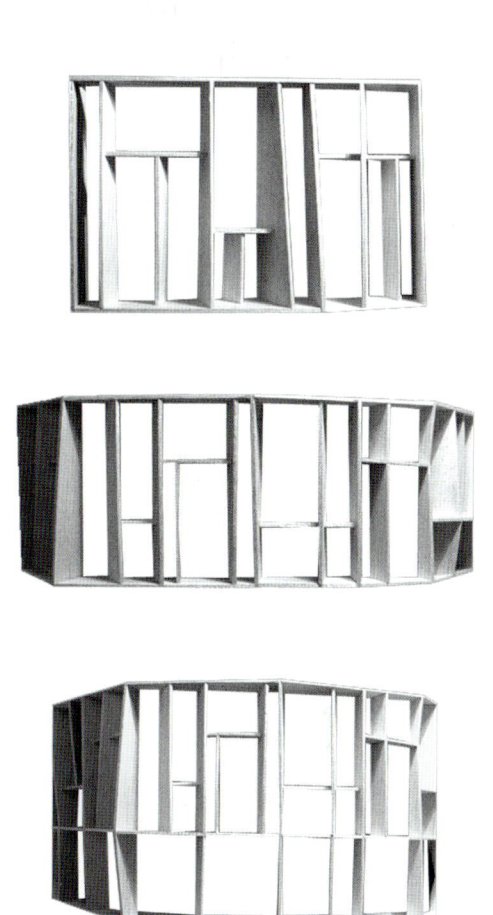

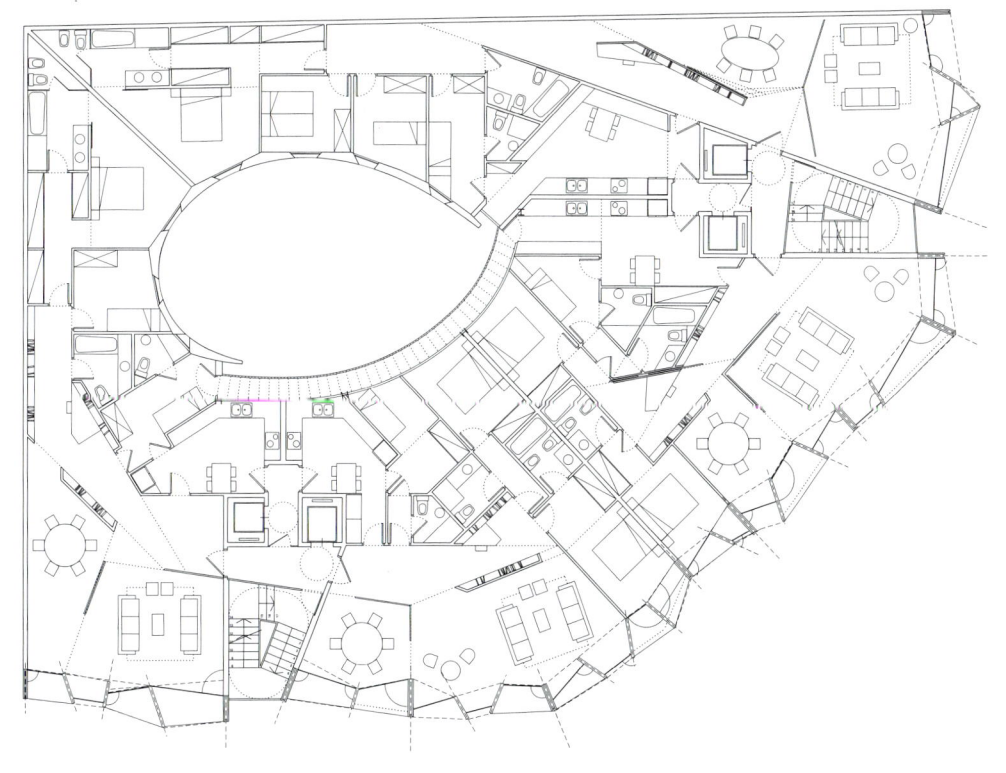

121

Planta tipo.
Typical floor plan.

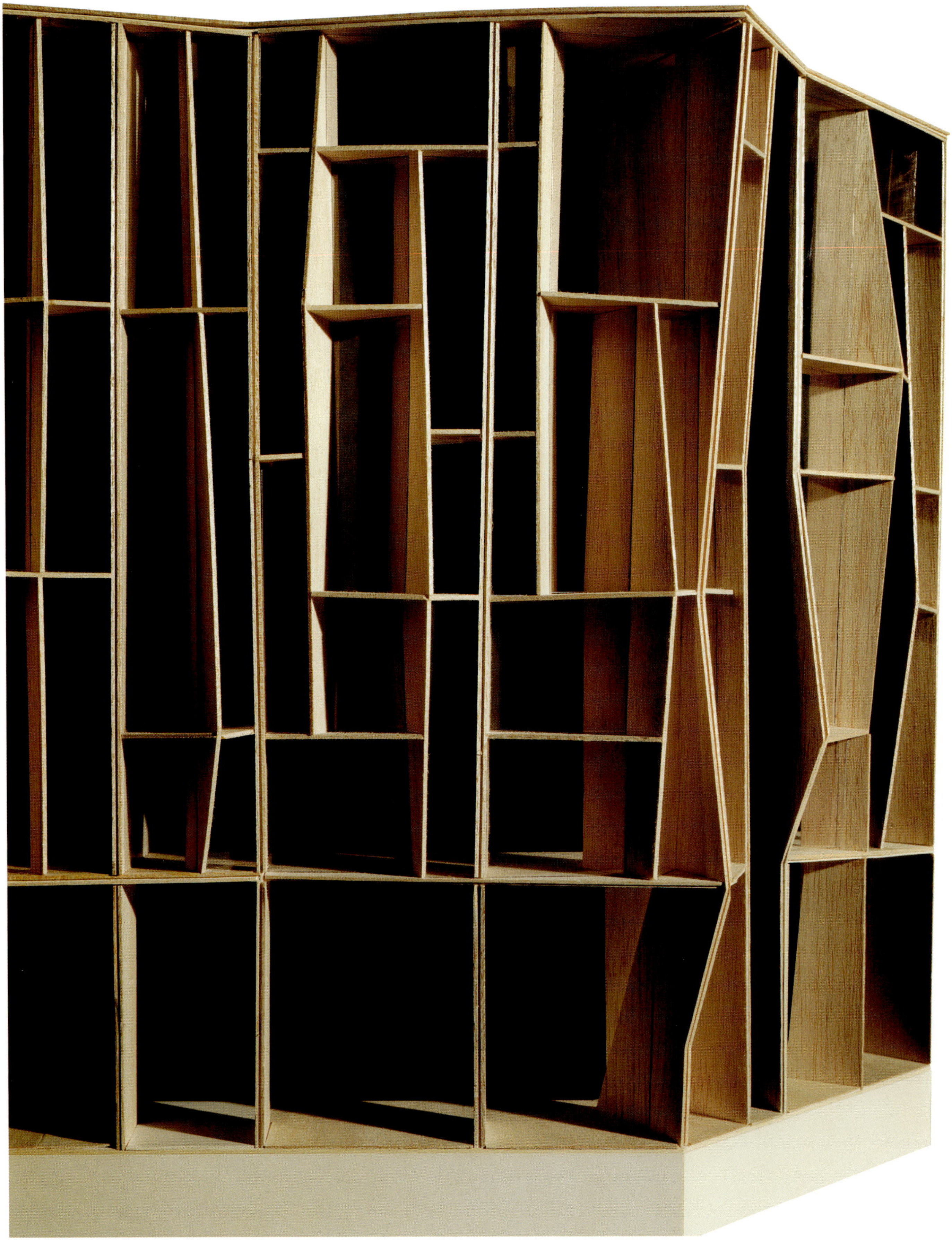

| Edificio en el paseo de Gràcia, Barcelona | Building on the Paseo de Gràcia, Barcelona |

Centro Nacional de Referencia de atención a enfermos de Parkinson, Cartagena, Murcia
National Guidance Centre for Parkinson's Sufferers, Cartagena, Murcia

2003

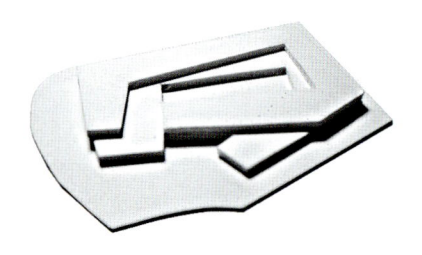

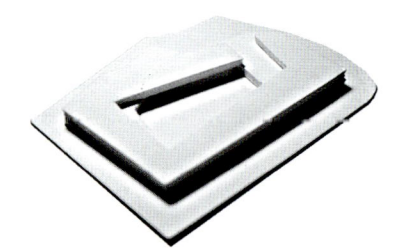

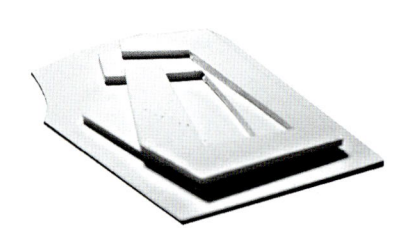

En un ámbito de periferia, donde no hay una trama urbana definida, el emplazamiento nos ha llevado a investigar sobre un edificio de carácter unitario y global, que se genere a partir de un espacio interior vacío. Se apoya en los conceptos de ausencia de escala y abstracción para conseguir los valores de atemporalidad y sobriedad que caracteriza a los edificios institucionales, a la vez que se construye un paisaje de la periferia.

Con el movimiento de deslizamiento de las piezas se desarrolla una secuencia de ambientes que convierten el recorrido en un paseo espacial desde el patio interior, de manera que el usuario puede tener referencia del mismo en cada instante. A partir de esta configuración, las diferentes áreas de trabajo, iluminadas en su perímetro por luz natural, se interrelacionan de manera clara y flexible. Esta operación conllevará la construcción de una piel continua de vidrio y planos fijos y móviles que se irá adaptando y plegando para asumir su condición de interior-exterior.

The site, in a peripheral setting in which there is no defined urban weave, has obliged us to investigate a building of a unitary, overall nature that is generated from an empty interior space. We rely on the concepts of absence of scale and abstraction to arrive at the values of timelessness and sobriety typical of institutional buildings, at the same time as we construct a landscape of the periphery.

Using the sliding motion of the components we develop a sequence of environments, converting the route into a spatial itinerary that, proceeding from the courtyard, enables the user to have a reference to the latter at any one moment. Based on this configuration the various work areas, illuminated at their outer edge by natural light, are interrelated in a clear and flexible way. This operation will involve the construction of a continuous skin of glass and fixed and movable planes that will gradually adapt and bend, taking over the interior-exterior condition.

Concurso abierto. Primer premio Open competition. First Prize | Emplazamiento Location **Carretera del Puerto s/n/ n/n Cartagena, Murcia, España/Spain** | Arquitecto Architect **Carlos Ferrater** | Colaboradores Collaborators **Nuria Ayala, Miguel Alonso** | Concurso Competition **2003** | Proyecto Design year **2004** | Estructuras Structural engineering **Diez Cisneros** | Instalaciones Mechanical engineering **Diez Cisneros** | Aparejador Master builder **José Luis Giménez** | Cliente Client **Ministerio de Trabajo** | Superficie construida Built surface **8.000 m²**

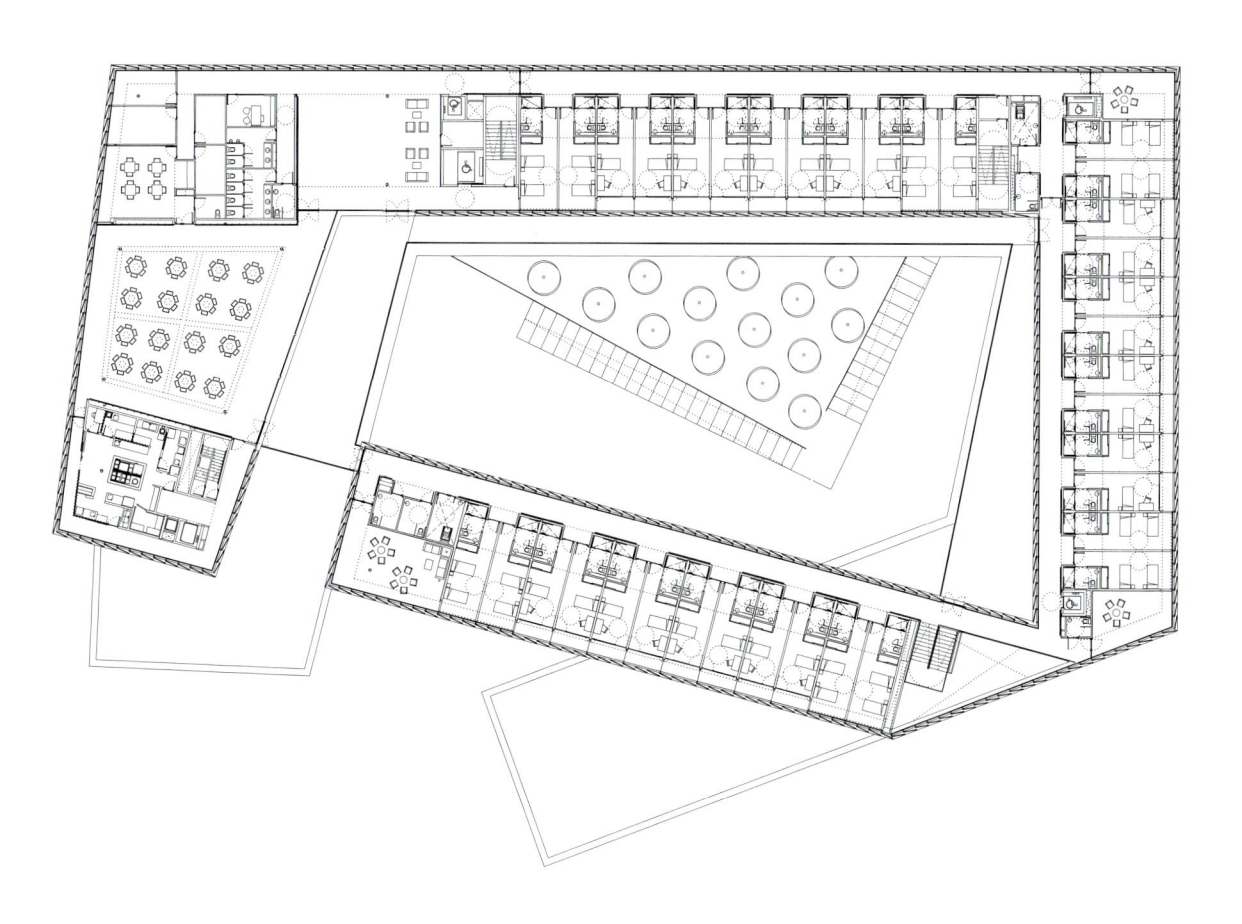

Planta piso.
First floor.

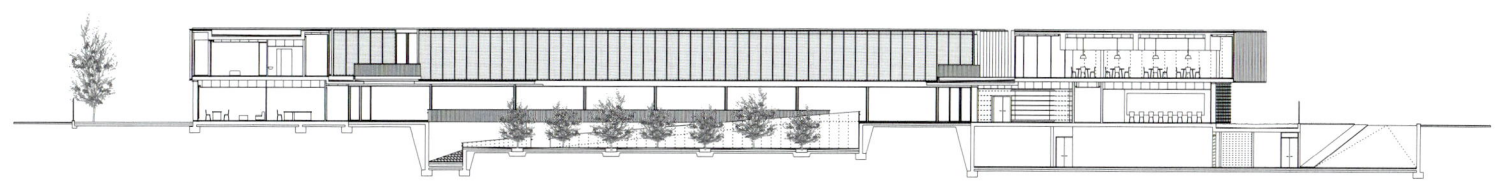

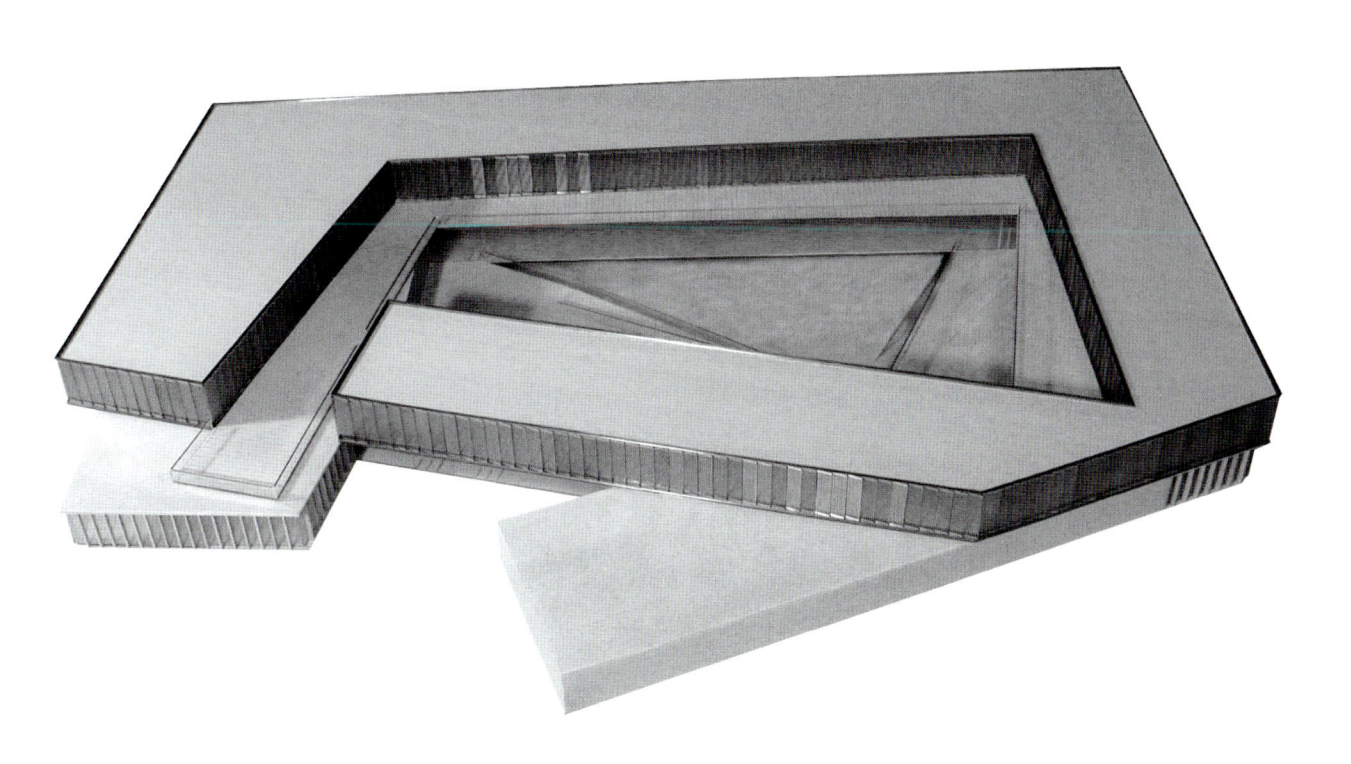

Vivienda unifamiliar, Sant Cugat del Vallès, Barcelona
Single-family house, Sant Cugat del Vallès, Barcelona

2003-2005

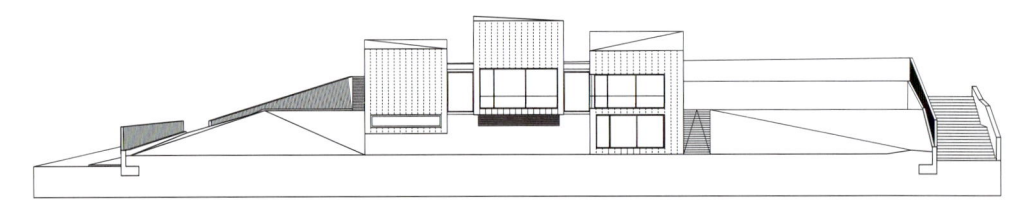

La vivienda se desarrolla en tres bandas de 6 metros de anchura que albergan las distintas estancias. Las cubiertas inclinadas, preceptivas por normativa, se van adaptando al programa interior graduando las alturas de acuerdo con las solicitaciones del mismo. Las diversas facetas en que esta cubierta se desarrolla generan un *skyline* que es visible desde las cotas más altas del entorno inmediato.
En el exterior, planos inclinados verdes recogen los diversos volúmenes y los relacionan con el jardín. En el interior, las distintas inclinaciones de los planos de la cubierta generan una sucesión de espacios encadenados. Grandes piezas de un único material cerámico en color blanco, tanto para cubiertas como para fachadas, se colocan sobre rastreles para conformar una fachada ventilada que queda separada del soporte de hormigón armado que constituye los muros de cerramiento y las losas de la cubierta.
Pequeñas perforaciones de los planos horizontales entre las diferentes bandas dotan de luz cenital a los espacios intermedios. En el subsuelo, se proyecta una piscina climatizada adyacente a las cotas bajas del jardín.
El acceso al aparcamiento aprovecha la cota inferior del vial de acceso.

The house extends in three 6-metre-wide bands, which accommodate the various rooms. The regulation sloping roofs adapt to the interior programme by adjusting their height as per the programme's requirements. The diverse facets in which this roofing unfolds generate a skyline that is visible from the higher parts of the immediate surroundings.
On the outside, sloping green planes subsume the different volumes and relate them to the garden. Inside, the varying slope of the roof planes generates a succession of concatenated spaces. Great pieces of a single ceramic material in white, for both roofs and facades, are collocated on furrings in such a way that they form an aired facade that remains separate from the reinforced-concrete support constituting the enclosure wall and roof decks. Small holes in the horizontal planes between the different bands provide the intermediary spaces with overhead light. In the subsoil a climate-controlled swimming pool is planned adjacent to the garden's lowermost levels. The access to the parking area makes use of the bottom level of the driveway.

Emplazamiento Location **Calle Adjutori, parcelas 7 y 8/ *plots 7 & 8*, Sant Cugat del Vallès, Barcelona, España/ *Spain*** | Arquitectos Architects **Carlos Ferrater, Joan Guibernau** | Colaboradores Collaborators **Sofía Machado** | Proyecto Design year **2003** | Final de las obras Completion date **2005** | Estructuras Structural engineering **Juan Carlos Capilla** | Superficie construida Built surface **1.000 m²** | Empresa constructora Construction company **Constructora Pérez Villora**

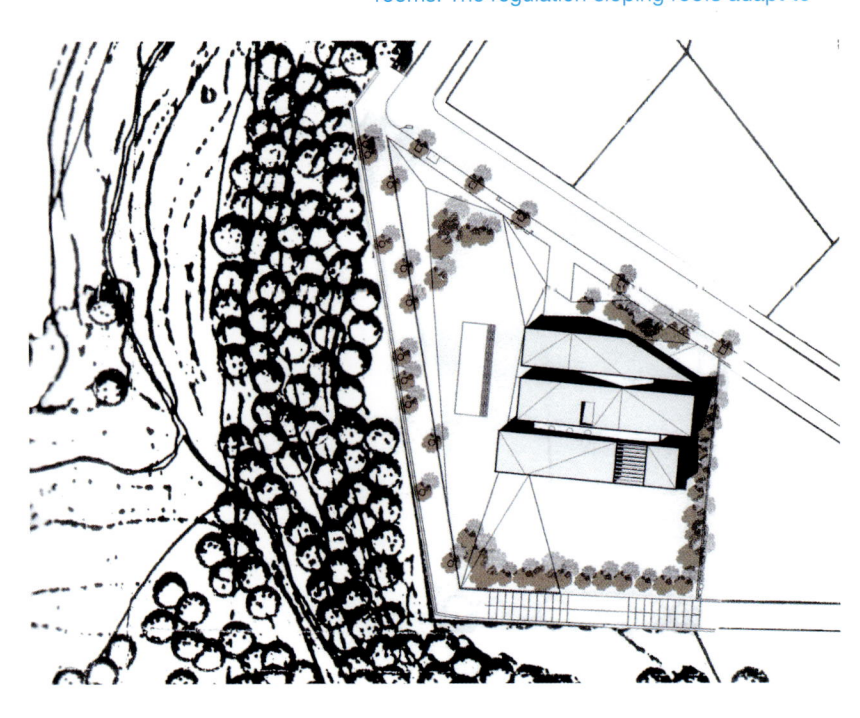

127

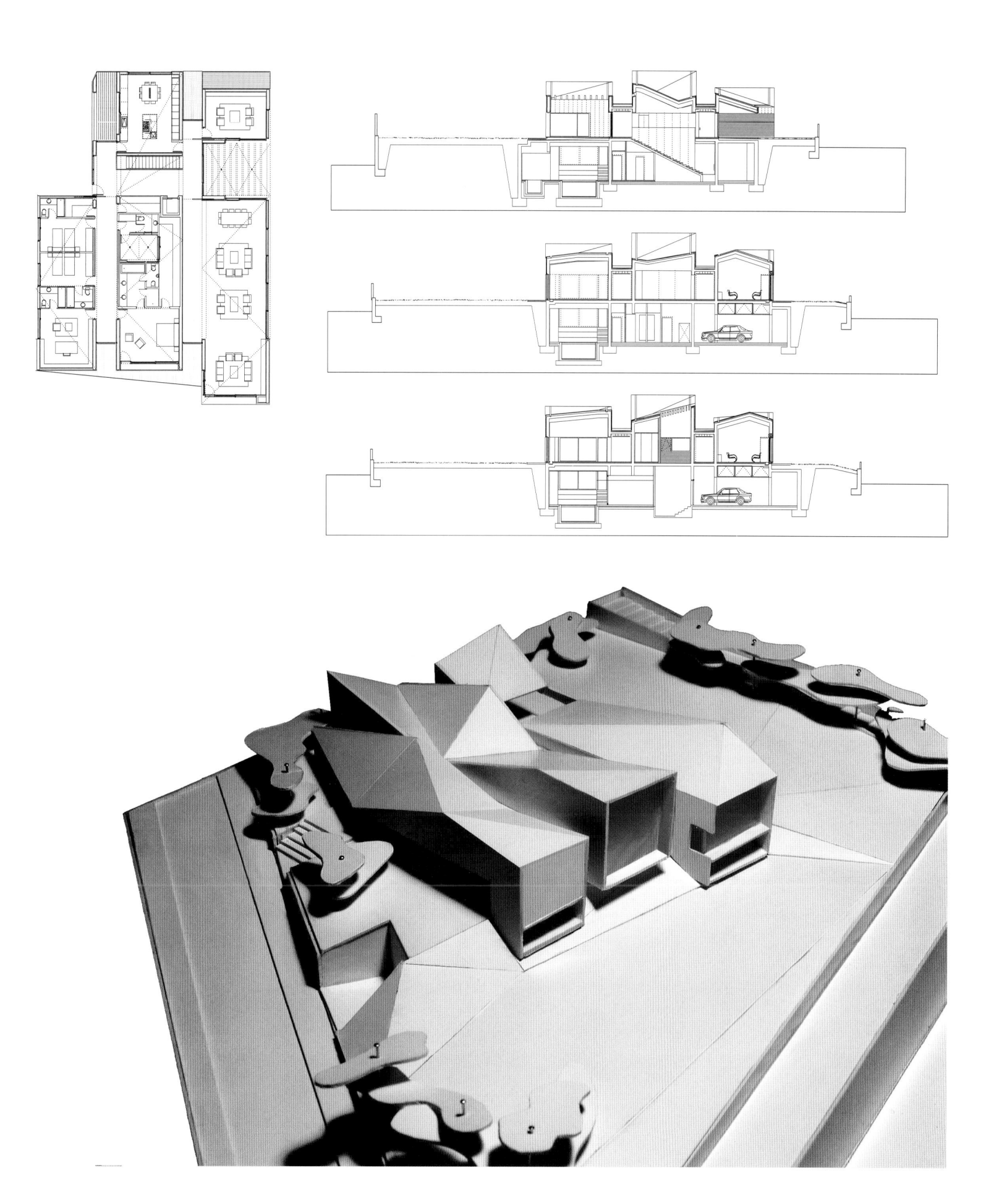

Biografía / Biography

Carlos Ferrater

Carlos Ferrater
(Barcelona, 1944). Obtiene el título de arquitecto por la Escola Tècnica Superior d'Arquitectura de Barcelona (ETSAB) en enero de 1971, y el doctorado en abril de 1987, con la tesis *Obra singular: proceso continuo*. Desde 1971 trabaja en su estudio profesional en Barcelona. Miembro de la Real Academia de Belles Arts Sant Jordi. Ha sido presidente de ADI-FAD, INFAD y ARQ-INFAD. Catedrático de Proyectos Arquitectónicos en la ETSAB de la UPC y titular de la Cátedra Blanca. Director de los Cursos de Arquitectura en la Universidad Internacional Menéndez Pelayo, Santander, los años 1993 y 1995. Director de la IV Bienal de Arquitectura Española y miembro del Comité Científico de la 1ª Bienal de Arquitectura Iberoamericana 1997-1998. Miembro del Consejo Rector de la Escuela de Arquitectura de la Universidad Ramón LLull. Miembro del Consejo Social de la Universidad Internacional de Catalunya.
Desde el año 2000 ha recibido tres premios FAD, el Premio Bonaplata y el Premio Ciutat de Barcelona. Ha sido finalista del Premio Mies van der Rohe y seleccionado en la Bienal Europea del Paisaje. Ha recibido el Premio Ciudad de Madrid y el Premio Nacional de Arquitectura Española. Ha sido invitado en el Pabellón Internacional y en el Pabellón Español de la Bienal de Venecia 2004.

Carlos Ferrater
(Barcelona, 1944). Qualified as an architect at the Escola Tècnica Superior d'Arquitectura de Barcelona (ETSAB) in January 1971, and gained his doctorate in April 1987 with the thesis *Obra singular: proceso continuo*. Since 1971 he has worked in his professional practice in Barcelona. Member of the Real Academia de Belles Arts Sant Jordi. He has been President of ADI-FAD, INFAD and ARQ-INFAD. Professor of Architectural Projects at the ETSAB of the UPC and holder of the Cátedra Blanca. Director of Architecture Courses at the Universidad Internacional Menéndez Pelayo, Santander, in 1993 and 1995. Director of the IV Biennial of Spanish Architecture and Member of the Committee of the I Biennial of Iberoamerican Architecture 1997-1998. Member of the Steering Committee of the Architecture School of the Universidad Ramón LLull. Member of the Social Council of the Universidad Internacional de Catalunya. Since 2000 he has received three FAD Prizes, the Bonaplata Award, the Ciutat de Barcelona Prize. He has been a finalist for the Mies van der Rohe Prize and short-listed at the European Biennial of Landscape. He has received the Ciudad de Madrid Prize and the National Spanish Architecture Award. He was invited to participate in the International Pavilion and the Spanish Pavilion at the Venice Biennale 2004.

Mercedes Trias de Bes,
administración y coordinación
Inés Arquer,
interiorismo
Nuria Ayala,
dirección de proyectos

Mercedes Trias de Bes,
administration and coordination
Inés Arquer,
interior design
Nuria Ayala,
project management

Estudios asociados
Guibernau-Mateu
Juan Trias de Bes
Alberto Peñín

Associated studios
Guibernau-Mateu
Juan Trias de Bes
Alberto Peñín

Lucía Ferrater Arquer
(Barcelona, 1971). Obtiene el título de arquitecta por la Escola Tècnica Superior d'Arquitectura de Barcelona el año 1997. En el año 1998 se incorpora como arquitecta asociada en el estudio de Carlos Ferrater. Finalista Premios FAD Arquitectura 2000 por el edificio de viviendas en Sant Cugat del Vallès. Selección FAD Arquitectura 2004 por el centro de servicios sociales en Barcelona.

Lucía Ferrater Arquer
(Barcelona, 1971). Graduate architect of the Escola Tècnica Superior d'Arquitectura de Barcelona in 1997. In 1998 she became an associate architect in the studio of Carlos Ferrater. Finalist in the 2000 FAD Architecture Prizes for her apartment building in Sant Cugat del Vallès. Selected for the 2004 FAD Architecture Prizes for the Social Services Centre in Barcelona.

Xavier Martí Galí
(Barcelona, 1969). Obtiene el título de arquitecto por la Escola Tècnica Superior d'Arquitectura de Barcelona el año 1995. Trabaja asociado a Jordi Martí y, actualmente, es arquitecto asociado en el estudio de Carlos Ferrater.

Xavier Martí Galí
(Barcelona, 1969). Graduate architect of the Escola Tècnica Superior d'Arquitectura de Barcelona in 1995. Works in association with Jordi Martí and is currently an associate architect in the Carlos Ferrater studio.

© José Manuel Ferrater

Carlos Ferrater   **Ornamento y transversalidad**
Ornament and Transversality

Retazos
Snippets

nexus

Ornamento y transversalidad
Ornament and Transversality

El ornamento siempre ha sido motivo de controversia y, cíclicamente, ha ido apareciendo y reapareciendo en el panorama del debate cultural arquitectónico, en los diferentes momentos de la historia moderna, siempre de manera apasionada. Los defensores y detractores de la ornamentación han convertido su uso o ausencia, no sólo en una consideración estética, sino también en una cuestión ideológica o ética, hasta llegar a convertirla, en ocasiones, en dogma.

El tema de la transversalidad entre las artes, esto es, la posibilidad de interacción o integración entre ellas, el cruce de las diferentes disciplinas en el quehacer arquitectónico, ha sido recurrente también. En la actualidad, los principales ideólogos y críticos de la arquitectura insisten en la idea de que el mestizaje de las artes será la base de las arquitecturas que se desarrollarán en los próximos años.

Si arquitectura es hacer que una idea abstracta se convierta en una forma concreta mediante un proceso constructivo, a lo largo del proceso arquitectónico se van superponiendo momentos creativos, técnicos y estructurales, entonces, ¿en qué momento aparece el ornamento?, ¿cuál es su significado social e histórico?, ¿aparece ya el ornamento en el primer dibujo que condensa y valida la primera fase del trabajo proyectual que, al ser instantáneo, dibuja con la mano a la velocidad del pensamiento?, ¿qué relación se establece entre el que lo provoca y el espectador? Trataremos de indagar si el ornamento está en el edificio o en la mirada del que lo contempla.[1]

Cuando la mirada no consigue atrapar la técnica de una forma o no le atribuye un sentido, pasa a ser ornamento. Éste sería lo que

Ornament has been a perennial cause of controversy and has cyclically reappeared at various moments of modern history in cultural debates about architecture, always doing so in an impassioned manner. The defenders and detractors of ornamentation have turned its use or absence into not only an aesthetic consideration but also an ideological or ethical issue, to the point of converting it, on occasions, into a dogma.

The theme of the transversality between the arts; namely the possibility of interaction or integration between them, the intersecting of the different disciplines in architectural work, has also recurred time and again. Nowadays, the main ideologues and critics of architecture insist on the idea that the interbreeding of the arts will be the basis of the architecture developed in the years to come.

If architecture is acting so that an abstract idea may become a concrete form by means of a constructional process, during the architectonic process creative, technical and structural moments are gradually superimposed upon each other—at which moment, then, does ornament appear? What is its social and historical meaning? Does ornament appear in the first drawing condensing and validating the first phase of the design work which, in being instantaneous, draws with the hand at the speed of thought? What relationship is established between the person who creates it and the spectator? We will try and ascertain whether ornament is in the building or in the gaze of the person who contemplates it.[1]

When the gaze doesn't manage to grasp the technique of a form or doesn't attribute a meaning to it, it becomes ornament. The latter would be what particularises or personalises a building, the transaction between the creative and the constructional, a posi-

Discurso de ingreso en la Reial Acadèmia de Belles Arts Sant Jordi, Barcelona, 21 de junio de 2001.

Speech of admission to the Reial Acadèmia de Belles Arts Sant Jordi, Barcelona, 21 June 2001.

[1] Quetglas, Josep, *El Híbrido*, 3, 1996.
[2] Bloomer, Kent C., *The Nature of Ornament. Rhythm and Metamorphosis in Architecture*, W. W. Norton & Co., Nueva York/Londres, 2000.
[3] Debray, Régis, *Vie et Mort de l'image: Une histoire du regard en Occident*, Gallimard, París, 1992; (versión castellana: *Vida y muerte de la imagen. Historia de la mirada en Occidente*, Paidós, Barcelona, 1994).
[4] Laurent, Stéphane, *Chronologie du design*, Flammarion, París, 1999.
[5] Loos, Adolf, "Ornament und Verbrechen" (1908), publicado en *Cahiers d'a oujourd'hui*, 1913; (versión castellana: "Ornamento y delito", *Adolf Loos. Escritos I, 1897-1909*, El Croquis Editorial, Madrid, 1993, págs. 346-355).

especifica o personaliza un edificio, la transacción entre lo creativo y lo constructivo, una posición indefinible en tanto que híbrido entre lo técnico y lo artístico. Según John Ruskin, el ornamento aparece como mediación entre la técnica y el arte: "la arquitectura aparece cuando y donde haya un trabajo que esté de más, inútilmente aplicado".

En la formación clásica no existe diferencia entre estructura y ornamento. Los griegos impusieron leyes al ornamento, hasta el extremo de que llegaron a estructurar la forma. Un fenómeno exactamente inverso al que se produce en determinadas arquitecturas actuales, en las que se da forma ornamentada a la estructura. Podríamos entender la arquitectura de un templo griego como la expresión clásica y normalizada de la belleza. También podríamos entenderlo a partir de un diagrama estructural como la mejor forma de conducir las fuerzas a través de sus cuerpos sólidos y sus vacíos hasta el terreno, pero también como una sagaz manera de conducir el agua desde la cubierta a través de los frontones, molduras, triglifos y metopas hasta el estilobato, fraccionándola hasta la última gota. Así, los triglifos y metopas de un templo griego sólo serán ornamento para aquel que no sepa reconocer su origen estructural y constructivo.

El término 'ornamento' deriva del término *ornamentum*, que en latín está relacionado con el arte, la estética o lo decorativo; en su origen, proviene de la aplicación de geometrías, motivos florales y formas del mundo animal o antropomórfico. Según el ornamentista norteamericano contemporáneo Kent C. Bloomer,[2] la sintaxis del ornamento es abstracta, y su vocabulario, figurativo.

Como explica Régis Debray en *Vida y muerte de la imagen*,[3] lo que hoy llamamos obra de arte, en la antigüedad y en el medioevo eran principalmente manifestaciones simbólicas y místicas". El movimiento británico *arts & crafts* propuso, en 1870, interpretar el ornamento a través del estudio de la naturaleza; un cuarto de siglo más tarde, estas investigaciones conducirán a las formas orgánicas y convulsivas del *art nouveau*. El *art decó* intentará fundir función y ornamento, lo arcaico y lo futurista.[4] En 1901, Henry van de Velde establecía una distinción entre la ornamentación y el ornamento, según la cual, la primera consistía en aplicación, el segundo, en un medio de revelar las fuerzas estructurales internas o la identidad funcional de una forma.

Si la casa de Tristan Tzara (1925-1926) en París era casi un manifiesto a favor de la ausencia de ornamentación, los escritos de Adolf Loos, en particular su conferencia "Ornamento y delito"[5] de 1908, revelan la posición de las vanguardias de principios de siglo. Entresacaré algunas de las aseveraciones contenidas en dicho manifiesto: "La evolución de la cultura es proporcional a la desaparición del ornamento [...]. La ornamentación es un

---

[1] Quetglas, Josep, *El Híbrido*, 3, 1996.
[2] Bloomer, Kent C., *The Nature of Ornament. Rhythm and Metamorphosis in Architecture*, W. W. Norton & Co., New York/London, 2000.
[3] Debray, Régis, *Vie et Mort de l'image: Une histoire du regard en Occident*, Gallimard, Paris, 1992.
[4] Laurent, Stéphane, *Chronologie du design*, Flammarion, Paris, 1999.
[5] Loos, Adolf, "Ornament und Verbrechen" (1908), *Cahiers d'aujourd'hui*, 1913; (English version: "Ornament and Crime", *Ornament and Crime. Selected essays*, Ariadne Press, Riverside [Calif.], 1998).

tion that is indefinable for being a hybrid between the technical and the artistic. According to John Ruskin, ornament appears as a mediation between technique and art: "architecture appears when and where there is a work that is superfluous, uselessly applied."

In Classical education no difference exists between structure and ornament. The Greeks imposed laws on ornament, to the point that they managed to structure form. A phenomenon exactly contrary to that which is produced in given architectures today, in which ornamented form is given to the structure. We might understand the architecture of a Greek temple as the classic, normalised expression of beauty. We might also understand it from a structural diagram as the best way of conducting stresses via its solid bodies and its voids towards the ground, but also as a clever way of conducting water from the roof via the pediments, mouldings, triglyphs and metopes towards the stylobate, breaking up the water down to the last drop. The triglyphs and metopes, then, will only be ornament for the person who doesn't know how to recognise their structural and constructional origin.

The word "ornament" comes from the Latin *ornamentum*, a term which is related to art, aesthetics or the decorative, which originally derives from the application of geometries, floral motifs, from the animal or anthropomorphic world. According to the contemporary American ornamentalist, Kent C. Bloomer,[2] the syntax of ornament is abstract and its vocabulary figurative.

As Régis Debray explains in *Vie et mort de l'image*,[3] what today we call works of art were, in Antiquity and in the Middle Ages, mainly symbolic and mystical statements. In 1870 the British Arts & Crafts movement suggests interpreting ornament through the study of nature; a quarter of a century later, these researches will result in the organic, convulsive forms of *art nouveau*. *Art deco* will attempt to blend function and ornament, the archaic and the futurist.[4] In 1901 Henry van de Velde made a distinction between ornamentation and ornament, in which the first consisted in an application and the second was converted into a means of revealing internal structural forces or the functional identity of a form.

While Tristan Tzara's house (1925-1926) in Paris was almost a manifesto on the absence of ornamentation, the writings of Adolf Loos, and in particular his lecture "Ornament and Crime"[5] of 1908, reveal the position of the avant-gardes of the beginning of the last century. I will select a few of the assertions in that manifesto: "The evolution of culture is proportional to the disappearance of ornament, [...] ornamentation is an acultural, primitive impulse [...]. Ornament is wasted effort [...]. The absence of ornament is intellectual strength." We might

impulso primitivo acultural [...]. El ornamento es fuerza de trabajo malgastada [...]. Ausencia de ornamento es signo de fuerza intelectual". Podríamos pues condensar la visión que tenía de la ornamentación como arte aplicado en otra de sus frases: "El arte busca librarse de su profanación emancipándose de su aplicación".

Hoy, casi un siglo después de aquella conferencia, la ornamentación ya no se nos presenta como arte aplicado, sino que se mezcla íntimamente en el origen de las proposiciones arquitectónicas, y el ornamento se convierte en parte inherente del sustrato cultural y, también, del resultado formal de la obra.

En la búsqueda de la pureza geométrica y la abstracción, la Bauhaus y, a partir de 1945, la doctrina de Le Corbusier remiten el ornamento al ostracismo, de tal modo que se convierte en algo superfluo, irracional y de mal gusto que, a su vez, preconizará la estética de la máquina: desde el cubo blanco frente a la luz de Le Corbusier, hasta la materialidad bi o tridimensional concebida como ornamentación estructural en la obra de Mies van der Rohe, con su trenzado de acero perfecto.

En la formación clásica no existe diferencia entre estructura y ornamento. Carlo Scarpa, el arquitecto contemporáneo que quizá haya experimentado más con la fusión entre estructura y ornamento, convierte la fachada a la Piazza Nogara de la Banca Popolare de Verona en una sutil membrana con todo el preciosismo de una cultura mercantil, con sus círculos de doble centro, las *bow-windows* de vidrio, las gárgolas de bronce, los arabescos de mármol rojo de Verona y los remates de *boticcino*. Tras esta fachada emerge otra que dispone de una *loggia* superior, cuyas columnas

Adolf Loos. Casa Tristan Tzara, Paris, Francia, 1925-1926.
Adolf Loos. Tristan Tzara's House, Paris, France, 1925-1926.

© Albertina, Wien

condense, then, the view he had of ornamentation as applied art in another of his sentences: "Art seeks to free itself of its profanation by emancipating itself of its application."

Today, almost a century after that lecture, ornamentation no longer presents itself to us as applied art, but is intimately intermingled, instead, in the origin of architectural ideas, and ornament is converted into an inherent part of the cultural substratum and also of the formal outcome of the building.

In the search for pure geometry and abstraction the Bauhaus and, after 1945, the doctrine of Le Corbusier consign ornament to ostracism, turning it into something superfluous, irrational and in bad taste and extolling the aesthetic of the machine: from Le Corbusier's white cube facing the light to two- or thee-dimensional materiality conceived as structural ornamentation in the work of Mies van der Rohe, with his perfect braiding of steel.

In the classical formation no difference exists between structure and ornament. Carlo Scarpa, the contemporary architect who has perhaps experimented the most with the fusion of structure and ornament, turns the facade which faces the Piazza Nogara in his building for the Banca Popolare in Verona into a subtle membrane having all the preciosity of a mercantile culture, with its circles with a twin centre, glass bow-windows, bronze gargoyles, arabesques in red Verona marble and *boticcino* capping. Behind this facade there lies a second, with an upper *loggia* with double steel columns linked by complex metal structure and the handmade glass frieze—all is at once structure and decoration. Scarpa would also experiment with these elements in his tomb designs and in Brion Vega Cemetery.

Ornamento y transversalidad / Ornament and transversality

Carlos Ferrater

Venturi, Scott Brown and Associates, Inc. Terminal de ferries Whitehall, Nueva York, EE UU, 1999.
Venturi, Scott Brown and Associates, Inc. Whitehall Ferry Terminal, New York, USA, 1999.

© VSBA

dobles de acero están unidas por complejos mecanismos metálicos y donde el friso de vidrio está hecho a mano; todo es estructura y ornato al tiempo, Scarpa experimentaría también con estos elementos en sus proyectos para las tumbas y el cementerio Brion Vega.

Según Robert Venturi, nuestra iconografía no está grabada en la piedra; se trata de una arquitectura genérica que integra un simbolismo iconográfico de nuestro tiempo, que representa el ornamento y proyecta el detalle más que exponerlo. La flexibilidad espacial e iconográfica prevé explícitamente el cambio.

Podríamos establecer un contrapunto en el modo como nos habla san Agustín de que la redención del pecado adorna la carne. En su teoría del libre albedrío se pone de manifiesto la idea de la conveniencia del ornamento, la vergüenza de la esclava pecadora que limpia las letrinas de la casa que se convierte en su adorno recuperando la belleza y el orden de la casa.

En 1860, Gottfried Semper, positivista y defensor de la técnica, estudió la artesanía de los pueblos primitivos con el objeto de descubrir cuál era el motor del primer gesto de un nudo o un trenzado, estableciendo relaciones entre la forma de hacer un nudo, de aparejar los ladrillos de un muro o de anudar las telas.

El *apeiron* griego de Anaximandro de Mileto invoca un espacio abstracto (indefinido e ilimitado) que no sería un espacio liso, sino un espacio tejido a partir de lugares inextricables, mallas, entrelazamientos, tejidos e imágenes que pueden entenderse conceptualmente como nudos. Quizás sea el nudo uno de los más antiguos y persistentes motivos decorativos, motivos que llegan a convertirse en la búsqueda de los matemáticos contemporáneos

According to Robert Venturi, our iconography is not carved in stone; this is a generic architecture that incorporates an iconographical symbolism of our time, which represents ornament and plans the detail rather than exhibiting it. Spatial and iconographic flexibility explicitly designs the change.

We might establish a counterpoint in the way in which St Augustine speaks to us of how the redemption of sin adorns the flesh. In his theory of free will the idea is put forward of the convenience of ornament, the shame of the sinning slave who cleans the latrines in the house which is converted into its adornment, thus recovering the house's beauty and order.

In 1860 Gottfried Semper, positivist and defender of technique, studied the handicrafts of primitive peoples with the object of discovering what the motor was of the first gesture of a knot or a plait, establishing relationships between the way of making a knot, laying the bricks of a wall or knotting pieces of cloth.

The Greek *apeiron* of Anaximander of Miletos invokes an abstract space (indefinite and unbounded) which would not be a smooth space, but a space woven from inextricable places, meshes, enlacings, weaves and images that may conceptually be understood as knots. The knot is perhaps one of the most ancient and persistent decorative motifs, motifs which succeed in turning into the search of contemporary mathematicians to rehabilitate the sophisticated decorative systems developed by the Incas or by certain Polynesian and African cultures around repetition of the knot. The geometric transformations that dominate the decorative modifications come from the plant or anthropomorphic kingdom.

The dreamlike world of Antoni Gaudí's *modernisme* arises from the

Bernard Cache, Atelier d'Architecture Objectile. Pabellón Semper, 1999.
Bernard Cache, Atelier d'Architecture Objectile. Semper Pavilion, 1999.

Antoni Gaudí. Cripta de la iglesia de la Colonia Güell, Santa Coloma de Cervelló, Barcelona, España, 1898-1915.
Antoni Gaudí. Church's crypt of the Colonia Güell, Santa Coloma de Cervelló, Barcelona, Spain, 1898-1915.

[6] Bernard Cache, Atelier d'Architecture Objectile, 1996.

abstracting of natural forms. In Gaudí form does not follow function but function and form, rather, evolve and are reconciled through the act of building.

While one of the ways of advancing in architecture comes about when the possibilities certain technological discoveries bring are incorporated, it is curious to see how the most recent avant-gardes of ornamentation—those which base themselves on the mathematics of the repetition of knots as an approach to the form of new skins, and the utilisation, also mathematical, of motifs from the plant kingdom—bring us nearer to the archaic ornamentation of Antiquity. More than atemporal truths, it is a question of the eternal return, the survival of the past turning into future event. This is why Bernard Cache [6] suggests using the most advanced technologies, lasers or milling machines controlled by computer as tools that will enable us to construct, using today's methods, the whole complex system of ornamental and structuring motifs, those more ancient ones and the most up-to-date, without prejudging what the digital architecture of the future will be.

Systems of numerical understanding and with this, computers, seek to minimise the length of messages, yet in their particular efficiency they permit the repetition of signs and symbols, managing to convert these into something subordinate but which is, perhaps, substantive as an adornment.

Ornament appears as a form of skin. In our own time the tattooing of primitive peoples reappears as an ornamental expression of the human body. If in the IMPIVA building in Castellón, the skins and facing are not designed as detail or ornament but in order to arrive at the abstraction of the envelope in simplifying the geometry of the volume, some current architectures elicit the treatment of the skin: the arabesques converted into diaphragms for controlling the light in Jean Nouvel's facade for the Institute of the Arab World in Paris; the silkscreened glass panels in Herzog & de Meuron's architecture; and the epidermal handling of the concert hall in Bruges by Neutelings Riedijk, in which the building is totally covered in lace motifs blown up to disproportionate scale.

With the Modern Movement strangled by the minimalist dogma "Less is more", which considered artifice to be rhetorical and redundant, ornament as a structuring knot of the form of the skins reappears in all its force in the complex world of images.

Robert Venturi vindicates signs and ornaments as explicit sources of information that managed to acquire independence of the simple forms and inhabitable volumes of buildings; today's iconography is not carved in stone. As a result, he proposed a dissociation between architecture as something uniquely functional and necessary,

[6] Bernard Cache, Atelier d'Architecture Objectile, 1996.

Herzog & de Meuron. Almacén y sede de la fábrica Ricola Europe, Mulhouse-Brunnstadt, Francia, 1992-1993.
Herzog & de Meuron. Ricola Europe factory and storage building, Mulhouse-Brunnstadt, France, 1992-1993.

© Hisao Suzuki

Neutelings Riedijk. Auditorio de Brujas, Bélgica, 1998.
Neutelings Riedijk. Concert hall in Bruges, Belgium, 1998.

© Hisao Suzuki

para recuperar los sofisticados sistemas decorativos desarrollados por los incas o por algunas culturas polinesias o africanas alrededor de la repetición del nudo. Las transformaciones geométricas que presiden las modificaciones decorativas provienen del reino vegetal o antropomórfico.

El mundo onírico del modernismo de Antoni Gaudí surge de la abstracción de las formas de la naturaleza. En Gaudí la forma no sigue a la función, sino que función y forma se desarrollan y se reconcilian a través de la construcción. Si una de las maneras de avanzar en arquitectura se produce cuando se incorporan al proceso proyectual las posibilidades que aportan determinados hallazgos tecnológicos, es curioso ver como las últimas vanguardias de la ornamentación —las que se basan en la matemática de la repetición de los nudos como aproximación a la forma de nuevas pieles y la utilización, también matemática, de los motivos del reino vegetal— nos aproximan a las ornamentaciones arcaicas de la antigüedad. Más que verdades atemporales, se trata del eterno retorno, la supervivencia del pasado se convierte en acontecimiento futuro. Por ello, Bernard Cache[6] nos propone utilizar las tecnologías más avanzadas, láseres o fresas controladas por ordenador como útiles que permitirán construir con procedimientos actuales toda la complejidad de los motivos ornamentales y estructurantes, aquellos más antiguos y los más actuales, sin prejuzgar lo que será la arquitectura digital del futuro.

Los sistemas de comprensión numérica, y con ello los ordenadores, pretenden minimizar la longitud de los mensajes, pero, en su propia eficacia, permiten la repetición de signos y símbolos hasta llegar a convertirlos en algo accesorio pero que, quizás, es sustantivo como adorno.

El ornamento aparece como forma de la piel. En nuestros días reaparece el tatuaje de los pueblos primitivos como expresión ornamental del cuerpo humano. Si en el edificio del IMPIVA de Castellón, las pieles y los acabados no están previstos como detalle u ornamento, sino para lograr la abstracción de la envolvente y simplificar la geometría del volumen, algunas arquitecturas actuales provocan el tratamiento de la piel: los arabescos convertidos en diafragmas para controlar la luz de la fachada del Instituto del Mundo Árabe de Jean Nouvel (París), los serigrafiados en los vidrios en la arquitectura de Herzog & de Meuron o el tratamiento epidérmico de la sala de conciertos en Brujas de Neutelings Riedijk, donde el edificio queda recubierto totalmente por motivos de *dentelle* aumentados a escala desproporcionada.

Estrangulado el movimiento moderno por el dogma minimalista "*Less is more*" ("Menos es más") que consideraba el artificio como algo retórico y redundante, el ornamento como nudo estructurante de la forma de las pieles reaparece con toda su fuerza en el complejo mundo contemporáneo de las imágenes.

[7] Koolhaas, Rem, *et al.*, *Mutaciones*, Actar, Barcelona, 2000.

Robert Venturi reivindica los signos y los ornamentos como fuentes explícitas de información que llegaban a adquirir independencia de las formas simples y los volúmenes habitables de los edificios; la iconografía actual no se graba en la piedra. Proponía, así, una disociación entre la arquitectura como algo únicamente funcional y necesario, y el ornamento transformado en información. Así, el ornamento podrá escapar del universo dogmático de la arquitectura para variar infinitamente, y la información transformada en comunicación podrá integrar múltiples culturas y vocabularios.

En los estudios de cine Arruga, la gran ventana de la fachada frontal convierte el edificio en la imagen y el reflejo de su propia esencia, un trozo de celuloide que transforma en cine la propia actividad del edificio.

En su texto "Tatuaje y camuflaje", Joost Meuwisen cuenta que, ante la pregunta de por qué la arquitectura no está enteramente recubierta de ornamentos y por qué se obstina en ofrecerse con tristes motivos tectónicos y faltos de placer, Rem Koolhaas afirmaba, en 1986, que el placer debería convertirse en parte integrante de la modernidad: "nosotros siempre hemos estado convencidos de que la arquitectura moderna es un movimiento hedonista; que su abstracción su rigor y su severidad no son más que artificios que conducen a crear el cuadro más provocativo sobre la experiencia que constituye la vida moderna". Si se concibe el ornamento como una diferenciación formal con aquella misma arquitectura desprovista de él, la aproximación analítica de Mies van der Rohe toma conciencia de lo que está oculto, y así se aproxima a la hermosa definición del ornamento que avanzaba Heinrich Tessenow en 1916: "el ornamento es una expresión inevitable, involuntaria y consecuentemente inconsciente de lo que los arquitectos no quieren enseñar.

El libro *Mutaciones*[7] prepara las condiciones de la nueva modernidad en que se convertirá nuestro futuro. Podríamos empezar a intuir que la arquitectura se producirá al margen de la ornamentación cuando esta, alejada de la arquitectura, se desarrollara paralelamente a través de otras disciplinas, como el *marketing*, la publicidad y los medios de comunicación. Quizás no sería necesario pervertir las leyes constructivas o estructurales del proyecto. Ante lo difuso del programa y una mayor importancia de la iconografía, la búsqueda de la acción, la aceptación del caos como nuevo racionalismo y el análisis multidisciplinar de la realidad serán quienes llevarán al abandono del detalle y a otorgar una mayor relevancia a la expresión mediática. Quizás ya no será necesario pervertir las leyes constructivas o estructurales del proyecto.

Si para José Antonio Coderch el arte no era comunicación, sino recogimiento y silencio, la confluencia hoy entre un modelo neoliberal de sociedad y la necesidad de proponer, sorprender e impactar, lleva aparejado el

[7] Koolhaas, Rem, *et al.*, *Mutations*, Actar, Barcelona, 2000.

and ornament transformed into information. Consequently, ornament will be able to escape from the dogmatic universe of architecture and to vary infinitely, and information transformed into communication will be able to incorporate many cultures and vocabularies. In the Arruga Film Studios the great window on the front facade converts the building into the image and reflection of its own essence, a piece of celluloid which transforms the building's very activity into cinema.

In his text "Tattoo and Camouflage" Joost Meuwisen tells how in 1986 Rem Koolhaas, faced with the question of why architecture isn't entirely covered in ornament and why it persists in presenting itself with sad tectonic motifs and a lack of pleasure, stated that pleasure ought to become an integral part of modernity: "We've always been convinced that modern architecture is a hedonist movement; that its abstraction, its rigour and its severity are nothing more than contrivances that lead to making the picture about the experience that constitutes modern life more provocative."

If ornament is conceived as a formal differentiation with that same architecture deprived of it, the analytical approach of Mies van der Rohe takes cognisance of what is hidden, and in this way comes close to the beautiful definition Heinrich Tessenow proposed in 1916: "Ornament is an inevitable, involuntary, and consequently unconscious, expression of what architects do not want to show."

The book *Mutations*[7] prepares the way for the new modernity our future will turn into. We might begin to feel that architecture will be produced alongside ornamentation when the latter, at a remove from architecture, evolves in parallel via other disciplines such as marketing, advertising and the media. Perhaps it wouldn't be necessary to bend the constructional and structural laws of the project. Faced with the diffuseness of the programme and the greater importance of iconography, the search for action, the acceptance of chaos as a new rationalism and the multidisciplinary analysis of reality will be what lead to the abandonment of detail and to giving greater relevance to media expression. Perhaps it will no longer be necessary to pervert the constructional and structural laws of the project.

If for José Antonio Coderch art was not communication but withdrawal and silence, today the confluence between a neoliberal model of society and the need to be affirmative, surprise and make an impact keys in with the phenomenon of consumption, and the rise of the media and publicising culture have led to the internationalisation of formal and aesthetic values, making it possible to come across very similar images in any geographical and cultural location.

fenómeno del consumo, el auge de los medios de comunicación y difusión de la cultura han llevado a la internacionalización de los valores formales y estéticos, haciendo posible recoger imágenes muy similares en cualquier localización geográfica y cultural.

¿Son estructura o bien ornamento las superficies curvadas recubiertas de titanio del Museo Guggenheim de Bilbao de Frank O. Gehry, o las mantas topográficas de Peter Eisenman en su proyecto para Santiago de Compostela?, ¿son únicamente estructurales las fachadas alabeadas del gran espacio interior de hotel Rey Juan Carlos I en Barcelona?, ¿es el edificio un objeto ornamental, entendido como escultura habitable u obra de arte?

En el mundo virtual en que nos movemos, y más allá de él, dejará de ser necesaria la ornamentación en la propia arquitectura y aparecerá únicamente en su representación mediática, en los programas y prospectos de venta o en las formas de difusión y transmisión. Se producirá una disociación entre arquitectura como necesidad social y ornamento como algo que sólo será sustantivo y necesario para la expresión, difusión, especulación y, finalmente, transacción y venta de la arquitectura. Fijaríamos, así, aquella idea esbozada al principio de que el ornamento está en la mirada del espectador y no en el propio edificio.

La arquitectura, liberada ya definitivamente del ornamento, necesitará de la transversalidad contemporánea para jugar su papel simbólico y social.

La transversalidad enriquece la cultura con su lectura pluridisciplinar. Hoy no es suficiente el control del proyecto y la realización, sino que se requiere un conocimiento completo de todos los sectores de especialización que forman parte de una profesión. El arquitecto se convierte en alguien que más que diseñar formas, es capaz de elaborar estrategias. Su actitud y su sensibilidad serán las que se impondrán al lugar. Al contrario, las arquitecturas en las que se reconocen los gestos del arquitecto devendrán papiroflexia. El arquitecto deberá moverse en los diferentes campos de las disciplinas y actuar de mediador (*medium*), y la arquitectura contemporánea se beneficiará de esta flexibilidad. Desde mi punto de vista, el arquitecto está en los huecos, en los vacíos, en los espacios ambiguos que quedan entre las necesidades de un cliente y las posibilidades de un lugar, y las mejores arquitecturas que conozco son aquellas que exploran las relaciones espaciales, la frontera entre la condición interna y el espacio libre, la relación tensa entre las envolventes y el espacio interior articulado por la luz.

La transversalidad permite la búsqueda más allá de las fronteras o confines profesionales de las respectivas disciplinas.

Are the titanium-clad curved surfaces of Frank O. Gehry's Guggenheim Museum in Bilbao or Peter Eisenman's topographic blankets in his design for Santiago de Compostela structure or ornament? Are the waveform facades of the huge interior space of the Hotel Rey Juan Carlos I in Barcelona merely structural? Is the building an ornamental object understood as inhabitable sculpture or a work of art?

In the virtual world we live in, and beyond it, ornamentation will cease to be necessary in architecture itself and will only appear in its media representation, in sales programmes and prospectuses or in the forms of publicity and broadcasting. A dissociation will be produced between architecture as a social necessity and ornament as something that will only be substantive and necessary for the expression, dissemination, speculation and, finally, transacting and sale of architecture. In this way we would decide the idea sketched out at the beginning that ornament is in the gaze of the spectator and not in the building itself.

Freed once and for all of ornament, architecture will need contemporary transversality in order to play its symbolic and social role.

Transversality enriches the culture with its pluridisciplinary reading. Control of the project and its realisation is not enough today, since one requires total knowledge of all the sectors of specialisation that form part of a profession. The architect is converted into someone who, more than just designing forms, is capable of elaborating strategies. His attitude and his sensibility are what will be imposed upon the location. Meanwhile, architectures in which the gestures of the architect are recognisable will become origami. The architect will have to move in different disciplinary fields and function as a medium, and the architecture of the time will benefit from this flexibility. The way I see it, the architect is in the hollows, in the voids, in the ambiguous spaces which remain between the needs of a client and the possibilities of a place, and the finest architectures I know are those which explore spatial relationships, the frontier between internal condition and open space, the tense relationship between outer skin and interior space articulated by light.

Transversality makes the search beyond the frontiers or professional confines of the respective disciplines possible.

At a time when architecture has turned into a multidisciplinary, collective fact, the initial solitude, the contradiction in front of the blank paper which converts intellectual work into a violent act, becomes more acute.

Present in the first instant of creation there is, on the one hand, experience—as a dead weight which induces the way of doing things and attempts to reformulate the project before—and, on the other, the need to begin

Francisco Javier Sáenz de Oíza, Jorge Oteiza. Basílica de Nuestra Señora de Aránzazu, Oñati, Guipúzcoa, España, 1950-1954.
Francisco Javier Sáenz de Oíza, Jorge Oteiza. Our Lady of Arantzazu Basilica, Oñati, Guipúzcoa, Spain, 1950-1954.

© Hisao Suzuki

Eduardo Chillida. Proyecto para la montaña de Tindaya, La Oliva, Fuerteventura, Islas Canarias, España, 1996.
Eduardo Chillida. Project for Tindaya Mountain, La Oliva, Fuerteventura, Canary Islands, Spain, 1996.

© Cortesía de Estudio de Comunicación

En un momento en que la arquitectura se ha convertido en un hecho multidisciplinar y colectivo, se agudiza aún más la soledad primera, la contradicción frente al papel en blanco que convierte el trabajo intelectual en un acto violento.

En el primer momento de la creación, está presente, por un lado, la experiencia —como lastre que induce la manera de hacer e intenta reformular el proyecto anterior— y, por otro, la necesidad de comenzar desde cero y reinventar la experiencia para convertir cada obra en un hecho singular frente al proceso continuo que interrelaciona las sucesivas experiencias.

La síntesis de las artes mayores era uno de los principios del pensamiento de Le Corbusier, pintor, escultor, arquitecto, escritor y también crítico musical. Le Corbusier produjo, junto a Iannis Xenakis, el poema electrónico para el pabellón Philips en ocasión de la Exposición Universal de Bruselas de 1958, donde intentó conjugar las posibilidades que ofrecía la tecnología, reuniendo diversas formas de expresión artística en una obra de arte total; finalmente, el pabellón se manifestaba como una forma acústica.

La música vive la transversalidad tanto en el plano de su realización como en el plano conceptual de la expresión. El trabajo musical es, por su propia naturaleza, muy diversificado. Así, el trabajo del compositor se asemeja al del arquitecto, ambos tienen raíces en el mundo de las ideas, pero también precisan la relación articulada de los especialistas.

La técnica, los instrumentos y el espacio de la realización musical o arquitectónica son lugares de la memoria que dialogan con la obra en una relación de recíproca incidencia, y la memoria nos sirve tanto para recordar como para olvidar. La música y la arqui-

from scratch and to reinvent experience so as to convert each work into a singular act as opposed to the ongoing process that interrelates the successive experiences.

The synthesis of the major arts was one of the principles of the thinking of Le Corbusier, painter, sculptor, architect, writer and also music critic. Le Corbusier built, together with Iannis Xenakis, the electronic poem for the Philips Pavilion on the occasion of the Brussels World Exhibition of 1958, in which he attempted to combine the possibilities technology offered, bringing together different forms of artistic expression into a total work of art; finally, the pavilion was expressed as an acoustic form.

Music lives transversality on both the plane of its realisation and on the conceptual plane of expression. The musical opus is, by its very nature, extremely diversified. Accordingly, the work of the composer is similar to that of the architect: both have their roots in the world of ideas, but they also require the articulated relation of the specialists.

The technique, tools and space of the musical or architectural creation are places of memory which dialogue with the building in a relation of reciprocal incidence, and memory is of use to us for remembering as well as forgetting. Today, music and architecture can turn into a sign of transversality, into a tool of interdisciplinary inquiry when applying the new computer technologies. The contemporary musician Peter Gabriel brings about the fusion of architecture and music in the virtual world when he deconstructs the facades of his cottage, converting them into ethnic musics.

According to François Burkhardt, there ought to be control, today, of environmental parameters, of the consequences of

tectura pueden hoy convertirse en una señal de transversalidad, en un instrumento de búsqueda interdisciplinar al aplicar las nuevas tecnologías informáticas. El músico contemporáneo Peter Gabriel realiza la fusión entre arquitectura y música en el mundo virtual cuando descompone las fachadas de su *cottage* convirtiéndolas en músicas étnicas.

Según François Burkhardt, hoy el control debe producirse sobre los parámetros ambientales, sobre las consecuencias de la vida del hombre y sobre la transformación cultural que ésta genera, para modificar lo existente y producir una transformación.

Sólo pueden ser contemporáneas las formas de arte que desborden el campo de atención de los especialistas. Hasta hace relativamente pocos años, la integración entre las artes se producía como una yuxtaposición articulada entre las diferentes disciplinas. En España encontramos ejemplos de gran contundencia, por ejemplo, en el Peine de los Vientos en San Sebastián, de Luis Peña Ganchegui y Eduardo Chillida, y en la Basílica de Nuestra Señora de Aránzazu, de Francisco Javier Sáenz de Oíza y Jorge Oteiza. Fuera del país, y en el campo del *land art* como integración del arte y la naturaleza, una serie de artistas como Richard Serra, Richard Long, etc., o el mismo Eduardo Chillida con su proyecto para Tindaya, aproximan el arte al espacio natural manipulando lo natural mediante el artificio.

El proyecto para el nuevo Jardín Botánico de Barcelona, es una obra transversal en la que diferentes especialistas cruzan sus conocimientos sobre el mundo del arte y de la arquitectura, de la geometría y el azar, de la biología y la botánica, para construir un espacio natural desde lo artificial.

La estructura del jardín, una malla fractal deshilachada sobre el terreno, se prepara para recibir los diferentes fitoepisodios de los "mediterráneos" del mundo. Las plantas como ornamento del jardín se convertirán, con el tiempo, en su propia estructura, y ocultarán la estructura inicial que dio origen al jardín. La transversalidad habrá logrado convertir el ornamento en estructura. Digamos que se ha construido naturaleza a través de la arquitectura, o que es la propia naturaleza la que sostiene lo artificial.

Como conclusión, el ornamento como complemento de lo necesario —que en un principio era una aplicación, después llegaba a fundirse en la proposición arquitectónica, para acabar subsistiendo en un plano externo paralelo a la arquitectura—, ha necesitado de la transversalidad para entrar en el mundo contemporáneo bajo la forma de artificio frente a lo natural.

human life, and of the cultural transformation this generates, in order to modify the status quo and to bring about a change.

Only art forms that go beyond the specialists' range of concerns can be contemporary. Up until only a few years ago integration between the arts came about as an articulated juxtaposition between the different disciplines. In Spain we find examples of enormous impact in Luis Peña Ganchegui and Eduardo Chillida's *Wind Comb* (San Sebastián) and in the Basilica of Our Lady of Arantzazu by Francisco Javier Sáenz de Oíza and Jorge Oteiza. Outside of Spain and in the field of Land Art as a mix of art and nature, such artists as Richard Serra, Richard Long, etc., or Eduardo Chillida himself with his project for Tindaya, bring art to natural space, manipulating the natural by means of artifice.

The project for the new Barcelona Botanical Garden is a transversal work in which different specialists pool their knowledge of the world of art and of architecture, of geometry and chance, of biology and botany, in order to construct a natural space out of the artificial.

The structure of the garden, a frayed fractal grid on top of the terrain, is prepared for receiving the different phyto-episodes of the "Mediterraneans" of the world. As ornaments of the garden, the plants will turn with time into their own structure and will conceal the initial structure that gave rise to the garden. Transversality will have contrived to convert ornament into structure. Let's say that nature has been constructed through architecture, or that it is nature itself that sustains the artificial.

To conclude, ornament as a complement to the necessary—which was an application at first, and then managed to merge into the architectural proposal, before finally subsisting on a plane external to the architecture—has needed transversality in order to enter into the contemporary world in the shape of artifice as opposed to the natural.

Retazos
Snippets

CARLOS FERRATER

Carlos Ferrater con Xavier Martí y Juan Trias de Bes presentando un proyecto al cliente.
Carlos Ferrater with Xavier Martí and Juan Trias de Bes presenting a project to the client.

Mesa de trabajo.
Work table.

El estudio

El nuevo estudio de la calle Balmes, en el corazón de la ciudad de Barcelona, se ha convertido en un lugar para el trabajo colectivo. Trabajar de forma tramada, sin jerarquías, produciendo un intercambio cruzado entre las personas, no sólo en el trabajo de la arquitectura, sino también en el aprendizaje de la gente y el mío propio.

Un trabajo complejo y, a la vez, rico, mestizo y democrático. Alrededor de treinta personas trabajan en una estructura profesional muy flexible que se basa en colaboraciones, donde los especialistas entran en las distintas fases del proyecto.

Me gusta trabajar de esta manera, sin una organización preconcebida ni predeterminada, pues cada proyecto precisa de un planteamiento especial. Se trata más de un ejercicio de táctica que de estrategia. El sistema no es piramidal; la mayoría de arquitectos y arquitectas son muy jóvenes, cambian con asiduidad y todos trabajan en anteproyectos, concursos o en ideas iniciales. El estudio se convierte así en un espacio de experimentación.

Con Xavier Martí y Lucía Ferrater se comparte el hacer proyectual, la capacidad vertebradora en la resolución y organización de los proyectos de Nuria Ayala o el trabajo en colaboración con los estudios de Juan Guibernau y Elena Mateu, Juan Trias de Bes o Alberto Peñín, con quienes hace ya muchos años nos identificamos con modos semejantes de construir la arquitectura.

La escuela

Entender la enseñanza de proyectos como la prolongación del aprendizaje del estudio, el tiempo de la reflexión y el juicio crítico.

The studio

The new studio in Calle Balmes, in the heart of the city of Barcelona, has been turned into a place for communal work. To work in an interconnected way, without hierarchies, producing an intersecting exchange between individuals, not only in the work of architecture but also in people's learning process, and mine too.

A complex, and at the same time rich, mixed and democratic, work process. Around thirty people work in a highly flexible professional structure based on collaborations in which specialists join in on distinct phases of the project.

I like working this way, without a preconceived or predetermined organisation, since each project calls for a special approach. This is more an exercise in tactics than in strategy. The system isn't pyramidal; most of the men and women architects are young, they change regularly and all of them work on preliminary sketches, competitions or on initial ideas. The studio is converted into a space of experimentation in this way.

With Xavier Martí and Lucía Ferrater the handling is shared of project design, structuring capacity in the resolution and organisation of Nuria Ayala's projects, and work in collaboration with the studios of Juan Guibernau and Elena Mateu, Juan Trias de Bes or Alberto Peñín, with whom we've long since identified ourselves when it comes to building architecture.

The school

To understand the teaching of projects as the prolongation of the studio learning process, the time of reflection and critical judgement.

El estudio.
The studio.

Cátedra Blanca. Lección inaugural.
Cátedra Blanca. Opening address.

Jornadas con los estudiantes en el monasterio de La Tourette, Francia.
Work sessions with the students in the Monastery of La Tourette, France.

Trabajar con Alberto Peñín y los estudiantes de la Cátedra Blanca a la manera bauhausiana, en el taller como lugar colectivo de intercambio de ideas donde articular estrategias de procedimiento, trabajar con fragmentos e incentivar la captura de materiales con los que documentar el proceso del proyecto. Trasladar la centralidad del "maestro y del dogma a la figura oblicua del ensayo y el ayudante de clases prácticas de laboratorio".

Coincidir en un territorio abstracto donde trabajar sobre realidades que permitan aumentar el grosor de las preguntas, más que avanzar en el proyecto para simular respuestas. Buscar el momento cuando la forma se establece y cómo su desarrollo aleatorio puede hacerla atemporal. Someter ese proceso a una revisión de

To work with Alberto Peñín and the students of the *Cátedra Blanca* course in the Bauhausian manner, in the workroom as a communal place for exchanging ideas, in which to articulate procedural strategies, to work with fragments and to encourage the retrieval of materials with which to document the design process. To shift the centrality of the "maestro and of dogma to the oblique figure of the exercise and the assistant of practical laboratory classes."

To concur in an abstract territory in which to work on realities which might enable the scope of the questions to increase, rather than to go further into the project in order to simulate answers. To seek the moment when the form is established and how its aleatory development can make it atemporal. To submit that process to a revision of intentions, by working on the identifica-

cátedra blanca _ carlos ferrater
inicio curso _ lunes 20 sep _ 12.00 _ aula A1.02

Hortals en Menorca, Islas Baleares, España.
Hortals (vegetable gardens and orchards) in Minorca, the Balearic Islands, Spain.

intenciones, trabajando sobre la identificación de un lugar, la adecuación de las escalas de trabajo y pensamiento y la construcción del juicio crítico personal.
Establecer estrategias en espiral o dinámicas de agitación que contribuyan a avanzar en el "proyecto del proyecto", con una actitud hacia el tiempo de compresión y descompresión: empezar construyendo para acabar proyectando. Trasladar el debate desde el juicio del profesor a la actividad del alumno, superando la condición protectora, eludiendo convenciones a favor de intercambios, elaborando de manera continuada documentos intermedios, el material de la papelera, para explorar lo esencial y lo diferenciador del primer enunciado en los balbuceos iniciales, entendiendo el proyecto como una consecuencia y no como un fin.
Así, el carácter metacientífico de los procesos arquitectónicos permite estrategias de generación formal en las que la libertad ayuda a materializar las ideas, manteniendo la tensión entre voluntad creativa y rigor instrumental al concebir una pedagogía abierta flexible, en continua evolución, tal como considero que debe ser toda actividad intelectual.

Tiempo de vacaciones
¿Qué es el tiempo libre? Y, ¿cómo dividirlo secuencialmente entre los viajes, la navegación o el placer del no hacer? Viajes a diferentes lugares del mundo que ayudan a construir la extensión de la memoria, en los que la información es susceptible de ser incorporada a la experiencia de la arquitectura.
Siempre viajando al sur, aunque geográficamente el destino sea septentrional. Viajes magníficos a la Costa Oeste de Estados Unidos,

tion of a place, the appropriateness of the scales of work and thinking, and the construction of personal critical judgement.
To establish spiralling strategies or dynamics of agitation that might help to go further into the "design of the design", with a position towards the tempo of compression and decompression: to begin building in order to stop designing. To shift the debate from the judgement of the teacher to the activity of the student by overcoming the protective condition, eluding conventions in favour of exchanges, by continually elaborating intermediary documents, material for the wastepaper basket, so as to explore the essential and differentiating aspects of the first *énoncé* in the initial stammerings, understanding the project as a consequence and not as an end.
Thus, the metascientific nature of architectonic processes furthers strategies of formal generation in which freedom helps ideas to materialise, maintaining the tension between creative will and instrumental rigour by devising an open, flexible pedagogy in continuous evolution, just as I consider all intellectual activity should be.

Holiday time
What is free time? And how do you divide it sequentially between trips, sailing or the pleasure of doing nothing? Trips to different places in the world that help you construct the duration of memory, in which information is liable to be incorporated in the experience of architecture.
Always travelling south, although geographically the destination is north. Magnificent trips to the West Coast of the United States, to

Retazos Snippets Carlos Ferrater

al norte de África, a casi todos los países de Latinoamérica, al Peloponeso, a Venecia o al corazón de Finlandia. Viajes que no buscan lo exótico, sino el encuentro con culturas compartidas, de saberes ya sabidos, como si lo ignoto del otro lado del mundo fuera el umbral y la prolongación de tus recuerdos.

Navegar en un velero con unos buenos amigos por la costa Licia en el sur de Turquía, con una geografía a doble escala de nuestras costas, reconociendo un Mediterráneo a la inversa.

Encontrar rincones donde desaparecer, aunque sea durante unas pocas horas o días, en una barraca entre bancales y olivos en el Delta del Ebro, o convocar a la familia a los *boers* de una zona de huertas en la costa sur de Menorca, diluyendo entre sonrisas, esfuerzos, cansancios y tensiones. Preparar una fiesta con Inés, reunir a los amigos de noche en una era, un espacio solar que por unas horas se convierte en un espacio lunar. Conversaciones susurradas entre pinos y encinas, ante la atenta y sorprendida mirada de Zacarías, tres años, que parece comprenderlo todo; tiempo de silencios, tiempo de vacaciones.

Borja Ferrater en los olivos en Camarles, Delta del Ebro, Tarragona, España.
Borja Ferrater in the olive trees in Camarles, the Ebro Delta, Tarragona, Spain.

the north of Africa, to almost all the countries of Latin America, to the Peloponnese, to Venice and the heart of Finland. Trips that don't seek after the exotic but the encounter with shared culture, with already known knowledge, as if the unknown on the other side of the world were the threshold and the prolongation of your memories.

To sail in a yacht with a few close friends down the Lician coast in the south of Turkey with a geography double the scale of our coasts, recognising an inverse Mediterranean.

To come across corners in which to disappear, if only for a few hours or days, in a gully between vegetable patches and olive trees in the Ebro Delta or to summon the family to the *boers* (barns) of an area of allotments on the south coast of Minorca, manoeuvring between smiles and bouts of effort, tiredness and tension. To prepare a fiesta with Inés, to assemble the late-night friends in a garden, a solar space which for a few hours turns into a lunar space. Conversations whispered among pines and holm oaks, before the attentive, surprised gaze of Zacarías, who, three years old, seems to understand everything; a time of silences, holiday time.

Próximo número
Forthcoming issue
José Antonio Coderch
12 casas 12 Houses

n.33 Revista internacional de arquitectura / International Architecture Review

nexus Textos de José Antonio Coderch, Oriol Bohigas, Elías Torres / Texts by José Antonio Coderch, Oriol Bohigas, Elías Torres

2G José Antonio Coderch
12 casas 12 Houses
Texto de / Text by Kenneth Frampton, Rafael Diez

Introducciones Introductions **Kenneth Frampton, Rafael Diez** | Casa Ugalde Ugalde House, Caldes d'Estrac, Barcelona, 1952 | Casa Ballvé Ballvé House, Camprodon, Girona, 1957 | Casa Olano Olano House, Comillas, Cantabria, 1957 | Casa Biosca Biosca House, Igualada, Barcelona 1961 | Casa Uriach Uriach House, L'Ametlla del Vallès, Barcelona, 1962 | Casa Luque Luque House, Sant Cugat del Vallès, Barcelona, 1964 | Casa Gili Gili House, Sitges, Barcelona, 1965 | Casa Entrecanales Entrecanales House, Somosaguas, Madrid 1965 | Casa Rovira Rovira House, Canet de Mar, Barcelona, 1967 | Casa Soler-Badia Soler-Badia House, Igualada, Barcelona, 1969 | Casa Zóbel Zóbel House, Sotogrande, Cádiz, 1970 | Casa Güell Güell House, Barcelona, 1971 | **nexus:** Textos de Texts by **José Antonio Coderch, Oriol Bohigas, Elías Torres**

Revista internacional
de arquitectura
International
Architecture Review

2G

Suscríbase!
Subscribe!

Cómo suscribirse a 2G
Por internet
Usted puede utilizar nuestra página web: www.ggili.com
Por correo
Por favor, rellene el boletín de suscripción adjunto y envíelo en un sobre a:
Editorial Gustavo Gili, SA
Rosselló, 87-89, 08029 Barcelona (España)
Si desea acelerar su pedido puede utilizar el fax o el correo electrónico:
Por fax
Envíe el boletín de suscripción una vez haya rellenado todos los datos solicitados,
al fax (93) 322 92 05.
Por correo electrónico
Envíe su boletín de suscripción a través del correo electrónico a la dirección: info@ggili.com
Ejemplar de muestra sólo para Bibliotecas
Un ejemplar de muestra GRATUITO de 2G está a disposición de las Bibliotecas. Solicítelo a nuestro departamento de *marketing* por correo, fax o correo electrónico.

How to subscribe to 2G
By internet
Please use our website:
www.ggili.com
By mail
Please complete the attached subscription form and mail it in an envelope to:
Editorial Gustavo Gili, sa
Rosselló, 87-89, 08029 Barcelona (Spain)
If you wish to save time, you may send your subscription form by fax or electronic mail:
By fax
Send the complete subscription form to fax no. (3493) 322 92 05
By electronic mail
Send the complete subscription form to the following address: info@ggili.com
Sample copies only for Librarians
A sample copy of 2G is available for inspection FREE of CHARGE. Request can be made to the Marketing Department by post, fax or e-mail

GG
Editorial Gustavo Gili, SA
Rosselló, 87-89
08029 Barcelona-Spain
Tel: (3493) 322 81 61
Fax: (3493) 322 92 05
e-mail: info@ggili.com
http://www.ggili.com

2G Boletín de suscripción 2005
Válido sólo para España

Deseo suscribirme a la revista de arquitectura 2G a partir del nº ____ inclusive
Nombre ____ CIF/DNI ____
Dirección ____
Población ____ Código Postal ____
Teléfono ____ e-mail ____

Importe de la suscripción: 95 € (4 números). **20% de descuento** para estudiantes de arquitectura (acreditar fotocopia de la documentación).

Números atrasados:
- ◯ 31. Riegler Riewe (27,50 €) ◯ 27. Mansilla + Tuñón (25 €)
- ◯ 29/30. Max Bill (55 €) ◯ 26. Mathias Klotz (25 €)
- ◯ 28. Aires Mateus (25 €) ◯ 25. Josep Lluís Mateo (25 €)

Importe de los números atrasados ____ €
Total (Suscripción + números atrasados) ____ €

Forma de pago:
◯ Talón nominativo ◯ Contra reembolso ◯ Domiciliación bancaria
Banco o Caja ____ Agencia ____
Dirección ____ Población ____
Código Postal ____ Provincia ____
Cta. Nº ____
Tarjeta de crédito: ◯ Visa ◯ Master Card
Número ____ Caduca ____
Titular de la tarjeta ____
Fecha ____
Firma ____

También puede suscribirse a través de nuestra página web: **www.ggili.com**

2G Subscription card 2005
Valid for countries excluding Spain and Portugal

I wish to subscribe to the magazine 2G beginning with no. ____
Name ____
Address ____
VAT no. ____ Country ____
Tel. ____ email ____

International annual subscription rates: 4 issues
- ◯ surface mail 125 €
  or
- ◯ air courier 185 €

20% discount for architecture students:
(please send photocopy of the relevant document)
I also wish to order the following backissues:
- ◯ 31. Riegler Riewe (26.44 €) ◯ 27. Mansilla + Tuñón (24.04 €)
- ◯ 29/30. Max Bill (52.88 €) ◯ 26. Mathias Klotz (24.04 €)
- ◯ 28. Aires Mateus (24.04 €) ◯ 25. Josep Lluís Mateo (24.04 €)

Total back issues ____ €
Total (subscription rate + back issues) ____ €

I enclose as payment:
◯ Bank Cheque (not personal) to Editorial Gustavo Gili, SA
◯ Postal Order ◯ Master Card ◯ Visa Card
No. ____ Expiry date ____
Name of cardholder ____
Date ____
Signature ____

You can also subscribe through the following subscription agencies:
EBSCO: www.ebsco.com | ROWE: www.rowe.com | SWETS: www.swets.nl
or use our website: **www.ggili.com**

Editorial Gustavo Gili, SA
Rosselló, 87-89
08029 Barcelona

Editorial Gustavo Gili, SA
Rosselló, 87-89
08029 Barcelona

Distribuidores nacionales / National Distributors

Andalucía y Extremadura
Distribución de Ediciones
Rodríguez Santos, SL
C/Diseño. Edificio Fórum
Módulo 14
Parque Industrial Pisa
41927 Mairena del
Aljarafe (Sevilla)
Tel. 95 418 04 75
Fax 95 418 04 90

Aragón
Icaro Distribuidora, SL
Pol. El Plano, calle A,
nave 39
50430 Maria de Huerva
(Zaragoza)
Tel. 976 12 63 33
Fax 976 12 64 93

Asturias
Distribuciones
Cimadevilla, SA
Polígono Roces, nº 3-
Arquímedes s/n
33392 Porceyo (Gijón)
Tel. 98 530 70 43
Fax 98 516 72 15

Canarias
Odón Molina Distribuidor
de Libros, SL
Apartado de Correos 385
38320 La Cuesta
Neptuno, 9
38205 Gracia - La Laguna
(Tenerife)
Tel. 922 25 66 66
Fax 922 25 62 11

Castilla y León
Lidiza, SL
Avenida de Soria, 15
47193 La Cistérniga
(Valladolid)
Tel. 983 40 30 60
Fax 983 40 30 70

Cataluña, Baleares, Madrid, Euskadi, Navarra y Cantabria
Editorial Gustavo Gili, SA
Rosselló, 87-89
08029 Barcelona
Tel. 93 322 81 61
Fax 93 322 92 05
e-mail: info@ggili.com

Comunidad Valenciana y Murcia
Orozco, Representaciones
Editoriales, SL
Polg. Ind. Els Mollons
Tapissers, 7
46970 Alaquas (Valencia)
Tel. 96 151 74 40
Fax 96 151 74 39

Galicia
Calvo Conde Distrib.
Editoriales, SA
Rey Abdullah, 24
15004 La Coruña
Tel. 981 25 88 34
Fax 981 26 97 66

Distribuidores Extranjeros / International Distributors

All countries excluding those listed below
Editorial Gustavo Gili, SA
Rosselló, 87-89
08029 Barcelona - Spain
Tel. (3493) 322 81 61
Fax (3493) 322 92 05
e-mail: info@ggili.com

Argentina
Riverside Agency
Mexico 3080
1223 Buenos Aires
Tel. (11) 495 72336
Fax (11) 495 61985

Australia
Modern Journal
P O Box 1082
Collingwood 3066
Tel./Fax 03 9417 2520

Benelux
Idea Books
Nieuwe Herengracht 11
1011 RK Amsterdam
Tel. (20) 622 61 54/
(20) 624 73 76
Fax (20) 620 92 99

Brasil | *Brazil*
Casa Ono
Rua Fernao Dias 492
05427-001 Sao Paulo
Tel. (11) 813 65 22
Fax (11) 212 64 88

Chile
Editorial Contrapunto, SA
Av. Salvador, 595
Providencia, Santiago
Tel. (2) 223 30 08
Fax (2) 223 08 19

China, Taiwan & Hong Kong
Cassidy and Associates Inc.
375 Trailsend Drive
Torrington, Connecticut
06790
USA
Tel. (860) 482 30 30
Fax (860) 482 07 78

Colombia
Fausto editores, Ltda.
Calle 122, nº 53 A - 29
Santa Fé de Bogotá
Tel. (1) 253 13 47 /
(1) 613 03 43
Fax (1) 235 95 17

Ecuador
El Libro Cia., Ltda.
Av. Naciones Unidas,
377, 3º.
Quito
Tel. (2) 43 36 22
Fax (2) 43 34 28

Escandinavia | *Scandinavia*
Bill Bailey
16 Devon Square
Newton Abbot
Devon TQ12 2HR
Tel. (1626) 33 10 79
Fax (1626) 33 10 80

Grecia | *Greece*
Spyros Stamatelatos
Architectural Books
60A Heroon Polytehnion
264 41 Patras
Tel. (061) 425 888
Fax (061) 432 442

Italia | *Italy*
I.D.E.A. SRL
Via Lago Trasimeno, 23
36015 Schio (Vicenza)
Tel. (445) 57 65 74
Fax (445) 57 77 64

Japón | *Japan*
United Publishers.
Services Ltd.
Kenkyu - Sha Building
9, Kanda Surugadai 2
Chome Chiyoda-Ku
Tokyo
Tel. (3) 291 45 41
Fax (3) 32 92 86 10

Perú
La Familia distribuidora
de Libros
Av. República de Chile,
661-Jesús Maria Lima 11
Tel. (14) 332 67 10
Fax (14) 335 717

Portugal
Editorial Gustavo Gili, Lda.
Praceta Notícias de
Amadora, 4-B
2700 - 606 Amadora
Tel. (21) 491 09 36
Fax (21) 491 09 37
e-mail:
ggili@mail.telepac.pt

México | *Mexico*
Editorial Gustavo Gili, SA
Valle de Bravo, 21
México Naucalpán 53050
Tel. (5) 560 60 11
Fax (5) 360 14 53
e-mail:
ggili@prodigy.net.mx

Singapur | *Singapore*
Page One
Blk 4, Pasir Panjang Road
08-33 Alexandra
Distripark
Singapore 0511
Tel. (65) 339 02 88
Fax (65) 339 98 28

USA
Trucatriche
3800 Main Street, Suite 8
Chula Vista, LA 91911
Tel. (619) 426 26 90
Fax (619) 426 26 95

Venezuela
Euro-Americana
de Ediciones
Av. Francisco Solano
Edificio Lourdes
Sabana Grande
Caracas 1070
Tel. (2) 762 63 58
Fax (2) 761 22 80